죽기
　　　전엔
가보고 싶어

죽기 전엔 가보고 싶어
자전거 종주 4,134km, 일본 최북단에서 최남단까지

초 판 1쇄 2025년 04월 29일

지은이 진민성
펴낸이 류종렬

펴낸곳 미다스북스
본부장 임종익
편집장 이다경, 김가영
디자인 윤가희, 임인영
책임진행 안채원, 이예나, 김요섭, 김은진, 장민주

등록 2001년 3월 21일 제2001-000040호
주소 서울시 마포구 양화로 133 서교타워 711호
전화 02) 322-7802~3
팩스 02) 6007-1845
블로그 http://blog.naver.com/midasbooks
전자주소 midasbooks@hanmail.net
페이스북 https://www.facebook.com/midasbooks425
인스타그램 https://www.instagram.com/midasbooks

ⓒ 진민성, 미다스북스 2025, *Printed in Korea.*

ISBN 979-11-7355-220-5   03810

값 20,000원

※ 파본은 본사나 구입하신 서점에서 교환해드립니다.
※ 이 책에 실린 모든 콘텐츠는 미다스북스가 저작권자와의 계약에 따라 발행한 것이므로 인용하시거나 참고하실 경우 반드시 본사의 허락을 받으셔야 합니다.

미다스북스는 다음세대에게 필요한 지혜와 교양을 생각합니다.

죽기 전엔 가보고 싶어

자전거 종주 4,134km,
일본 최북단에서
최남단까지

진민성 지음

미다스북스

죽기 전엔 가보고 싶어

자전거 종주 4,134km,
일본 최북단에서 최남단까지

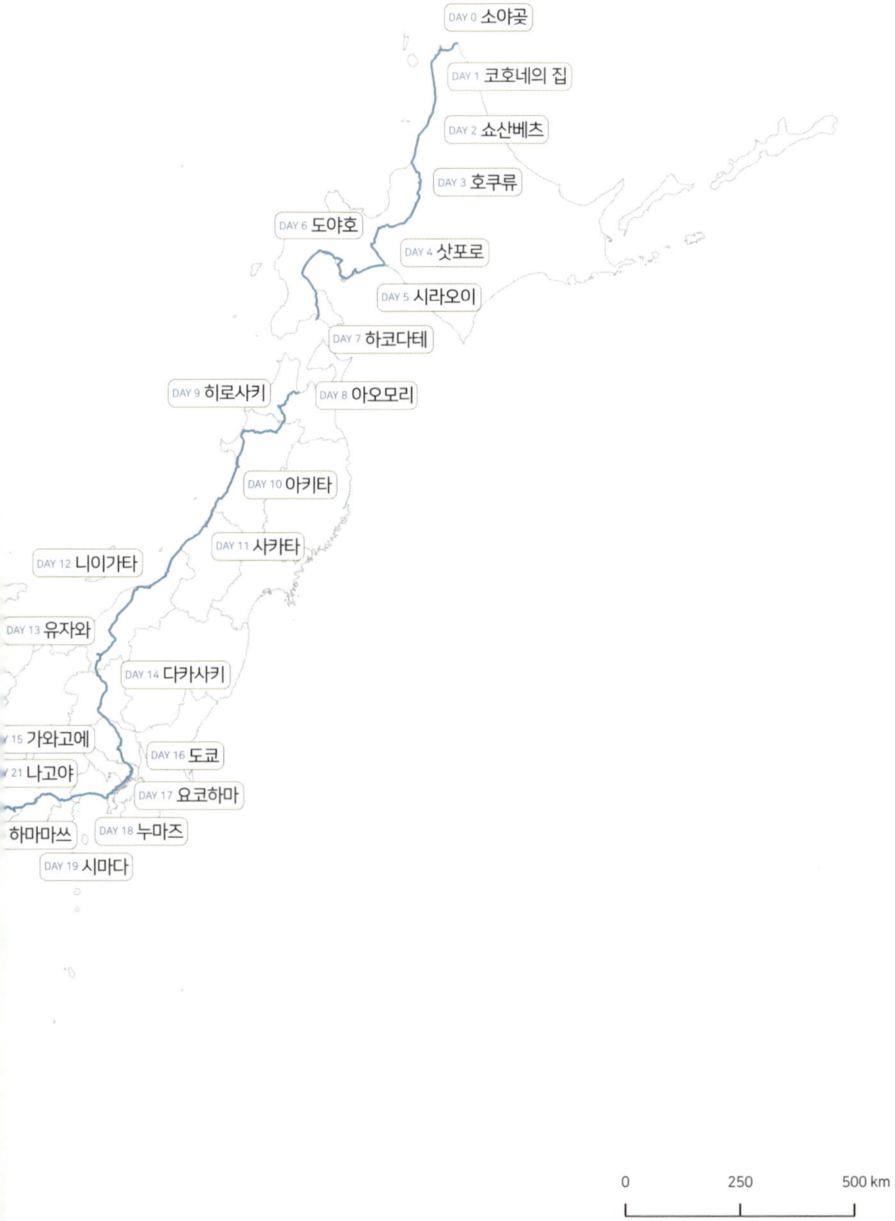

DAY 0 소야곶
DAY 1 코호네의 집
DAY 2 쇼산베츠
DAY 3 호쿠류
DAY 6 도야호
DAY 4 삿포로
DAY 5 시라오이
DAY 7 하코다테
DAY 9 히로사키
DAY 8 아오모리
DAY 10 아키타
DAY 11 사카타
DAY 12 니이가타
DAY 13 유자와
DAY 14 다카사키
DAY 15 가와고에
DAY 16 도쿄
DAY 21 나고야
DAY 17 요코하마
하마마쓰
DAY 18 누마즈
DAY 19 시마다

프롤로그

우울하고 불안할 때
밟았던 페달

"거 봐라. 결국 이렇게 될 거. 그냥 취직해서 나중에 취미로 하라고 했잖아."
6년 전 대학교 2학년 시절, 나는 당시 음악을 하고 있었다. 한때 오랫동안 방영했던 〈쇼미더머니〉라는 방송의 예선장에 우르르 몰려 있던 치기 어린 청년들 중 흔한 한 명이었다. 막연하게 승승장구해서 유명한 가수가 될 거라고 믿었으나 잘 풀리지 않았다. 주변 사람은 하나둘 모두 방송에 출연하거나 음원 차트에 오르는 와중에, 나는 멍하니 지하 1층의 1.5평 남짓 곰팡내가 가득한 작업실에서 하루를 보내곤 했다.
음악을 하는 것이 너무 스트레스였던 나머지, 잠시 음악을 접겠다고 부모님께 이야기했을 때 부모님의 저 말은 내게 깊은 상처가 되어서 돌아왔다.
음악을 하고 있었을 당시 사랑하는 사람이 나를 대차게 떠나버렸을 때였다. 어느 날 집으로 돌아와 양말을 벗어 던진 뒤, 빨래통에 던졌다고 생각한 양말이 다음 날 묶어서 버리려던 일반 쓰레기봉투 안에 들어가 있었다. 어느 날은 샤워하고 빨래통에 넣으려던 수건을 무심코 변기통에 넣으려고 하던 찰나 나 자신에게 깜짝 놀라기도 했다.

돌이켜보니 우울증의 핵심 증상 중 인지 장애가 있다고 하는데 아마 우울증 초기 증상이었던 것 같다. 아무렇게나 짐과 옷이 정리되지 않고 바닥에 널려 있는, 햇볕조차 들지 않는 어두운 자취방이 바로 내 정신상태였고, 내 자존감이 그 바닥을 기다 못해 내 발바닥에 쩍쩍 달라붙는 것만 같았다.

막연히 운동이 우울증에 좋다는 말에 15만 원짜리 싸구려 자전거 한 대를 덜컥 샀다. 왜 자전거였을까? 가장 쉽고, 천천히만 탄다면 힘들지 않은 운동이기 때문이었다. 살고 있던 곳에서 근처의 도림천을 따라 할 일 없이 한강까지 왕복 20킬로를 매일 왔다 갔다 하기 시작했다.

사실 그때를 계기로 자전거가 좋아져서 지금까지 타고 있는 것은 아니다. 한 달 정도 타다가 그만두었다. 자전거를 타는 것이 내 정신적인 고통이 나아지는 데 큰 도움을 준 것 같지도 않다. 결국 그런 고통은 근본적인 원인이 해결되어야만 자연스럽게 사라졌다.

음악을 그만둔 대신 일본 여행에서 유학을 가고 싶다는 꿈이 생겼다. 열심히 일본어와 영어를 공부해서 지난 2021년 게이오대학교의 교환학생에 합격했다. 하지만 코로나 때문에 입국부터 비자 발급까지 금지되었다. 언젠가는 풀어줄 거란 희망을 품고 학생비자가 열리기만을 1년 동안 기다렸지만, 끝끝내 일본은 입국 게이트를 열어주지 않았다. 1년을 거의 날리다시피 한 나는 눈물을 머금고 교환학생을 포기한 채 군대에 가야만 했다.

군대에 가기 전 학교에서 '자전거와 스포츠 과학'이라는 교양 수업을 들었다. 이를 계기로 다시 자전거를 타기 시작하여 제주도를 한 바퀴 돌고, 부산에서 서울까지, 그리고 한국 전체를 돌았다. 들개에게 쫓기기도, 야생 고라니와 부딪히기도 하면서 고생이란 고생은 다 했다. 하지만 어쩌면 일본을 못 갔었던 미련을 조금이나마 잊기 위해서, 그렇게 마음 둘 곳을 찾기 위해 자전거 여행에 빠졌던 것 같다.

돌이켜보니 방황하고 미래에 대한 불안감이 가득했을 때 항상 자전거로 여행을 떠났었다는 것을 새삼 깨달았다. 운동을 좋아해서? 학창 시절엔 다들 하는 축구와 농구와도 거리가 멀었고, 학교 점심시간 친구들이 운동장에 나가 뛰어놀 때 나는 교실에서 나와 비슷한 내향적인 친구들과 떠드는 것을 좋아했다. 성인이 된 이후 근육을 만들겠다며 헬스장을 끊었지만 항상 3개월을 채 다니지 못했다.

그런 내게 자전거는 페달을 밟기만 하면 달릴 수 있는 아주 단순한 운동이었다. 100킬로를 가는 것도 누구나 할 수 있다. 그저 천천히 가면, 지치면 쉬다가 가면, 중간에 멈춰 서지 않는 끈기만 있다면 해낼 수 있는 운동인 것이었다.

세상에는 '할 수 없는 것'들이 너무 많다는 것을 깨달으며 꿈을 꾸는 법을 서서히 잊어가고 있던 29세라는 나이의 내게 새로운 꿈이 생겼다. 작년 겨울, 영하 30도까지 떨어지던 강원도의 최전방에서 DMZ 너머 닿을 수 없는 땅인 북한을 바라보며 선임과 경계 근무를 하고 있을 때, 순찰을 하던 대대장이 초소 안으로 들어왔다. 고생한다며 초코파이와 이온음료를 나눠주던 대대장은 우리의 계급을 물으며 전역 후에는 무얼 하고 싶냐고 물었다.

나는 그렇게 대답했다. "일본 최북단에서 최남단까지 자전거로 종주하고 싶습니다."라고.

목차

프롤로그 16
우울하고 불안할 때 밟았던 페달

페달 하나
홋카이도

01 불안과 설렘 사이, 일본 종주의 시작 27
02 공포의 첫 홋카이도 캠핑 35
03 일본 최고의 드라이브 코스 43
04 두 번째 야외취침 48
05 야생을 벗어나 도심으로 52
06 삿포로의 이방인 58
07 내 생애 가장 아름다웠던 호수 65
08 불곰은 무서워 72
09 홋카이도 종주가 끝나다 79

페달 둘
혼슈 동북부

10 혼슈 종주의 서막　87
11 비가 그치기를 기다리며　92
12 낙차　98
13 넷카페에서의 첫 숙박　104
14 다쳐도 멈출 수 없어　110
15 일본에서 바라본 동해안은 어떤 모습일까　115
16 목숨을 건 화물 트럭과의 야간 라이딩　119
17 해발 1,000미터를 넘어서　124
18 뜻밖의 여정, 가와고에　131
19 드디어 도쿄에 도착하다　137

페달 셋
혼슈 중부

20 걸어서 레인보우 브릿지　145
21 지옥의 하코네 업힐　150
22 후지산을 바라보며 태평양을 달리다　156
23 내가 왜 이 고생을 하고 있는 걸까　161
24 나고야에 도착하다　165
25 낭만은 보는 이들의 몫　169
26 비와호 라이딩　175
27 가라오케 바를 가보셨나요　180

페달 넷
혼슈 서부

28 바다를 따라 시코쿠로   189
29 일본 고등학생은 무섭다   193
30 죽기 전에 달려야 할 시마나미 해도   197
31 그까짓 돈 때문에   203
32 꼭 모든 곳을 가야만 할까   210
33 산길 위에서 펑크와의 사투   215
34 남은 거리는 단 500킬로   221

페달 다섯
큐슈

35 여유롭게, 다자이후   229
36 이국의 하늘을 바라보며   234
37 가고시마에서 만난 그   238
38 48일 만에 도착한 일본 최남단   244

페달 여섯

오키나와

39 딱 400킬로만 더 255
40 집에 돌아갈 걸 그랬어 258
41 아무도 오지 않는 쓸쓸한 땅 263
42 오키나와 동쪽을 달려서 269
43 종주 마지막 날의 대참사 274
44 자전거를 비행기로 보내는 방법 278

에필로그 285

부록 297
일본 종주, 당신도 도전할 수 있다

홋카이도

일본에서 만난 광활한 대자연

누워 있는 내내 온갖 상상이 머릿속을 스쳐 지나갔다. 곰이 옥상 위로 올라오면 어쩌지? 옥상에서 뛰어내려야 하나? 결로가 줄줄 흐르는 텐트 안에서 나는 애벌레처럼 온몸을 웅크리고 잠이 오기만을, 정신을 잃기만을 빌었다. 곰이 텐트를 서성거리며 노크하지 않기를 빌면서, 눈을 감았다 뜨면 천국이 아닌 아침이기를 빌면서….

01

불안과 설렘 사이,
일본 종주의 시작

 2023년 9월 22일
 서울~왓카나이 (13Km)

"엄마. 조심해서 잘 갔다 올게."

전역 후 정확히 일주일 뒤 일본으로 출발했다. 준비할 때부터 뭐 하러 그런 고생을 하러 가냐고 하셨던 어머니도 새벽녘부터 일어나셔서 간단한 아침 식사를 차려 주셨다. 겉으론 무뚝뚝하지만 속으로는 나에게 한없이 다정하신 아버지와도 작별 인사를 나누었다. 얼마 전에 전역을 하고 모처럼 가족 품으로 돌아왔는데, 마치 입대 직전처럼 가족과 떨어져서 다시 혼자가 되었다.

김해공항은 평일 새벽임에도 여행을 떠나는 수많은 인파로 북적거렸다. 연인, 친구, 가족, 각자 옹기종기 캐리어를 끌고 바쁘게 움직이는 와중에 캐리어 대신 공항 실내에 커다란 자전거를 끌고 걸어가는 사람은 나뿐이었다. 공항이란 내겐 불행도 슬픔도 없는 오직 기대감과 설렘으로 가득한 장소였다(크리스마스의 케빈 가족을 제외하고). 이 세상에서 가장 행복한 장소를 꼽으라고 묻는다면 바로 공항이 아닐까?

하지만 이번만큼은 내게 공항은 행복한 장소가 아니었다.

군대에서부터 줄곧 일본 종주를 꿈꿨지만, 일본에서 자전거 여행을 한다는 것은 상상 이상으로 준비하고 고려해야 할 사항들이 많았다. 속옷 여벌과 휴대폰 하나만 챙겨 떠났던 3박 4일 도쿄나 오사카 여행과는 차원이 달랐다. 적어도 한 달 이상 일본에 머무를 예정이었기에, 장기간 휴대폰 요금제에서부터 캠핑을 할지 말지, 한다면 무슨 캠핑 장비를 사야 할지, 자전거에 짐은 어떻게 실어야 하는지, 자전거는 어떻게 비행기로 부쳐야 하는지….

최근 일본에서는 한국인 실종 소식을 비롯해 곰에 의한 습격 사건들이 연신 보도되고 있었다. 혹시 일본에서 곰에게 습격당하거나 사고로 실종되는 것이 아닐까? 정말 염원해 오던 여행이었는데도 막상 산더미 같은 준비해야 할 일들과 걱정거리가 코앞에 닥치자 스트레스가 이만저만이 아니었다. 왜 굳이 사서 고생을 하며 이런 여행을 가려고 하는 걸까? 차라리 가지 않고 군에서 모았던 적금은 아끼는 게 낫지 않을까? 가고 싶어서 사족을 못 쓰던 마음이 이렇게 하루아침 만에 바뀐 게 신기하게 느껴질 정도였다.

'이건 나와의 약속이야. 그렇게 항상 가고 싶어 하지 않았어? 그렇게 주변 사람들에게 전역하면 떠날 거라고 호언장담하고 다녔잖아.'

그렇게 나 자신을 마치 세뇌하듯 달래 가며 겨우 준비를 마치고 공항에 왔다. 지난날 일기장에 적어 둔 목표와 버킷리스트들을 수도 없이 어겨왔다. 토플 100점, 바디 프로필 찍기, 재즈 피아노 배우기… 그중 성공했던 것이, 지켰던 것이 과연 몇이나 될까. 다른 사람과의 약속은 그렇게 지켜야 한다고 스스로를 질책했지만 나 자신과 했던 약속에는 정작 그렇지 못했다.

나는 군대에서 나 자신과 약속했다. 전역 후 곧바로 일본으로 떠나겠다고. 두렵지만 무작정 발을 떼고 일단은 출발했다. 이번만큼은 과거의 나 자신과의 약속을 지키고만 싶었다.

미리 알아본 공항의 포장 업체에 찾아가 자전거 포장을 맡겼다. 카트에 실은 거대한 자전거 박스는 공항에서 본의 아니게 이목을 끌 만했다. 너무 커서

앞이 보이지 않아 사람과 부딪힐까 조심해서 움직였다. 겨우겨우 수하물을 부치고 나서 짐이 사라지자 한결 몸도 마음도 가벼워졌다.

이윽고 삿포로의 신치토세 공항으로 가는 오전 9시 비행기에 올라탔다. 어젯밤 잠을 거의 못 자서 그런지, 비행기에서 눈을 감고 눈을 뜨자 일본이었다. 입국 심사대에서는 내가 돌아오는 배편이나 비행기 티켓을 예매하지 않아서 질문이 꽤 길게 이어졌다. 종주가 얼마나 걸릴지 모르기에 예매할 수가 없었다. 다행히 나를 수상쩍게 여기지는 않았는지, 11월쯤 후쿠오카에서 배편으로 한국으로 돌아갈 것이라는 말 하나로 통과할 수 있었다.

삿포로에 머물 틈도 없이 최북단 왓카나이로 가는 비행기를 타야 했다. 이미 포장된 자전거 박스는 다시 그대로 수하물로 부치면 그만이었다. 일본 국내선을 타는 것은 난생처음이었다. 국내선이다 보니 한국어 안내문도 전혀 없거니와, 카운터에는 외국인 관광객 한 명조차 보기 어려웠다.

거대한 자전거 상자와 함께 대기줄 펜스를 밀치다시피 통과하여 수속 카운터 앞에 도착했다.

"이 짐도 함께 실으려고 하는데요. 가능할까요?"

직원은 이런 큰 박스를 비행기에 부치는 고객은 난생처음 봤다는 듯 당황한 기색을 보였다. 잠시 기다려 달라더니 다른 직원을 불렀다. 이윽고 직원 숫자가 점점 늘어나더니, 무려 직원 4명이 와서 '이 박스를 어떻게 해야 하나.'라는 중대한 회의를 하는 것 같았다.

"무게는 괜찮은데… 사이즈 때문에 한 번 알아봐야 할 것 같아요."

직원은 박스를 줄자로 재고는 전화로 실을 수 있는 사이즈를 한참 동안 알아보는 듯했다. 얼마 뒤 또 다른 직원 한 명이 걸어왔다. "혹시 어떤 문제세요?" 그녀는 한국어로 내게 물었다. 알고 보니 나를 위해 한국인 직원을 부른 것이었다! 회화가 어느 정도 가능했지만, 일본어가 길어지면 알아듣기 어려웠던 내게는 한 명의 구세주가 찾아온 셈이었다.

"아직 연락을 기다려 봐야 하는데, 비행기가 작다 보니 수하물이 안 들어갈 수도 있어서요. 혹시나 안 되면 택배로 부치시는 방법밖에 없어요."

아니, 비행기가 작아서 들어가지 못할 수도 있다고? 초장부터 엄청난 난관에 부딪혔다. 한국에서 올 때는 문제가 없었는데. 하지만 항공사 측에서 안내한 수하물 사이즈가 있었을 것이고, 내가 준비 없이 사이즈가 맞는지 알아보지 않고 온 것뿐이었다. 내 잘못인데 웬 불운을 탓하랴. 여기서 내가 할 수 있는 것은 그저 자전거를 실을 수 있기를 두 손 모아 기도하는 수밖에 없었다.

확답이 오는 데에 장장 1시간이나 걸렸다. 무려 1시간 동안 카운터 앞에서 기다리고 있었던 것이다. 정말 다행히도 비행기에 실을 수 있다는 희소식이 전해져 왔다. 오히려 불운이 아니라 한국인 직원이라는 행운 덕분에 무사히 수속을 마칠 수 있었던 것 같다. 감사하다며 고개 숙여 인사한 뒤 자전거를 수하물로 얼른 부치고, 뒤에서 수속을 기다리던 사람들의 따가운 시선을 피해 밖으로 나왔다.

왓카나이로 가는 비행기에 탑승하면서 왜 직원이 비행기에 자전거 박스를 싣지 못할 수도 있다고 말했는지 단박에 이해가 되었다. 입구에 머리를 부딪힐 정도로 작은 초소형 비행기였다. 내 인생에서 이렇게 작은 비행기는 처음 보는 것 같았다.

삿포로에서 왓카나이는 1시간도 안 돼서 도착하는 거리다. 상공에서 바라본 홋카이도는 드문드문 조그마한 마을이나 경작지를 제외하고는 온통 짙은 초록색의 울창한 숲과 산지로 뒤덮인 대자연 그 자체였다. 홋카이도에는 불곰이 많이 산다고 해서 걱정했는데, 정말 불곰이 살기에 좋은 천혜의 환경인 것이다. 바다를 따라 쭉 뻗은 드라이브 코스가 보였다. 바로 저곳이 내일 내가 달리고 있을 길이었다. 비행기로 온 이 길을 다시 자전거로 돌아오기까지는 과연 며칠이나 걸릴까….

"한국 분이세요?"

갑자기 여성 승무원이 오더니, 밝은 미소와 함께 뜬금없이 내게 말을 걸었다. 놀라웠던 것은 승무원이 말한 것은 일본어가 아닌 한국어였던 것이었다.

"아, 네." 하고 내가 당황스러운 표정으로 대답하자, 그녀는 서투른 한국어로 내게 물었다.

"예전에 공부해서 한국어 조금 할 수 있어요. 왓카나이는 뭐 하러 오셨어요?"

삿포로도 아닌 홋카이도 최북단 왓카나이에 왜 한국인이 왔을까, 라는 듯한 물음이었다. 멋쩍게 머리를 긁적이며 자전거를 타고 일본 종주를 할 거라고 대답했다. 그녀가 깜짝 놀라며 대단하다며 나를 치켜세워주었다. 칭찬받으려고 말한 건 아니지만 머쓱한 기분이다.

그녀는 잠깐만 기다리라더니, 기념으로 내게 ANA 항공이 적혀 있던 사진엽서 몇 장과 사탕을 선물로 주었다. 나중에 주위를 둘러보니 기내에 탄 승객 모두에게 주는 선물인 것 같지는 않아서 기분이 좋았다.

"꼭 다치지 않고 무사히 일본 종주에 성공하시길 바랄게요. 파이팅!"

비행기에서 내리고 나서야 좀 더 그 여성 승무원과 적극적으로 대화를 해 볼 걸 하고 후회하고 있었다. 역시 남자란….

왓카나이 공항은 타고 온 비행기와도 잘 어울릴 정도로 내가 본 공항 중에서 가장 작았다. 공항이라는 말이 무색할 정도로, 실은 왓카나이 동사무소라고 해도 믿을 만한 크기의 1층짜리 건물이었다. 내가 타고 온 비행기가 마지막 비행기였는지 공항 내부는 휑한 기운만 감돌고 직원들은 코빼기도 보이지 않았다.

공항 밖으로 나와서 박스에서 자전거를 겨우 꺼냈다. 바퀴도 다시 달고, 짐받이도 다시 조립하고 각종 가방을 전부 자전거에 고정해야 한다. 바이크 패킹이 처음이라 예상보다 시간이 오래 걸렸다. 한국에서 한 번 해보고 올 걸. 4시 반에 도착했는데 패킹을 모두 마치자 어느덧 주위가 어둑해진 저녁 6시였다.

'우왓.'

자전거에 올라탄 순간 중심을 잡지 못하고 자전거를 처음 배우는 사람처럼 휘청댔다. 무거운 짐을 매달아서 평소의 자전거와는 무게감이 달랐다. 겨우 중심을 잡은 채 조심스럽게 페달을 밟으며 공항 앞을 빠져나왔다.

막연히 시내와 가까울 거라 생각하고 공항에 도착했는데, 왓카나이의 시내까지 거리는 13킬로였다. 느린 속도면 1시간 가까이 라이딩을 해야 하는 거리다. 다른 교통수단 따위는 없었다. 어쩔 수 없이 위험한 어둠을 뚫고 달려서 숙소까지 가야만 했다. 이번 종주에서는 해가 지면 라이딩을 멈추고 무조건 숙소에 들어가자고 다짐했는데, 정말 종주 시작 첫날부터 그 말이 무색하게도 야간 라이딩을 하게 되었다.

왓카나이는 인구 3만 명의 도시로 한국으로 따지면 강원도의 인제나 전라남도의 곡성에 온 격이었다. 거리는 저녁 7시임에도 간간이 불이 켜져 있는 가게 이외에는 한산했다. 이윽고 한국에서 미리 예약해 둔 게스트하우스에 도착했다. 카운터에는 20대 초반 정도 돼 보이는 앳돼 보이는 여자가 있었다. 그녀는 내게 체크인 시 작성할 용지를 건네며 여권을 달라고 말했다.

"아, 혼자서 오셨어요?"

그녀가 갑자기 대뜸 한국어로 내게 질문했다. 깜짝 놀라서 "한국어 할 줄 아세요?"라고 내가 묻자, 그녀는 이화여대에 어학연수를 다녀온 적 있다고 대답했다. 벌써 오늘만 두 명씩이나 한국어를 할 줄 아는 일본인을 만났다. 새삼 말로만 듣던 K 열풍을 이런 일본의 외진 도시에서도 체감할 줄이야.

도미토리에 누워 자기 전 미리 내일 코스를 확인했다. 일본의 최북단에서 시작하기 위해서는 왓카나이보다 더 북쪽에 자리 잡고 있는 소야곶으로 간 뒤에 다시 그곳에서 출발해야만 한다. 그러므로 사실상 오늘이 아닌 내일부터가 일본 종주의 시작이었다.

홋카이도엔 어떤 풍경이 나를 기다리고 있을까…? 첫 여정의 머릿말 위에 이렇게 멋있게 쓰려고 했지만, 이런 낭만과 기대에 부푼 마음보다는 다른 생각을 하며 잠이 들었다.

'안전하게만 타자. 제발 사고만 나지 말자.'라고.

02

공포의 첫
홋카이도 캠핑

 2023년 9월 23일

 소야곶~코호네의 집 (79Km)

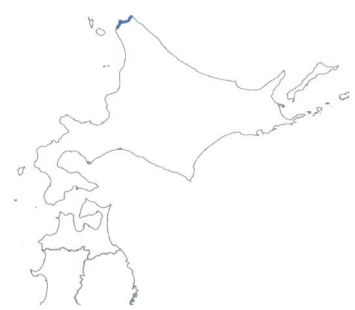

    게스트하우스의 2층 침대는 위층 사람이 조금만 뒤척여도 심히 삐걱대는 소리가 났다. 예상치 못한 층간 소음 문제로 잠을 설친 와중에 새벽 6시부터 일본 사람들이 도미토리 안에서 열심히 대화를 나누기 시작했다. 아니, 공용 도미토리에서 대체 왜 저렇게 크게 떠드는 걸까? 결국 한참을 뒤척이다가 마지못해 일어나서 출발 준비를 했다. 그래도 그 사람들 덕분에 빈둥대지 않고 일찍 출발할 수 있었다고 애써 긍정적으로 생각했다.

    일본의 최북단 지점인 소야곶은 이곳 왓카나이에서 30킬로만큼 떨어져 있다. 출발점까지 가는 것만 무려 30킬로에 다시 이곳으로 돌아와야 하기 때문에 왕복 60킬로를 달려야만 했다. 누군가는 "그냥 왓카나이에서 바로 출발하면 되잖아? 뭣 하러 굳이"라고 말할지도 모르겠지만, 그래도 기왕 상징적으로 최북단 지점에서 시작해야 한다는 내 고집을 꺾을 수는 없었다.

    시내를 지나서 어제 공항에서 왔던 똑같은 길을 되돌아갔다. 공항 부근을 지나자 어제 어두컴컴해서 보지 못했던 넓고 푸르른 바다가 눈앞에 펼쳐졌다. 라페루즈 해협이라고 불리는 러시아의 사할린과 홋카이도 사이를 가로지르는 바다였다. 저 너머 흐릿하게 보이는 땅이 바로 러시아구나….

간간이 나를 제치고 달리는 차량들과 함께 라페루즈 해협에서 불어오는 바닷바람을 맞으며 페달을 밟았다. 전역 후 3년 만의 장거리 라이딩이었음에도 시원한 경치에 시선을 빼앗긴 채 라이딩을 하다 보니 30킬로라는 거리도 짧게만 느껴졌다. 소야곶으로 향하는 도로에는 사슴 주의 안내문이 정말 많았다. 한국의 고라니나 일본의 사슴이나 차량에 뛰어드는 것은 매한가지인가 보다.

구글 지도에서 미리 찾아봤기에 처음 와 보는 곳인데도 단박에 소야곶을 알아볼 수 있었다. 소야곶에는 일본 국토 최북단을 기념하는 삼각뿔 형태의 기념비와, 한때 홋카이도 개척에 힘썼던 에도 시대의 탐험가 마미야 린조의 동상이 보였다. 도착 직후에는 사람이 별로 없었는데 여유를 부리다가 사람들이 점점 많아지더니, 줄을 서서 기념비에서 사진을 찍어야 하는 지경에 이르렀다.

신기하게도 소야곶에는 중국인과 서양인은 많았지만 한국인은 단 한 명도

보이지 않았다. 사나운 배기음과 함께 바이크를 타고 온 젊은 남성 무리가 있었다. 용기를 내어 "어디서 왔어요?"라고 그들에게 묻자, 그들은 치토세에서 왔다고 대답하며 내게도 어디로 가냐고 되물었다. 내가 자전거로 최남단까지 갈 거라고 하자, 그들은 일본인 특유의 "에~"하는 감탄사를 연발하며 대단하다고 칭찬해 주었다.

  점심을 먹고 출발하기 전, 바이크 일행과 다시 우연히 마주쳐 서로를 향해 반갑게 손을 흔들어 주었다. 마치 각자의 여정을 응원하는 것처럼. 사실상 이제부터 제대로 된 일본 종주의 시작이었다. 30킬로의 왔던 길을 그대로 돌아가 왓카나이 시내로 다시 되돌아왔다. 시내에서는 간단하게 패스트푸드로 끼니를 해결했다.

  시내를 벗어나 조그마한 언덕을 넘는 순간, 드넓은 수평선과 함께 펼쳐진 자연경관에 잠시 멈춘 채 넋을 놓고 그 풍경을 바라보았다. 수평선 너머에는 사진만 보면 후지산이라고 착각할 만큼 웅장하게 솟은 리시리 산이 보였다. 드디어 제대로 여정을 시작한다는 벅차오름이 가슴 속에 느껴졌다. 어떤 날들과 어떤 에피소드들이 나를 기다리고 있을까?

남쪽으로 시원하게 해안선을 따라 뻗어 있는 직선 도로를 달리기 시작했다. 얼마 가지 않아 도로변 수풀에서 인기척 같은 것이 느껴져 페달을 멈추고 뒤를 돌아보았다. 수풀 속에서 뿔 달린 사슴 한 마리가 날 뻔히 쳐다보고 있었다. 언제까지 가만히 있나 하고 한참을 보았는데, 사슴은 절대 내가 먼저 움직이지 않는 한 움직일 기색도 미동도 없이 나를 경계하고 있었다. 귀여운 사슴에게 손을 흔들어 주고 이내 다시 길을 떠났다.

석양이 드리워질 쯤, '코호네의 집'이라는 전망대 겸 쉼터에 도착했다. 외진 곳임에도 3대 정도 차량이 주차장에 보였다. 모두 전망대와 바닷가에서 경치를 구경하러 온 사람들이었다. 그들을 뒤따라서 바닷가 쪽으로 걸어 나가자, 눈앞에 절경이 펼쳐졌다. 지는 석양을 배경으로 부서지는 파도, 바다 너머 웅장하게 우뚝 서 있는 리시리 산의 모습…. 마치 호쿠사이의 유명한 파도 그림 같은, 한 폭의 우키요에 같은 그 풍경은 내 인생에서 본 석양 중 가장 아름다웠던 석양이었다.

경치에 넋을 빼앗겼던 동안 해는 정말 눈 깜짝할 사이에 수평선 너머로 자취를 감추었다. 곧 어둠이 마중을 나올 준비를 하고 있었다. 결국 이곳에서 캠핑을 하기로 마음을 먹었다. 1층짜리 건물의 전망대 옥상으로 걸어 올라갔다.

'민폐인 것 같긴 하지만 해도 졌는데, 이제 전망대에 올라올 사람도 없겠지.'라고 생각하며 옥상에 텐트를 폈다. 코호네의 집 현관에는 '시설 부근 ○월 ○○일 곰이 목격됨'이라는 섬뜩한 안내문이 붙어 있었다. 주차장 쪽에 텐트를 치기엔 사방이 열려 있어 너무 위험한 것 같았다. 이곳은 반경 10킬로 내로 아무것도 지도에 표시되는 것이 없는 그야말로 자연의 한복판이었다. 그래서 '곰이 옥상에는 올라오진 않겠지.' 하고 옥상을 선택한 것이었다.

텐트를 치는 것도 생전 처음이었다. '텐트 치는 법'을 유튜브에 검색해서 보면서 폴대를 잡고 이어 붙이며 열심히 텐트를 쳤다. 겨우 텐트를 완성하고 한숨을 돌리자 주변은 칠흑 같은 어둠으로 변해 있었다. 저녁 6시 반인데도 주변 가로등 몇 개를 제외하고는, 360도 모든 방향에서 어떤 인공적인 불빛 하나도 보이지 않았다. 석양과 함께 붉게 일렁이던 아름다웠던 바다는 마치 깊은 동굴처럼 암흑 속에서 파도소리만을 토해내고 있었다.

공포가 엄습해 왔다. 생각해 보니 미친 짓이었다. 보통 일본 종주 중 캠핑하는 글에서 이런 휴게소(미치노에키, 道の駅) 주차장에서 텐트를 치고 많이 잔다고 해서 왔는데. 사실 알고 보니 거기서 말하는 휴게소는 많은 차가 다니는 국도변 휴게소 주차장을 말하는 것이었다. 이런 주변에 아무것도 없는 외딴곳에서, 그것도 혼자 캠핑을 하는 미친놈이 누가 있을까. 정말 안내문처럼 곰이 나타나도 이상하지 않을 환경에서 캠핑을 하기로 한 것이다.

하지만 후회해 봤자 다른 곳으로 가기에는 이미 너무 어두워져 늦은 상황이었다. 어쩔 수 없이 좁은 텐트에 엉거주춤 몸을 집어넣었다. 1인용이다 보니 성인 남성 한 명이 들어가자 텐트 공간이 꽉 찼다. 갑자기 발자국 소리가 어렴풋이 들려왔다. 탁, 탁, 탁… 이런 시간에 전망대 위에 대체 누가 올라오는 걸까? 아니, 설마 곰은 아니겠지? 하고 텐트 지퍼를 조심스레 열고 바깥을 보았다. 휴대폰 불빛이 함께 있는 것을 보니 사람이었다. 혹시나 관리인일까 봐 "아, 죄송합니다….”라는 말부터 입에서 튀어나왔다.

"아, 괜찮아요. 여기 주변에 곰이 나온다고 하는데 조심하세요."

그는 그 말을 남긴 채 홀연히 계단 아래로 내려가버렸다. 아니, 왜 그런 알고 있는 무서운 사실을 한 번 더 상기시켜 주는지… 그나저나 이 시간에 뭐 하는 사람이지? 잠시 화장실을 가기 위해 1층으로 내려가면서 아래를 보자 해안가 쪽에 깜빡이는 희미한 빨간 불빛이 보였다. 카메라였다.

용기를 내서 그 사람에게 다가갔다.

"별 사진 찍으시는 거예요?"

그는 맞다고 대답했다. 취미라고 해도 이런 시간에 이런 외진 곳으로 사진을 찍으러 왔다니. 그가 보여준 인스타그램에는 별과 사슴 등 그가 찍었던 여러 사진이 있었다. 각자 응원과 조심하라는 말과 함께 다시 옥상 위 텐트로 돌아왔다. 밑에 사람이 있다고 생각하자 안심이 되었다. 그 사람이 계속 남아있길 바랐지만, 아마 사진 촬영이 끝나면 그는 차를 타고 여기를 떠날 것이다.

그러고 보니 어두워진 후에는 줄곧 텐트에 들어가 있느라 하늘을 보지 못했다. 고개를 쳐들고 하늘을 보자, 그때 본 별하늘은… 내 인생에서 가장 많은 별을 보았다. 군대의 최전방 오지에서 근무할 때에도 이렇게 많은 별들을 본 적이 없었다. 쏟아질 것처럼 많은 별이라는 표현은 이런 하늘을 보고 말하는 거구나….

텐트에 들어가 눕자 또다시 두려움이 스멀스멀 올라왔다. 영상이라도 보면서 잠이 올 때까지 시간을 때우려고 했지만, 이어폰을 끼자니 주변 소리가 들리지 않아서 무섭고, 소리를 켜고 보자니 주변에 소리가 퍼질까 봐 무서웠다. 눈을 붙이려 해도 바닷가에서 불어오는 바람 때문에 좀처럼 깊게 잠들 수가 없었다. 시끄럽다기보다는 꼭 누군가가 텐트를 두드리는 것 같아서 더 무서웠다. 저녁으로 사 온 빵과 우유도 먹지 않고 굶었다. 혹시나 곰이 냄새를 맡고 올까 봐서라는 웃픈 이유였다.

이따금 고요를 뚫고 차량이 도로를 지나가는 소리가 들려왔다. 소변이 너무 마려웠지만 참고 억지로 자보려고 눈을 질끈 감고 있었는데, 결국 참지 못하고 건물 아래로 내려갔다. 마침 딱 자판기를 이용하던 사람이 날 보고는 깜짝 놀라 "아, 죄송합니다!"라고 말했다. 나한테 뭐가 죄송하다는 걸까. 하긴, 이런 외진 곳에서 자판기에서 음료를 뽑는데 어둠 속에서 갑자기 무슨 수면복 차림의 남성이 나타나면 나도 소스라치게 놀라지 않을까.

겨우 잠이 들었다 다시 또 깨고를 반복했다. 신기하게도 밤 12시가 되자 귀신같이 바람이 멈추고 고요해졌다. 그때부터 공포감이 아닌 추위가 나를 엄습해 왔다. 침낭을 꽁꽁 싸매도 추위를 당해낼 수 없었다. 온몸을 부르르 떨며 간신히 휴대폰으로 기온을 확인하자 12도였다. 그제야 '내가 지금 러시아 위도와 같은 위도에 있구나, 나는 러시아에서 이런 텐트에서 지금 노숙을 하고 있는 것과 마찬가지구나.'라는 것을 깨달았다. 군대에서 하던 철야 훈련 때의 기억이 떠올랐다. 얼마 전에 전역했는데, 다시 스스로 철야 훈련을 하고 있는 꼴이라니.

누워 있는 내내 온갖 상상이 머릿속을 스쳐 지나갔다. 곰이 옥상 위로 올라오면 어쩌지? 옥상에서 뛰어내려야 하나? 결로가 줄줄 흐르는 텐트 안에서 애벌레처럼 온몸을 웅크리고 잠이 오기만을, 정신을 잃기만을 빌었다. 곰이 텐트를 서성거리며 노크하지 않기를 빌면서, 눈을 감았다 뜨면 천국이 아닌 아침이기를 빌면서….

03

일본 최고의
드라이브 코스

 2023년 9월 24일
 코호네의 집~쇼산베츠 (90Km)

눈을 뜨자 다행히 천국이 아닌 아침이었다. 그렇게 추운데도 곯아떨어졌는지, 텐트에서 나오자 햇살이 쨍쨍 들이닥치는 한 대낮이었다.

'큰일 났다. 곧 사람들이 올 텐데.'

사람들이 전망대에 올라오기 전에 얼른 텐트와 짐을 정리하고 철수해야만 했다.

짐을 후다닥 정리하고 이내 자전거를 타고 도로로 나왔다. 가야 할 방향으로 고개를 돌리자, 정말 지평선에 닿아 있는 듯한 끝이 보이지 않는 직선도로가 펼쳐졌다. 이곳이 말로만 듣던 오로론 라인이었다. 오로론 라인은 왓카나이에서부터 장장 오타루까지 홋카이도 서쪽 해안선을 따라 쭉 이어진 도로를 말하는데, 이미 오기 전부터 많은 여행기에서 입 모아서 장관이라는 이야기를 눈에 딱지가 앉도록 읽었다. 하지만 실제로 직접 보니… 이래서 사람들이 일본 최고의 드라이브 코스라고 말하는 거구나. 출발도 전에 나는 휴대폰을 꺼내 연신 사진과 영상을 찍어대고 있었다.

일본이라기보다는 스위스나 유럽에 있는 드넓은 초원 한복판에 온 듯한 느낌이었다. 도로를 중심으로 왼쪽에는 끝없는 홋카이도 내륙의 목초지와 숲,

그리고 오른쪽에는 끝없는 에메랄드빛 바다가 펼쳐지고, 그 가운데 망부석처럼 어제부터 마치 시야의 좌표계에 고정해 둔 것 같은 리시리 산이 보였다.

'진짜 미쳤다….'

아름답고 멋지다는 흔한 말보다 '미쳤다.'라는 비속어로밖에 표현할 수가 없었다. 그 말을 속으로 몇 번이나 되뇌었는지 모른다. 1시간 동안 페달을 밟아도, 몇십 킬로에 걸쳐 꼭 시간이 멈춘 것처럼 풍경이 그대로였다. 잠시 도로변에 주저앉아 경치를 감상하며 사진을 찍기도 하고, 다시 페달을 밟다가 또 멈춰 서서 사진을 찍기를 몇 번씩이나 반복했다.

간간이 드라이브를 하는 듯한 차들과 바이크들이 나를 쌩 지나쳐갔다. 반대편 방향에서 자전거를 타고 왓카나이로 향하는 라이더도 몇몇 보였다. 바이크를 탄 한 명이 내게 손을 흔들기에 나도 반갑게 손을 흔들었다. 모두 이 오로론 라인 위에서 현실에서 벗어나 한마음으로, 엇갈려 지나가는 서로의 눈빛만 봐도 행복한 질주를 하고 있는 것처럼 느껴졌다.

문제는 가장 가까운 편의점이 있는 테시오라는 마을까지 장장 50킬로 거리를 달려야 하는데 수중에 먹을 게 단 하나도 없었다는 것이었다. 심지어 물조차 아침에 모두 떨어졌다. 앞서 서술했던 드넓은 초원의 한복판인 만큼, 지도에는 주변에 마을은커녕 단 하나의 건물조차도 표시되지 않았다. 먹었던 음식은 아까 아침으로 먹은 왓카나이에서 산 빵과 우유가 전부였다.

자전거 여행을 하면 '배고프지 않아도 20킬로마다 무조건 뭘 먹어라.'라는 조언을 누군가에게 들은 적이 있다. 그 조언을 명심해야 했는데…. 목이 타들어가는 갈증 속에서, 몇 시간을 달리는 동안 사람이 운영하는 가게는 고사하고 드문드문 나타났던 버려진 건물에서도 자판기 하나조차 보이지 않았다.

점점 페달질은 느려지고 다리에 느껴지는 피로감은 배로 늘어났다. 극심한 피로감 뒤에는 잠이 쏟아진다는 것을 처음 느꼈다. 페달을 밟는데도 신기하게 졸음이 오기 시작했다. 추운 설원이나 불모지를 걸을 때, 정신을 잃어가는 동료의 뺨을 때리며 "정신 차려!"라고 말하는 영화의 한 장면이 결코 연출이 아니었던 것이다. 휘청거리며 졸음운전을 이어가던 도중 결국 졸음을 이기지 못하고 자전거를 세운 채 도로변에 발라당 드러누워버렸다. 10분 정도 눈을 감고 있다가 일어나자 컨디션이 훨씬 나아졌다. 하지만 다시 자전거를 타면 10분 만에 에너지가 고갈되는 기분이었다.

테시오까지 50킬로를 가는 데 장장 4시간이 걸렸다. 저 멀리 편의점 간판이 보이자마자 자전거를 내팽개치듯 세우고 편의점으로 뛰어들어갔다. 컵라면, 빵, 닭튀김, 콜라, 초코우유… 걸신들린 것 마냥 음식을 먹어치웠다. 편의점이란 존재가 이렇게 고마울 줄은 몰랐다. 마트보다 비싸서 불평했던 편의점의 존재의 이유를 그때서야 깨달은 것이다. 어떤 외진 곳에서도 불쑥 나타나 쉼터를 제공하고 라이더에게 에너지를 보충해 주는 존재.

테시오부터는 마을이 많아서 아까처럼 보급 걱정을 할 필요는 없었다. 하지만 더 이상 아까와 같은 눈부시고 광활한 대자연은 아쉽게도 나타나지 않았다. 오로론 라인은 왓카나이에서 오타루까지 이어진다고 하지만, 사실상 내가 본 영화 같은 오로론 라인의 풍경은 딱 왓카나이에서부터 테시오까지였다.

어느새 해가 점점 저물어가고 있었다. 오로론 라인에서의 소위 '봉크[1]'로 인해 늦어지는 바람에 목표했던 루모이까지는 갈 수 없었다. 차선책으로 중간에 있던 쇼산베츠라는 마을에 있는 작은 호텔에서 머물기로 결정했다. 쇼산베츠에는 게스트하우스 같은 저렴한 숙소가 없었다. 호텔 숙박비는 6,800엔. 여행을 시작한 지 이틀 만에 돈도 아껴야 할 주제에 호화스러운 호텔이라니. 그렇다고 샤워도 하지 못한 채 이틀 연속 땀범벅으로 또 캠핑을 할 수도 없는 노릇이었다.

호텔에 체크인하기 전 바로 근처에 있던 '콘피라 신사'로 향했다. 파도로 일렁이는 바다 위에 서 있는 빨간 토리이가 유명한 곳이었다. 석양 풍경이 아름답다고 하는데 운이 좋게도 석양이 지기 직전에 맞춰서 도착했다. 이미 바닷가에는 많은 일본 사람들이 대포카메라 등을 삼각대에 설치하고 일몰을 기다리고 있었다. 대체로 나이가 꽤 많은 어르신들이라는 점이 퍽 신기했다. 저렇게 나이 많은 어르신들이 직업이 사진가는 아니실 테니까. 어제 코호네의 집에 별을 찍으러 왔던 사람도 그렇고, 일본은 사진이라는 취미에 꽤나 진심인 사람들이 많은 듯해 보였다.

귀신같이 해가 지자마자 사람들은 철수 준비를 하기 시작했다. 나도 서둘러 체크인을 하러 호텔로 향했다. 온천을 함께 이용할 수 있는 온천 호텔이었는데, 사실 막상 가보니 말이 온천이지 한국의 목욕탕과 다를 바가 없었다.

---

[1] 라이딩 중 글리코겐과 포도당이 모두 소진되어 급격히 몸 상태가 나빠지는 일종의 저혈당 증상.

한마디로 대중목욕탕이 달린 호텔인 것이다.

    이틀밖에 타지 않았는데도 햇볕에 그을린 다리에는 선명한 자국이 생겼다. 온천수에 뜨끈하게 몸을 적시자 라이딩으로 천근만근이었던 근육들이 녹아내리는 기분이었다. 방으로 돌아와 침대에 풀썩 드러눕자 돈이 아깝다는 생각은 이미 온데간데 사라져 있었다. 그냥 너무 행복했다.

    TV를 켜자 일본의 한 방송이 흘러나왔다. 일본 연예인 패널들의 웃음소리가 호텔 방의 정적을 깨웠다. 이제야 여행을 온 것만 같았다. 어제 캠핑에서는 쓸 수가 없었던 여행기를 열심히 썼다. 인스타그램 스토리에 올렸던 사진들을 보고는 군대 후임이었던 성윤이의 반가운 전화가 왔다. 부럽다는 말에 나는 앓는 소리를 내며 말했다. "벌써 힘들어서 죽을 것 같아."

    내일은 어디까지 가야 할까? 호텔에서 호화롭게 잤으니 내일은 돈을 아끼기 위해 다시 캠핑을 해야겠다. 지도에서 무료 캠핑장을 열심히 찾아보다가 잠이 들었다. 곰은 없겠지? 차가 많이 다니는 국도면 괜찮지 않을까?

04

두 번째 야외취침

📅 2023년 9월 25일
📍 쇼산베츠~호쿠류 (119Km)

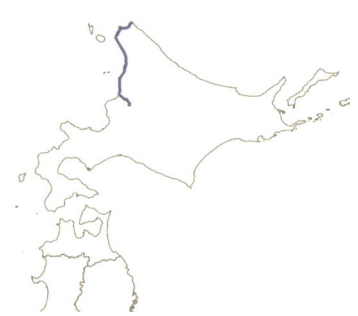

호텔에서 기절한 듯이 자다가 오전 8시가 되어서야 겨우 일어났다. 게스트하우스나 캠핑과 달리 너무 잠자리가 편해서 일찍 일어나기가 힘들었다. 비싼 요금을 치른 호텔을 새벽 일찍 떠나는 게 아까워서 결국 미적거리다가 오전 9시에 출발했다.

어제 일몰에 보았던 콘피라 신사를 한 번 더 보러 바닷가로 향했다. 할머니 두 분이서 기념사진을 찍고 계셨다. 일몰이 아닌 아침에 보니 그냥 정말 흔한 토리이일 뿐이었다. 잊지 못할 아름다운 풍경은 장소 그 자체로만 만들어지지 않고, 날씨와 시간 그 모든 것이 맞아떨어지면서 만들어지는 것이었다.

어제 오로론 라인에서 제대로 먹지 않고 라이딩을 하면 어떤 꼴이 되는지 깨달았기에 아침부터 편의점에서 한껏 컵라면과 빵 등을 위장에 때려 넣듯이 먹었다. 평소에 나는 배고픔이 잘 없는 편인데, 배가 고프건 말건 장거리 라이딩에서는 자신의 기분은 일단 뒷전으로 미뤄둬야만 한다. 더 중요한 것은 앞으로 나아갈 수 있는 연소시킬 에너지원을 보충하는 일이다. 마치 연료를 보충하는 기계가 된 기분이었다.

얼마 가지 않아 쇼산베츠에서 가까운 하보로조라는 마을에 도착했다. 조는 한자로 정(町)이다. 우리나라로 따지면 읍과 비슷한 개념인데 굳이 로컬라이징하자면 하보로읍이라고 말할 수 있겠다. 간단히 말해 매우 시골이다. 마을 어귀에 거대한 한 펭귄 상이 보였다. 펭귄의 배에는 '하보로에 온 것을 환영합니다.'라는, 여러 도시나 마을에서 으레 보이는 선전이 적혀 있었다. 홋카이도에는 펭귄도 살고 있는 건가? 뭔가 대자연의 홋카이도라면 펭귄이 산다는 것도 꽤나 말이 될 법했다.

짐받이에 나사가 하나 빠져서 수리를 위해 마을의 자전거 가게를 찾아 들렀다. 스미마셍, 하고 여러 번 부르자 가게 주인이 나타났다. 나사가 없다는 말을 전하고 주인에게 물었다.

"근데, 저 혹시… 그 펭귄 비슷한 새는 어디서 볼 수 있나요?"
"아, 오로론조요? 여기서는 볼 수 없고, 근처 섬으로 배를 타고 가야 해요."
라고 그는 대답했다. 아쉽게도 내게는 종주라는 과제가 있기에 시간을 들여 오로론조를 보러 갈 수 없었다.

마을을 벗어나다가 평범한 한 고등학교를 보고 지나갔는데, 알 사람은 아는 유명한 일본 만화 〈너에게 닿기를〉의 배경이 된 학교였다. 주인공인 카제하야와 사와코가 다니는 그 고등학교. 오래전에 본 만화라 기억도 잘 나지 않아 별 감흥은 없었지만, 한국인 중 과연 몇 명이 이 먼 홋카이도의 시골 마을까지 만화 성지순례를 올 수 있을까 하는 의미 정도로만 만족하고 발길을 돌렸다.

루모이에서부터는 해안도로가 끝나고 내륙을 통해 삿포로로 향할 계획이었다. 종주 시작 후 해안선만 달리다가 처음으로 산복도로로 들어섰다. 정말 거짓말처럼 시내에서 조금만 벗어나자, 산으로 향하는 길에 '곰 출몰주의' 안내문이 보였다. 뉴스나 인터넷에서만 보던 곰 출몰이 이곳에서는 현실이었다.

곰을 쫓는 방울은 없었지만, 곰이 라디오 소리를 싫어한다고 하기에 태블릿에 노래를 켜고 달렸다. 곰은 멀리서도 소리를 들을 수 있기에 마주치기 전에 미리 소리를 내야 한다고 해서 간혹 정신이 나간 사람처럼 "아아아!" 하고 바보같이 소리를 질러댔다. 어차피 지나다니는 차도 사람도 없어서 부끄러울 것도 없었다. 전방 주행보다 양측에 보이는 울창한 숲에 온 신경을 쏟은 채 자전거를 탔다. 다행히 숲속의 적막을 뚫고 차량은 꽤 자주 지나다녔다. 위험하다고만 생각했던 쌩쌩 지나가는 차들이 이렇게 고마울 수 있다니.

20킬로의 산길을 통과하자 이윽고 넓은 논밭의 시골 풍경이 펼쳐졌다. 열심히 목적지를 향해 달렸지만 무서운 속도로 날이 저물어가고 있었다. 시간이 오후 5시인데 시골이라 그런지 10분만 흘러도 롤러코스터 하강하듯 급격하게 하늘이 어두워졌다.

어렵사리 찾은 무료 캠핑장은 정말 외진 곳에 있었다. 도착하기 5분 전만 하더라도 사방에 불 한 점 없는 길을 달려야만 했다. 여기에 캠핑장이 있다고? 갔다가 죽는 거 아니야? 캠핑장으로 가는 길은 스릴러 영화에서 차량 한 대가 살해된 시체를 싣고 올법한 뒷동산으로 올라가는 외진 길이었다. 용기 내어 암흑을 뚫고 들어가자, 신기하게도 나트륨 등이 간간이 켜져 있는 적막하다 못해 스산한 공원 하나가 나타났다. 공원에는 텐트가 2개가 보여서 안도했다. 나 말고도 이런 뜬금없는 외진 곳에서 캠핑하는 사람이 있긴 하구나….

무엇보다 여기를 택한 이유는 산장 내에서도 잘 수 있다는 리뷰 때문이었다. '무료에다 실내라니, 이거 완전 개꿀이네.' 공원 한편에 있던 산장으로 향해 드르륵 문을 열었다. 꼭 한 발자국만 디뎌도 발이 사라질 듯한 블랙홀 같은 암흑. 간신히 더듬거려서 내부의 스위치를 찾아 불을 켜자, 내부에는 알 수 없는 흉흉한 기운과 함께 꼭 폐가라고 해도 믿을 정도로 음침한 분위기를 자아내고 있었다.

'이런 무서운 곳에서 자느니 차라리 밖에서 입이 돌아가는 게 낫다.' 하고 나는 밖에서 캠핑을 하기로 결정했다. 전조등을 나무에 매달아 불빛에 의지하여 공원 잔디 위에 텐트를 쳤다. 그래도 첫날 한번 쳐 봤다고 두 번째는 지체 없이 능숙하게 텐트를 쳤다.

텐트를 치는 도중 어둠 속에서 한 사람이 내게로 성큼성큼 걸어왔다.

"휴게소에서 자도 돼요."

말을 걸었던 그는 50대 정도로 보이는 남자였다. 그는 내가 잘 몰라서, 휴게소에서 자면 안 될 것 같아 나온 줄로 알고 있었던 것 같았다.

"아, 휴게소에 사람도 없고 너무 어둡고 무서워서… 그냥 텐트 치고 밖에서 자는 게 나을 것 같아서요. 하하하."

"허허, 그렇군요. 저는 저쪽에서 캠핑을 하는데 혹시 도움이 필요하면 말씀하세요."

사람 좋은 웃음소리와 함께 그는 자신의 텐트로 유유히 돌아갔다. 그나마 이상한 사람 같지는 않아서 조금 안심이 되었다.

캠핑장에는 샤워장이 없었다. 어차피 어둡고 사람도 없으니 야외 개수대에서 머리도 감고 팔다리까지 모두 씻었다. 누군가 보면 정말 애처로운 모습이었을 것이다. 텐트에 누워 있자니 벌레들이 떨어진 낙엽을 밟는 사각거리는 소리가 들려왔다. 그 소리가 꼭 인기척 같아서 여간 신경이 쓰이는 게 아니었다. 귀뚜라미 우는 소리와 산에서 들려오는 사슴이 구슬프게 우는 소리는 마치 어릴 때 보던 〈전설의 고향〉의 효과음을 연상케 했다. 밤이 깊어 가면서 추위가 찾아오기 시작했지만 사 온 핫팩은 전혀 도움이 되지 않았다. 역시 핫팩은 일본 핫팩보다 군대 핫팩이 최고다.

숙박비를 아끼는 것은 정말 큰 대가가 따르는 일이었다. 옛날에 방영했던 예능 프로그램인 〈1박 2일〉에서, 그렇게 야외취침에 연예인들이 치를 떠는 이유를 이제야 알 것만 같았다. 밖에서 자는 것은 정말 만만치 않구나….

05

야생을 벗어나 도심으로

📅 2023년 9월 26일
📍 호쿠류~삿포로 (121Km)

으슬으슬해진 몸과 함께 잠에서 깼다. 정신은 깼지만 라이딩으로 너덜너덜 해진 다리는 숙취마냥 덜 깬 기분이었다. 가까스로 텐트 입구의 지퍼를 열고 엉거주춤 밖으로 기어 나오자, 귀신이 나올 것만 같던 산장과 사슴 울음소리가 울려 퍼지던 어제의 음침한 캠핑장의 모습은 초록빛의 평화로운 동네 뒷동산 공원으로 뒤바뀌어 있었다.

간단히 세면을 하고 출발 준비를 위해 텐트를 접고 쓰레기들을 정리하던 도중, 한 중년의 남성이 내게 다가와 말을 걸었다.

"이제 떠나는 거야? 어디서 어디로 여행 중이야?"

나는 으레 말하던 것처럼 일본 종주를 하고 있다고 답하며 쑥스러운 듯 웃어 보였다.

"근데… 혹시 공원 관리자분이신가요…?"

"기억 안 나? 어제 왔을 때 우리 이야기했었는데."

알고 보니 그는 내가 어젯밤 이곳에 도착해서 텐트를 끙끙대며 치고 있을 때 말을 걸었던 남성이었다. 자기는 바이크로 홋카이도 일주를 하러 왔는데, 오늘 배를 타고 야마가타로 돌아간다고 했다. 그리고 보니 텐트 옆에 바이크

한 대가 보였다.

"여행 동안 조심해서 잘 가게. 그리고 일본어 진짜 잘하는구먼."

사실 몇 마디는 알아듣지도 못하고 하하하, 하고 웃어넘겼는데. 뿌듯했지만 동시에 양심에 찔리는 듯한 묘한 기분이었다.

오늘의 목적지는 130킬로 떨어진 삿포로였다. 멀지만 그냥 얼른 도시에 가서 휴식을 취하고 싶었다. 3일 내내 하루에 100킬로도 타지 못했는데 130킬로를 탈 수 있을까? 홋카이도는 정말 넓다. 한국 사람들이 홋카이도에 대해 가장 흔히 착각하는 사실이 있다면 바로 크기일 것이다. 홋카이도는 대한민국 남한과 거의 같은 크기이다. 서울에서 부산까지는 자전거로 4일 만에 갔는데, 이번엔 4일째에 겨우 홋카이도의 절반을 달려서 삿포로 근처에 온 것이었다.

어제 이후로 더 이상 산길은 나오지 않았다. 근처 도시인 다키가와까지는 쭉 논밭이 펼쳐진 시골 풍경의 연속이었다. 사실상 공복 상태로 아침에 20킬로를 달린 탓에 다키가와에 도착했을 때에는 너무 배가 고파 맛집이고 뭐고 그냥 제일 먼저 보이는 아무 가게에 뛰어 들어갔다. '카츠야'라는 가츠동을 파는 가게였는데, 알고 보니 그냥 일본 전역에 흔하게 있는 프랜차이즈 가게였다. 아무렴 어때. 이제 일본에 한 달 이상은 있을 텐데 맛집 대신 흔한 프랜차이즈에 가는 것 정도야.

가끔 사람들이 '자전거를 그렇게 타면 뭐든 맛있지.'라고 말하는 경우가 있는데 내가 느끼기엔 반은 맞고 반은 틀렸다. 자전거를 타고 지친 상태에서 음식을 먹으면 모든 음식이 맛있는 게 아니라 미각의 양극화가 발생해 버린다. 맛있는 음식은 더 맛있게 느껴지고 맛없는 음식은 더더욱 맛없게 느껴진다. 지친 몸에게 맛없는 음식을 주면 '이거라도 먹어야지.'가 아니라 '힘들어 죽겠는데 이딴 음식을 넣어?'라고 몸이 거칠게 항변이라도 하는 듯한 느낌이다.

다키가와에서부터 더 이상 아름다운 자연경관은 찾아볼 수 없는 대신 끝없는 교외 풍경이 이어졌다. 일본의 교외 풍경은 한자 간판들만 가리면 한국의 풍경과 다를 바가 없었다. 익숙한 빨간색과 노란색의 보도블록. 한국 풍경에서 아파트만 지우면 바로 일본 풍경인 것이다. 한국과 일본은 참 다르면서도 많이 닮아 있었다.

이런 국도는 지루하긴 하지만 길은 뻥뻥 뚫려있고 오르막도 없어서 오로지 달리는 것에 집중할 수 있다. 오늘 더 어두워지기 전에 삿포로에 도착해야 한다는 일념으로 페달을 밟았다. 일본이 한국보다 위치가 동쪽이어서 그런지 해가 빨리 지는 건 둘째 치고, 노을 이후 어스름이 깔린 뒤부터 완전히 어두워지기까지의 시간의 '틈'이 한국보다 체감상 훨씬 짧게 느껴졌다. 한국에서

는 그 시간에 햇빛 걱정도 없고 선선해서 산책하기 좋아했지만, 일본에서 라이딩을 할 때에는 어둠이 나를 죄어오는 시간처럼만 느껴졌다.

다행히 삿포로 향하는 길에는 크게 외진 곳도 없었고, 차량 통행이 많은 국도가 대부분이다 보니 어두워진 뒤에도 달릴 만했다. 삿포로에 가까워질수록 점점 차량도 많아지고 길도 밝아졌다. 지평선 부근에 보이는 반짝반짝 빛나고 있던 무수히 많은 빨갛고 노란 별빛들이 삿포로에 점점 가까워지고 있다는 증거였다.

도심지에 들어서자 5분마다 라이딩을 멈춰야 할 정도로 횡단보도에 멈춰서서 신호를 기다리는 일이 잦아졌다. 점점 높아져가는 빌딩 숲을 지나 멀리 형형색색 빛을 내는 타워 하나가 보였다. 삿포로의 중심가에 위치한 유명한 TV타워였다. 드디어 삿포로에 왔다! 야생의 홋카이도에서 안전한 도심지로 왔다는 안도감과 동시에, 긴 여정의 초반이었지만 첫 미션을 성공적으로 마친 듯한 성취감이 들었다. 특히 삿포로는 인생 첫 방문이라 더욱 기대가 컸다. 삿포로 하면 뭐가 있을까? 삿포로 맥주, 징기스칸, 수프카레, 눈 축제… 눈이 오는 겨울이 아니었기에 아쉬웠지만, 나름대로 가을 삿포로의 매력을 찾으러 다닐 기대에 부풀어 있었다.

삿포로에서는 이틀 동안 머무를 예정이었기에 호텔이 아닌 값싼 게스트하우스로 예약을 했다. "자전거는 혹시 어디다 둘 수 있을까요?"라고 카운터에 묻자, 점원은 곤란하다는 표정으로 숙소 내부에는 둘 장소가 없고 바깥에 있는 자전거 주차장에 주차를 하는 수밖에 없다고 말했다. 당황스러웠다. 일본 유료 자전거 주차장에 주차를 해본 적도 없거니와 이틀 뒤에 비 예보도 있어서 자전거가 홀딱 젖을 텐데…. 어떻게든 대안을 짜내던 도중 캐링백에 자전거를 넣어서 방에 보관하면 안 되겠냐고 점원에게 애원하듯 물었다.

점원은 조금 고민하는 기색을 보이다가 허락해 주었다. "감사합니다!" 이후 캐링백을 꺼내 자전거를 넣기 시작했다. 속속 체크인을 하러 들어오는 투숙객들이 나를 스쳐 지나가며 흘긋흘긋 쳐다보는 것만 같아 부끄러웠다. 어찌저찌 자전거를 거의 캐링백에 반쯤 넣은 상태로 끙끙대며 들고 가서 방에 겨우 안치했다. 자전거 여행이란 매 순간이 전쟁이다.

캠핑을 하느라 어제 샤워까지 못 한 상태에서, 가장 긴 130킬로를 달린 후 샤워를 하자 온몸의 노고뿐만 아니라 영혼까지 씻겨 내려가는 듯했다. 목욕은 영혼의 세탁이라고 누가 이야기했더라? 이윽고 벙커 침대의 하얀 이불에 몸을 내던지자 그대로 졸도해버릴 것 같았다. 하지만 삿포로까지 왔는데 그냥 이렇게 밤을 아깝게 날려버릴 수는 없지…. 저녁이라도 삿포로 음식을 먹자는 생각에 겨우 몸을 이끌고 시내로 걸어 나왔다.

삿포로의 번화가인 스스키노 거리는 온통 퇴근 후 한 잔 걸친 듯한 직장인 혹은 젊은 사람들로 시끌벅적했다. 작은 시골 마을들만 지나며 너그럽게 내게 말을 걸던 다정한 일본인의 목소리만 듣다가 이런 대도심의 술에 잔뜩 취한 일본어를 들으니 조금 겁이 났다.

우연히 길을 걷다가 '스미레'라는 라멘 가게에 왔다. 30여 분을 기다려 입장한 끝에 주문한 미소라멘이 뒤따라 나왔다. 특별히 튀는 맛은 없었지만 전체적으로 된장의 풍미와 국물, 면이 조화를 이루는 한마디로 정말 치우침 없는 밸런스가 일품인 맛이었다. 밸런스가 너무 완벽한 나머지 어떤 맛이라는 묘사가 어려운 맛이다. 한 마디로 그냥 맛있다.

배부르게 저녁을 먹고 기분 좋게 숙소로 돌아와 침대에 누웠다. 이틀 뒤 적당히 이동할 코스를 정하고, 지나가는 길목에서 가고 싶은 마음이 드는 유명한 장소들을 찾아 구글 지도 속을 배회하다가 잠이 들었다.

06

삿포로의 이방인

 2023년 9월 27일, 28일
삿포로 (0Km)

    늦은 밤 삿포로에 도착한 후, 다음날 으레 '삿포로 추천 여행지'라는 여행 블로그 게시글에서 나올 법한 홋카이도 신궁을 찾아갔다. 도쿄의 메이지 신궁과 달리 홋카이도 신궁은 작고 아담했다. 동시에 큰 감흥도 없었다.
    겨울이 아니라 그런지 막상 삿포로에 왔지만 딱히 마음이 가는 장소가 없었다. 대체로 삿포로 여행과 함께 간다는 근교의 비에이, 오타루 같은 도시에 볼거리가 몰려있어서 그런 걸까? 그나마 내가 유일하게 삿포로에서 가보고 싶었던 곳은 '모에레누마 공원'이라는 곳이었다. 스스키노 시내에서는 꽤 거리가 있어 버스를 타고 조금 멀리 가야만 했다.
    모에레누마 공원은 이사무 노구치라는 조각가이자 조경가가 설계한 공원으로, 삿포로 여행지로는 딱히 추천되진 않지만 조경학도였던 내가 한 번쯤 와보고 싶었던 곳이었다. 정말 큰 피라미드처럼 생긴 인공 언덕이 모에레누마의 특징이었는데, 겨울에는 눈이 잔뜩 쌓인 커다란 언덕이 썰매장이 되어서 썰매를 타는 것이 이 공원의 백미라고 한다.
    푸른 언덕을 배경으로 공원에서는 웨딩 촬영을 하는 부부들이 꽤 보였다. 당연한 이야기이겠지만 피라미드처럼 높은 모에레누마의 언덕을 오르는 것은 꽤 체력을 요하는 일이었다. 특히 자전거를 며칠 동안 타다가 계단을 오르니 허벅지가 터질 것 같았다. 겨우 언덕 끝에 다다르자 넓은 삿포로의 전경이 한눈에 들어왔다. 꼭 등산을 한 것 같은 기분이었다.

저물어가는 노을 아래로 하나둘씩 불을 밝혀가는 삿포로를 한참 동안 멍하니 바라보았다. 으레 혼자만의 여행이 자신을 돌아보고 진정한 자아를 발견하는 계기가 되었다고 사람들은 이야기한다. 스페인 순례길을 걷는 사람들이 말하는 것처럼, 지금 이 여정을 통해 내가 무엇을 배우고 있는지 곰곰이 생각해 보았지만, 막상 이곳에 서 있던 나는 딱히 아무런 생각이 없었다.

이 여정이 내게 어떤 의미로 남을지는 시간이 흐르고 나서야 알 수 있는 것이다. **힘들었던 입시 준비를 하던 시절도 군대에 있던 때도, 돌이켜보면 마냥 행복했을 때보다는 파도처럼 감정이 요동치던 때가 잊지 못할 추억으로 남았다.** 깨달음이든 진정한 자아든 어려운 말들은 집어치우고, 사람들은 잊지 못할 추억을 남기기 위해 순례길과 고난에 몸을 던지는 게 아닐까.

다음날 예보대로 비가 내렸다. 어제 긴 장거리 라이딩 이후에도 쉬지 않고 이곳저곳 돌아다니다 보니 다리가 회복은커녕 녹초가 되는 지경에 이르렀다. 그래서 오늘은 되도록 걷지 말자고 결심했다.

비가 오는 삿포로 거리를 정처 없이 우산을 들고 걷던 도중, 우연히 지도에서 '홋카이도 대학'이 눈에 띄었다. 시내 한복판에 위치해 있어서 걸어가기도 가까웠다. 호기심이 생겨 느닷없이 홋카이도 대학으로 걸음을 옮겼다. 사실 순전히 '학생들이 공부하는 캠퍼스라면 앉아서 태블릿을 꺼내 글을 쓸 수 있는 장소가 많지 않을까?'라는 이유에서였다.

정문으로 들어가자 한 60대의 남성이 말을 걸었다. "혹시 무슨 일로 오셨나요?" 순간 캠퍼스가 학생 외 출입 금지인가 싶어 잠깐 당황했다. "아, 그냥 구경하려고요…." 그는 "학교를 안내해 드릴까요? 여기 인포메이션 센터도 있어요."라며 단지 건넨 말이 호의였음을 드러냈다. 관광객에게도 학교를 안내해 주는 사람이 있다니 참 신기했다.

먼저 정문을 지나게 되면 커다란 녹지가 나온다. 캠퍼스에 이런 아름다운 녹지와 개천이 흐르고 있다니. 개천의 이름은 '사쿠슈코토니(サクシュコトニ)'라고 하는데, 옛날에는 연어도 살던 강을 복원했다고 한다. 비가 오고 있

었지만 맑은 날씨를 상상하면 이곳 학교 학생들이 책을 읽거나 피크닉을 하며 쉬고 있을 것만 같은 낭만적인 풍경이었다. 아, 캠퍼스의 낭만. 4학년이 되고 군대까지 갔다 오니 이젠 기억도 나지 않는다.

소풍을 온 듯한 알록달록한 모자를 쓴 유치원생들이 있었다. 아이들은 우비를 쓴 채 녹지에서 제멋대로 꺄르륵거리며 뛰어놀고 있었고 담당 선생들이 아이들을 이따금 불러 모으곤 했다. 그 모습을 흐뭇하게 바라보는 스타킹을 신은 것처럼 다리가 검게 탄 수상한 외국인 한 명….

캠퍼스를 가로지르는 큰 가로수길을 따라서 느긋하게 걸었다. 평일이지만 캠퍼스는 다소 한적했다. 아마 한국과 달리 일본의 대학교는 개강이 10월이기에 아직 방학 기간일 것이다. 캠퍼스를 돌아다니며 놀랐던 것은 정말 셀 수 없을 정도로 많이 주차되어 있던 자전거였다. 일본이 자전거 왕국이라고 하는 말을 듣긴 들었지만 크게 체감을 하진 못했는데, 이 정도면 자전거 왕국이라고 인정할 만했다.

다갈색 벽돌로 된 고딕풍의 한 건물이 눈에 띄었다. 검색해 보니 홋카이도 대학 종합박물관이라고 한다. 관광객을 위한 여러 볼거리가 있다는 말에 바로 들어갔다. 1층에 카페도 있고 앉아서 자유롭게 쉴 수 있는 공간이 있어 이곳에서 글을 쓰기로 했다. 1층에는 홋카이도 대학 관련 역사, 2층에는 각종 연구 자료들이 전시되어 있는데, 곰을 비롯한 여러 동물들의 박제가 눈에 띄었다. 3층에는 공룡의 뼈들이 전시되어 있어 아이를 데리고 온 가족 방문객들이 많이 보였다.

점심시간이 되자 출출해져서 잠시 박물관에서 나왔다. 홋카이도 대학의 학식은 어떨지 궁금해서 학생식당을 찾아갔다. 딱히 그렇다 할 특징은 없는 평범한 학생식당이었다. 식권을 먼저 구입하여 한 번에 식판째 식사를 받는 한국과 달리, 일본 대학교의 식당은 이것저것 마음에 드는 반찬을 골라 쟁반에 담은 후 카운터에서 각각 따로 계산하는 방식이다.

　점심을 다 먹고 나오자 아까와는 달리 식당 입구에 학생들이 붐비고 있었다. 아까는 수업 중이라서 안 보였던 걸까? 삼삼오오 모여서 친구들과 웃고 떠드는 그들 사이를 빠져나왔다. 그 웃음소리가 방아쇠가 된 것처럼 갑작스레 예상치 못한 외로움이 왈칵 쏟아졌다. 지금도 내 생애에서 외국에서 가장 오래 있었던 기간이었다. 일본 여행은 좋아했지만 일본에 온 지 일주일이 되자, 내가 이 땅 위에 단 한 명도 아는 사람이 없는 혼자라는 사실이 절절하게 느껴졌다. 'I'm an legal alien, I'm an Koreanman in Sapporo….' 스팅이 부르는 유명한 팝송의 구절처럼, 그저 나는 삿포로에 온 이방인일 뿐이었다. 홋카이도 대학에 한 명이라도 친구가 있었더라면, 혹은 이곳의 한국인 유학생 한 명쯤이 내가 한국인인 걸 알아보고 말을 걸어주지 않을까.

　그런 망상을 하며 다시 박물관으로 터벅터벅 걸어 돌아왔지만 정말 당연하게도 그 어떤 일도 일어나지 않았다. 누군가 그랬던가, 아무것도 하지 않으면 아무 일도 일어나지 않는다고. 용기를 내서 말을 걸어야 하는 건 나 자신인데. 그럴 용기가 없어 다시 좌석으로 돌아와 글을 쓰기 시작했다. 갑자기 창밖에서 가늘게 내리던 비가 태세를 바꾸고 퍼붓기 시작했다. 창 너머로 옅게 전해져 오는 빗소리와 함께 주변 테이블의 사람들이 여러 차례 바뀔 동안, 나는 홀로 꿋꿋이 카페에 앉아서 여행기를 쓰고 있었다.

　오후 4시가 되자 비가 그치고 눈 부신 햇살이 구름 틈을 비집고 나왔다. 숙소로 돌아가는 길에 무인양품에 들러 내일 먹을 음식들을 샀다. 오호리 공원의 오텀페스트(9월 동안 맛집들이 부스를 운영하는 삿포로의 축제)도 정상적으로 진행되고 있었다. 슬슬 퇴근하는 사람들과 차량이 삿포로 시내를 채워

나가기 시작했다. 저녁은 뭘 먹지? 그러고 보니 삿포로에 와서 징기스칸을 먹지 않았다. 하지만 지금 여기서 징기스칸은 내게 너무나 큰 사치다,라고 생각하고 단념해버리고 말았다.

기분이라도 낸답시고 뜬금없이 샤브샤브용 양고기를 사 와 햇반과 함께 구워 먹었다. 게스트하우스 주방에는 양고기 냄새가 진동했다. 징기스칸이 아니라 양고기 향이 나는 대패삼겹살을 구워 먹는 기분이었다. 또 다른 테이블 자리에는 한 서양인 여성이 밖에서 사 온 듯한 도시락을 먹고 있었다. 혼자 여행을 다니는 여행객의 기운이 서로에게서 감돌았지만, 우리는 쓸쓸히 각자의 저녁을 먹고 있을 뿐이었다. '말이라도 걸어볼까?' 하다가 말았다.

저녁을 먹어치운 뒤 프라이팬과 그릇들을 설거지한 후 방으로 돌아가 2층 침대에 드러누웠다. 이 삿포로의 외로움과 공허함으로부터, 내일은 자전거를 타고 벗어나자고 다짐했다. 그렇게 궁상을 떨던 내 인생 첫 삿포로에서의 마지막 추억이 저물어가고 있었다.

07

내 생애 가장
아름다웠던 호수

 2023년 9월 29일
삿포로~시라오이 (95Km)

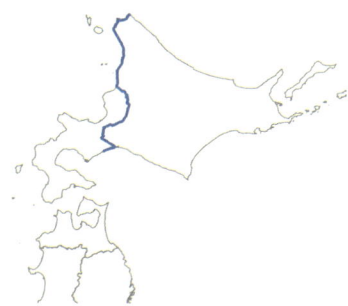

어젯밤 저녁을 먹었던 주방에서 소고기 카레와 즉석밥을 아침으로 먹었다. 같은 방에서 자고 있는 손님들의 잠을 깨우지 않기 위해 자전거를 조심스레 끙끙대며 방에서 겨우 들고나왔다. 캐링백에서 꺼낸 자전거에 다시 트렁크백을 매달고 앞바퀴도 조립했다. 매번 이러는 것도 정말 고역이다.

이틀을 쉰 뒤 게스트하우스 앞에서 오랜만에 완성된 모습의 자전거를 보자 달리고 싶어졌다. 다시 힘든 여정이 기다리고 있다는 걸 알고 있었지만, 자전거에 주렁주렁 달린 캠핑용품과 트렁크백을 바라보면 꼭 나 자신이 모험가가 된 것 같아 두려움에 뛰어들고 싶은 마음이 생긴다. 3년 전 국토 종주를 하고 있던 당시 시골에서 들개에게 쫓긴 뒤 너무 무서워서 더는 자전거를 타고 가지 못하겠다 싶었던 때, 칠흑 같은 어둠 속에서 도중 출입금지라는 표지판에 가로막혀 몇 킬로는 돌아가야 했을 때가 있었다. **그때 페달을 밟았던 것은 용기 때문이 아니라 그냥 힘들어 죽겠다는 괴로움 때문이었다. 그 괴로움이 두려움을 이기고 나를 움직이게 만든 것이다.** 사람은 발등에 불이 떨어질 때 그때서야 용기를 낸다. 통장이 0원이 되어서야 두렵고 하기 싫었던 물류 알바라도 문자로 지원하는 것처럼.

도요히라 강을 따라 남쪽을 향해 달렸다. '시코쓰호'라는 유명한 호수로 가는 해발 600미터의 오르막이 오늘 여정의 하이라이트였다. 사실 치토세 쪽으로 향하는 편한 평지길도 있지만, 기왕 다시는 오지 않을 길인데 후회 없이 뭐라도 눈에 담고 가자는 생각으로 호수를 지나는 산지 방향으로 루트를 정했다.

점차 민가와 건물도 드물어지고 도로의 경사도가 조금씩 가팔라졌다. 본격적으로 건물이 보이지 않는 숲길로 들어섰다. 우연히 가드레일까지 나와 풀을 뜯던 사슴과 마주쳤다. 오로론 라인 이후 오랜만에 보는 사슴이었다. 웃겼던 건 정말 큼지막한 화물 트럭이 눈앞에 쌩 하고 지나가는데도 사슴은 눈 하나 깜짝 않고 그 자리에 선 채 날 뚫어지게 쳐다보고 있었다. 트럭은 무서워하지 않는데 멈춰 선 내가 무섭다니. 동물에게 달리는 차량보다 더욱 무서운 존재는 인간 그 자체인가 보다.

온 힘을 다해 페달을 꾹꾹 발로 누르며 오르막을 힘겹게 올랐다. 따지면 종주를 시작한 이후 첫 오르막이었다. 홋카이도이고 9월이라지만 아직 햇빛은 한여름처럼 따가웠다. 땀이 볼을 타고 뚝뚝 드롭바 위로 떨어졌다. 어디쯤 왔는지 확인하려고 구글 지도를 켰지만 전파가 터지지 않았다. 이왕 이렇게 된 거 차라리 모르는 편이 나을지도 모르겠다. 많이 올라왔다고 생각하고 봤는데 정말 얼마 안 올라갔다는 걸 알면 그 좌절감은 말로 다할 수 없다.

차를 비롯해 나를 쌩쌩 제치고 호수를 향해 가는 듯한 바이크들이 많이 보였다. 드디어 오르막의 끝을 알리는 '시코쓰호에 어서 오세요.'라는 일본어 간판이 보였다. 이제 내리막만 내려가면 호수가 보이겠지? 10여 분 정도가 흘렀을까, 옆을 돌아보니 울창한 숲의 나무 사이로 조용하고 파란 거인이 산 위에 드러누워 있었다.

내리막을 내려와 호수 앞의 휴게소에 도착했다. 가을 하늘보다 더 새파랗던 시코쓰호는 호수라기보다 마치 산으로 둘러싸인 바다 같았다. 실제로 시코쓰호는 백두산 천지의 10배 크기라고 하는데, 이런 높은 산 위에 이렇게 많은 물이 어디서 왔는지도 경이로울 정도였다. 삼각대를 꺼내서 호수를 배경으로 연신 사진을 찍었다. 관광객으로 크게 붐비지는 않았다. 바이크를 타고 온 라이더들, 혹은 자차를 끌고 온 일본인들이 가끔 차에 내려서 호수 주변을 걸어다니곤 했다.

슬슬 호수를 떠나야겠다 싶어 호수 주위를 빙 도는 국도를 타고 달리기 시작했다. 시선을 옆으로 돌리는 순간, 눈이 시릴 정도의 새파란 풍경이 눈앞에 펼쳐졌다. '와….' 하고 나도 모르게 조건반사처럼 입에서 탄성이 흘러나왔다. 내 생애에서, 이렇게 넋이 나갈 정도의 풍경을 본 적이 있었나. 어떻게 이렇게 호수가 아름다울 수 있을까? 드라이브하는 차량과 바이크들이 슝슝 지나다니는 와중에도 시코쓰호는 세이렌의 노랫소리처럼 내 시선을 빼앗았다.

부족한 견문이지만 내 인생에서 본 풍경 중 가장 아름다운 호수였다. 7킬로의 시코쓰호 라이딩은 앞으로도 절대 잊지 못할 것 같다. 점차 호수는 내 시야에서 사라졌다. 호수를 뒤로하고 벗어날 때 몇 번씩이나 '다시 돌아가서 조금만 더 보고 갈까?'라는 생각을 했다. 마음을 추스르며 '지금 가지 않으면 또 숙소까지 어두운 저녁에 라이딩을 해야 해.'라고 얼마나 자신을 설득했는지. 다음에 삿포로에 온다면 꼭 다시 보러 올게, 시코쓰호.

내려가는 길에 익숙한 노란색 사슴 주의문이 보였다. 개중 빨간색의 눈에 띄는 주의문이 보였는데 다름 아닌 곰 주의문이었다. 주의문 아래에는 불과 12일 전 이 부근에서 곰이 목격되었다고 쓰여 있었다. 그래도 다행히 도로에 차들이 많이 지나다녔다. 라이딩을 하다가 잠깐 한눈을 팔던 사이, 도로변까지 나와 있던 사슴 둘이 돌진해 오는 나를 보고 깜짝 놀랐는지 후다닥 정신없이 숲속으로 도망쳐 사라졌다.

3시쯤 되어서야 시코쓰호에서 내려올 수 있었다. 근처 도마코마이라는 도시에서는 편의점에만 가볍게 들러 음료로 에너지를 보충했다. 도마코마이에서 연안을 따라 국도를 밟았지만 바다는 좀처럼 잘 보이지 않았다. 도로변에는 24시간 라멘 가게들이 드문드문 보였다. 대개 일본 건물이나 간판은 한국보다 온화하고 차분한 느낌이지만, 국도변의 라멘 가게만큼은 화려한 글씨와 간판으로 운전자들을 끌어들이기 위해 야단스럽게 떠들고 있는 느낌이었다. 일본에선 라멘이 한국에서의 국밥 같은 포지션을 맡고 있는 듯했다.

오늘 잡아둔 숙소의 위치는 도마코마이에서 30킬로 정도 떨어진 시라오이라는 작은 마을이었다. 235번 국도를 따라 시라오이를 향해 남은 거리를 달려갔다. 구글 지도에서는 이 도로가 무로란 라인이라고 표기되어 있다. 오로론 라인과는 같은 라인이지만 무로란 라인에는 딱히 볼만한 경치 자체가 단 한 구석도 없었다. 그저 황량한 교외 풍경, 한때 번화했으나 이제는 버려진 듯한 낡은 파칭코 건물들, 그리고 고래고래 소리를 지르는 듯한 붓글씨 간판의 라멘 가게가 간간이 도로변에 보였다. 그와 함께 나는 저물어가는 붉은 노을을 바라보며 부지런하게 다리를 움직이고 있었다.

간신히 속도를 내어 어두워지기 직전에 시라오이에 도착할 수 있었다. 게스트하우스는 기대 이상으로 만족스럽고 분위기가 좋았다. 딱 봐도 관광객으로 보이는 서양인들과, 귀에 따갑도록 들려오는 중국어를 구사하는 중국인 몇 명이 주방과 로비를 돌아다니고 있었다.

편의점에서 사 온 카츠산도와 음료수 하나를 저녁으로 때울 동안, 대학생 무리로 보이는 듯한 일본인 여행객들이 우르르 게스트하우스로 들어왔다. 이었고 주방에서 요리를 하며 야외 테이블에 상을 차리더니 떠들썩하게 저녁을 먹기 시작했다. 중국인들은 함께 온 중국인들끼리, 넉살 좋은 서양인 관광객은 벌써 대학생 무리와 말을 트고는 어디서 왔는지부터 해서 이야기를 나누고 있었다. 대학생들은 이미 갔다 온 건지, 아니면 갈 예정인지는 못 알아들었지만 홋카이도의 시레토코에 여행을 왔다는 것 같았다.

 로비에 흐르는 대화를 흘긋 엿들으며 주방에 홀로 앉아 카츠산도를 먹었다. 맥주캔 따는 소리와 그들의 웃음소리를 듣자니 오늘도 점점 외로움이 밀물처럼 밀려왔다. 왜 이런 괴로운 외로움을 굳이 껴안으면서까지 나는 일본을 홀로 라이딩하고 있을까? 붙임성 없는 내 성격이 미워졌다. 여행 유튜버들은 친구도 만들고 함께 놀러도 다니고 하던데. 일본 종주를 오면 이곳저곳 일본 전국의 일본인들과 담소를 나누고, 친구가 되고, 인연을 맺는 상상을 하고 왔다. 내가 미남이었더라면…. 이런 어린애나 할 법한 망상이나 하고 있다니. 한심하다. 첫째 날 한국인임을 알아보고는 한국어로 말을 걸어주던 스튜어디스, 게스트하우스의 스태프가 그리워졌다. 첫째 날이 정말 별난 상황이었던 것이다.

 야외에서 들려오는 왁자지껄한 목소리를 피하듯이 2층으로 향해 도미토리의 침대에 숨었다. 지친 다리가 다른 사람들은 신경 쓰지 말고 얼른 자자고 말을 건다. 그래, 난 일본 최북단에서 최남단까지 종주를 하러 온 거니까.

08

불곰은 무서워

 2023년 9월 30일
삿포로~도야호 (93Km)

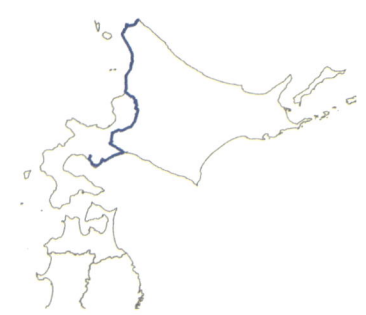

시라오이에서의 아침이 밝았다. 짐을 챙기고 나왔을 때 로비 문 앞에는 어제 보았던 일본인 대학생들과 서양인 여행객이 모여 있었다. 그들은 다 같이 바다를 보러 나가는 듯했다. 서양인의 붙임성은 정말로 대단했다. 나도 마음 같아서는 함께 가고 싶다고 말하고 싶었지만, 내가 건넨 말은 그들이 가로막고 있던 출입구를 지나가기 위해 "실례합니다."라는 시니컬한 한마디뿐이었다.

자전거에 트렁크백을 매다는 동안 사람들은 왁자지껄 떠들며 게스트하우스를 유유히 떠났다. 남아 있던 사람은 퇴근을 준비하는 야간 점원과 출근하는 오전 근무자, 그리고 내 쓸쓸함뿐이었다. 출발하면 다 잊히겠지.

며칠 전부터 왼쪽 오금이 쓰라려서 검색해 보니 안장 높이의 문제라고 해서 높이를 조절한 뒤 출발하려고 했다. 공구를 꺼내 안장 나사를 풀었던 그 순간,

"앗."

하필 안장 나사가 나무바닥과 지면 틈새 사이로 굴러떨어진 것이다. 빗대어 보면 에어팟이 하수구로 빠진 상황이었다. 머리가 하얘졌다. 그 조그마한 나사를 저기서 어떻게 꺼내지? 꺼내지 못하면 출발조차 할 수 없었다. 점원

에게 손전등을 빌려 몸을 수그린 채 나무바닥 아래의 공간을 비추었다. 천만다행히도 흙바닥에 굴러떨어져 있던 작은 안장 나사가 보였다.

문제는 어떻게 꺼내느냐였다. 나뒹굴고 있던 기다란 나뭇가지를 찾아서 좁은 틈새 사이로 쑤셔 넣었다. 30여 분의 사투 끝에, 조금씩 조금씩 손이 들어갈 수 있는 위치까지 나사를 끌어당긴 뒤 간신히 기적적으로 나사를 흙바닥에서 건져 올릴 수 있었다.

'라이딩만으로도 벅찬데 왜 자꾸 제게 이런 혹독한 시련을 주시나요…'

세상이 나를 억까하는 것만 같았다. 여정 곳곳에서 온갖 불운이 맹수처럼 나를 호시탐탐 노리고 있다는 것이 느껴졌다. 한숨과 함께 너덜너덜해진 멘탈을 붙잡고 게스트하우스에서 나왔다. 오늘도 영 시작부터 일진이 사납다. 출발이 1시간 늦어졌지만 어쨌든 페달은 밟아야 한다….

먼저 시라오이에서 가까운 노보리베츠라는 도시로 향했다. 노보리베츠는 홋카이도의 유명 관광지 중 하나로 특히 '지옥온천'으로 대표되는 온천 관광이 유명한 곳이다. 관광지답게 근처에 도착하자 곳곳에는 온천을 겸한 호텔들과 주차되어 있는 대형 관광버스가 자주 보였다. '얼마나 지옥 같기에 지옥온천이라는 이름이 붙었을까?' 기대를 안고 입구에 도착해 자전거를 세워둔 뒤, 지옥온천으로 걸어 올라갔다.

흐린 하늘 위로 피어오르는 유황연기들과 함께, 지옥온천은 마치 벌채나 광석 채취를 위해 깎아지른듯한 광산 같은 모습이었다. 사실 어제 방문을 목적으로 검색을 하면서 '꼭 마치 다른 세상에 온 것 같다.'라는 리뷰를 읽었는데, 정말 지옥에 왔다는 색다른 기분은… 커녕 그저 썩은 계란냄새가 진동하고 있는, 머리가 벗겨진 듯한 휑한 산일 뿐이었다. 지옥온천에는 화구 한가운데까지 걸어갈 수 있도록 산책로가 조성되어 있었다. 감흥은 없지만 오늘날의 현대인답게 강박적으로 휴대폰을 꺼내 지옥온천을 찍어 담았다. 해야 하는 일을 다 했다는 듯 구경을 마치고 나왔다. 걷는 동안에는 이곳저곳에서 익숙한 한국어가 굉장히 많이 들려왔다. 지옥온천은 한국인에게 인기가 많은 곳이군.

마지막으로 온천에 발을 담가볼 수 있다는 족탕이 있다고 해서 그곳으로 향했다. 산길을 따라 내려가자 계곡에 사람들이 옹기종기 앉아 발을 담그고 왁자지껄 떠들고 있었다. 모락모락 피어오르는 연기를 보자 굉장히 뜨거울 것 같았지만, 막상 발을 담가보니 너무 미지근해서 적지 않게 실망했다. 라이딩 피로가 싹 가실 정도의 뜨끈한 온천수를 기대했는데. 그렇게 다른 사람은 하루를 잡아서 오는 이곳 노보리베츠 관광을 2시간 만에 초스피드로 마쳤다.

구글 지도를 보면 일본에는 노란색의 국도와 하얀색의 현도가 있다. 이번 여행에서 최우선으로 삼았던 점은 되도록 외진 현도보다는 통행량이 많은 노란 국도를 이용하는 것이었다. 하지만 노보리베츠에서 국도를 타면 왔던 길을 빙 돌아 뒤로 가야 했기에, 시간을 단축할 수 있는 현도를 이번에는 타기로 했다. 뭐 5킬로 정도야.

확실히 현도는 국도에 비해 통행량이 매우 적어서 자유롭게 라이딩을 하기에 좋았다. 5분에 한 대꼴로 차량이 지나다녔다. 가던 도중 곰 주의문 표지판이 보였다. 오늘이 며칠이지? 9월 30일. 그리고 표지판에 있는 목격 날짜는 9월 21일. 순간 간담이 서늘해졌다. 이렇게 사진 찍고 한가하게 시간을 지체할 게 아니었다. 차량 하나 없는 현도의 정적은, 나 홀로 넓은 도로를 신나게 라이딩할 수 있도록 깔아 둔 배경음악이 아니었던 것이다.

이후로도 무려 네 차례나 곰 주의 표지판을 보았다. 외진 길도 아니고 민가들이 드문드문 보이는 곳에서도 주의문이 있기도 했다. 노보리베츠는 곰이 일상인가? 대체 노보리베츠의 시민들은 어떤 삶을 살고 있는 걸까?

다행히 곰과 마주치는 일은 없었다. 그야 당연한 것이 곰과 마주쳤더라면 아마도 이 글을 쓰고 있지 못할 것이다. 현도가 끝나고 다시 바닷가를 따라가는 국도로 합류했다. 얼마 가지 않아 무로란이라는 도시에 도착했다. 무로란에서 한 일이라곤 오금 통증 때문에 드러그스토어에서 파스를 사고 초밥집에서 초밥을 먹은 게 전부였다.

다시 해안도로를 따라서 달렸다. 맑던 어제와 다르게 을씨년스러운 흐린 날씨였다. 바다 멀리에 우뚝 솟아 있는 커다란 산이 보였다. 며칠 전 오로론 라인에서 보았던 리시리 산이 떠올랐다. 저것도 섬일까? 앱을 켜서 보니 섬이 아니라 내가 내일 가야 할 곳이었다. 섬이 아니라 쭉 육지로 이어져 있는 곳이었다. 까마득하게 멀어 보이는데 과연 내가 저기 내일까지 갈 수는 있긴 한 걸까.

오늘의 마지막 목적지인 도야호로 향했다. 시코쓰호에 너무 감동받은 나머지, 홋카이도에서 유명하다는 또 다른 호수인 도야호도 보고 가자는 마음에 숙소 위치를 도야호 근처로 결정했다. 화구호면 산 위에 있을 테니 힘든 오르막을 올라야 할 것 같아 또 걱정했지만… 도야호로 가는 길은 평지라고 느껴질 정도로 경사가 완만해서 크게 힘들지 않았다.

어둑어둑해질 때쯤 도착한 기대했던 도야호는, 시코쓰호와는 달리 아무런 감흥조차 느껴지지 않았다. 파도가 치고 있던 시코쓰호와는 다르게 잔잔한 도야호의 표면은 어둑해진 저녁 하늘을 흐리멍덩하게 반사하고 있을 뿐이었다. '내일 아침 해가 뜨면 예쁘겠지.' 하고 얼른 페달을 밟아 2,100엔에 예약해 둔 게스트하우스로 향했다.

숙소가 있을 위치에는 덩그러니 낡은 나무집 하나가 있었다. 산속에 사는 자연인이 살 법한 숙소의 모습에, 앞에 두고도 '도대체 숙소가 어디야?'라며 반신반의했는데 'INN'이라는 영어단어를 보고 그제야 이곳이 숙소임을 알아챘다. 문을 열자 허름하고 적막한 좁은 목조 복도가 나를 반겼다. 이윽고 주인이 나오더니 조용하게 나를 방으로 안내했다. 꼭 침대도 제대로 된 침대가 아니라 병실에서 쓰는 간이침대처럼 생겼고, 방은 불을 켜도 꽤 어두운 편이었다. 심지어 제공되는 와이파이도 없고 산 위라서 그런지 인터넷조차 거의 잘 터지지 않았다.

"그럼 편히 쉬다 가세요."

'여기서 쥐도 새도 모르게 살해당해도 모르겠군….' 주인에게는 미안하지만 솔직히 나는 그런 심정이었다. 음침한 숙소, 터지지 않는 전파, 나 말고는 전혀 보이지 않는 손님…. 겨우 전파가 터질 때 어머니에게 숙소 위치를 전송했다. 매일 어디에서 자고 있는지 숙소를 카카오톡으로 한 번씩 보냈었는데 지금만큼은 꼭 보내야겠다는 생각이 들었다.

다행히 샤워실로 가는 도중 주방에서 한 서양인 여성 숙박객과 마주쳤다. 서양인 여성은 남자친구와 함께 온 듯해 보였다. 샤워실의 조명 스위치가 보이지 않아 어떻게 켜야 하는지 간단한 영어로 말을 걸었다.

"엄… 두유 노… 하우 투 턴 온… 라이트?"

1년 공부한 일본어보다 초중고 12년 내내 공부한 영어가 더 입에서 안 나온다. 샤워를 하기 위해서는 들어가기 전 보일러를 켜서 물을 데워야만 하는 시스템이었다. 샤워실은 콘크리트 바닥이 그대로 드러나 있는 열악한 환경이었다. 들어가서 옷을 벗고 양말을 벗으려는 순간 뭔가가 발에 밟혔다. 발바닥을 보니 양말에 통통한 붉은 실지렁이가 반쯤 내 발에 으깨진

채 꿈틀거리고 있었다.

"으….."

최대한 빨리 샤워를 마치고 나서 쏜살같이 방으로 돌아왔다. 창문 바깥에는 마치 암막 커튼으로 가려둔 것처럼 아무것도 보이질 않았다. 매일 저녁에 도야호에서 불꽃놀이를 한다고 하는데… 도저히 불꽃놀이를 보러 나갈 엄두가 나지를 않았다.

전파가 터지지 않는 이곳에서 할 수 있는 일이라고는 그저 오프라인 저장해 둔 넷플릭스의 영상을 보는 것뿐이었다. 일본으로 올 때 저장해 두었던 드라마 〈하츠코이〉를 켰다. 10여 분 정도를 봤을까, 시간이 8시인데도 금세 잠이 솔솔 밀려왔다. 그래, 할 수 있는 것도 없는데 자자. 하지만 불은 무서워서 그대로 켠 채 잠을 청했다. 뭐, 다른 고객도 있는데 자는 동안 아무 일은 없겠지….

09

홋카이도 종주가 끝나다

 2023년 10월 1일
 도야호~하코다테 (162Km)

　눈을 뜨자마자 부랴부랴 짐을 챙겼다. 늦은 것이 아니라 으스스하고 음습한 숙소를 한시라도 빨리 벗어나고 싶었기 때문이었다. 도망치듯 숙소에서 나오자, 눈앞에는 푸른 하늘과 숙소를 둘러싼 자연과 숲이 펼쳐졌다. 그 순간 잔잔한 바람과 함께 청아하고 아름다운 소리가 귓가에 울려퍼졌다. 처마에 매달려 있던 풍경이 바람에 울리는 소리였다. 이렇게 조용하고 평화로운 동화에서 나올 법한 숲속의 작은 나무집을 내가 무서워했다니.
　어젯밤 보았던 도야호는 아침에도 묵묵하게 같은 자리를 지키고 있었다. 호수 주변을 따라서 빙 돌자 이곳도 관광지답게 오리배를 타는 선착장도 보이고 온천 마을도 있었다. 하지만 시코쓰호의 강렬한 인상이 너무 커서 도야호는 내게는 잔잔함 그 자체로 다가왔다.

　바다 쪽으로 내려와 이제 해안선을 따라 즐겁게 달릴 수 있는가 싶었는데, 연달아 터널이 나오기 시작했다. 터널을 지나면 또 터널, 또 터널, 또 멀리 보이는 터널… 말 그대로 터널 지옥이었다.
　게다가 작은 터널이면 인도와 갓길조차 없어서 차도로 달려야 했다. 차가

쌩쌩 지나다니는 어두운 터널 갓길에서의 라이딩은 마치 목숨을 내놓고 달리는 것만 같았다. 터널 입구에서 멈춰서서는 바람을 휘몰아치며 지나가는 차들을 보며 어떻게 터널을 지나가야 할지 고민했다. 자세히 보니 차량들은 일정한 흐름으로 오가는 것이 아니라 신호에 따라 한꺼번에 몰려왔다가 한동안 소강상태가 이어졌다. 나는 마지막 차가 지나가기를 기다렸다가 그 순간을 노려 전속력으로 페달을 밟아 여러 터널을 통과했다.

게다가 어찌나 오르막이 나오는지. 페달을 세게 밟자 이전부터 아프던 왼쪽 오금의 통증이 다시 재발했다. 하지만 참고 달리는 것 말고 할 수 있는 건 없었다. 주변 시야엔 마을조차 보이지 않는 온통 산을 뒤덮고 있는 숲뿐이었다. 이따금 바다가 산을 끼고 내려다보였지만 경치를 감상할 여유는 없었다. '너무 힘들다. 언제 끝나지?'라는 생각뿐이었다.

자꾸 불평불만만 내뱉다가 긍정적으로 생각하기로 했다. '아까 그나마 수많은 터널이 뚫려 있던 덕분에 그냥 쭉 올라가기만 할 수 있었구나. 만약 터널이 없었더라면 올라갔다가 내려갔다가 하는 낙타등을 따라 달려야 했겠지?' 바로 터널에게 감사하기였다. 군대에서 억지로 감사일기를 적을 때 이후 지형지물에 감사해 보는 것은 처음이었다. 휴대폰에게 감사하다, 안경에게 감사하다, 날씨가 맑아서 감사하다…. 어쨌든 끝이 나지 않을 것 같은 경사로를 얼마나 올랐을까, 드디어 내리막이 나왔다. 오르막은 지옥 같았지만 내리막을 내지르며 지나가는 차들과 거의 같은 속도로 나란히 달리는 기분은 정말 천국 같다. 오르막을 지나던 시간에 비하면 정말 짧은 찰나같이 끝나지만.

오르막이 끝나자 이번에는 푹푹 찌는 더위가 나를 괴롭혔다. 10월의 홋카이도인데 아직 이렇게 덥다니. 이른 오전 7시부터 라이딩을 시작했기에 정말 많이 밟은 것 같은데도 정오밖에 되지 않았다. 그저 아무 생각 없이 라이딩을 하거나, 지나가다가 가끔 보이는 편의점에 들러 씹을 거리와 에너지 보충을 위한 음료를 사서 그대로 편의점 주차장의 아스팔트에 쭈그리고 앉아 쉬곤 했다.

일본 국도를 달리다 보면 정말 많이 보이는 문구 중 하나는 '쓰레기를 버리지 마시오.'라는 표어다. 일본을 생각하면 바로 떠오르는 것 중 하나가 깨끗한 거리인데, 일본의 국도 길가에도 쓰레기들이 정말 많이 버려져 있다는 사실에 꽤 놀랐다. 주로 음료수 페트병이 나뒹굴고 있었고, 일반쓰레기처럼 봉

지째 버려진 쓰레기들도 많았다. 한국이 더럽냐, 일본이 안 더러운 척을 하는 것이냐. 그런 쓸데없는 논쟁은 접어두고 인간으로서 이렇게 쓰레기가 길바닥에 내동댕이쳐져 있는 것을 보니 참 안타까웠다.

점점 도로 위에 차량이 많아지고 차선도 2차선에서 4차선으로 넓어졌다. 시야 저편에 오늘 내내 보았던 나무숲이 아닌 오밀조밀 모여 있는 건물 숲이 보이기 시작했다. 곧 도착할 것이라는 설렘과 함께 움직이는 두 다리를 독려했다. 정확히 오후 6시, 홋카이도의 마지막 종착점인 하코다테 역에 드디어 도착했다. 일본 종주의 첫 파트라고 할 수 있는 홋카이도 종주가 끝난 것이다.

오늘 라이딩 거리는 160킬로. 지금까지 달린 날 중 가장 긴 거리였다. 홋카이도 종주 기록을 합산해 보니 무려 760킬로였다. 서울에서 부산까지 국토 종주 거리도 663킬로인데, 한국에 비교할 수 없을 정도로 일본 국토가 넓다는 것을 몸소 실감했다.

호텔은 저렴한 것 치고 굉장히 깨끗하고 만족스러웠다. 자전거를 아래에 세워두고 2층 로비로 올라가서 체크인을 한 후 자전거를 어디에다 둬야 하나고 물어보았다. 점장으로 보이는 한 남자가 굳이 나를 따라 1층까지 내려왔다. "정말 죄송하지만 5층 로비에 두셔도 괜찮으시겠습니까?" 아니, 죄송하다뇨. 건물 안에 들일 수 있게 해주는 것만으로도 절을 하고 감사할 일이었다. 일본 특유의 좁은 엘리베이터에 무거운 자전거를 낑낑대며 세로로 세우다시피 해서 올라가야 했지만.

5층의 배정된 방으로 들어가 땀범벅이 된 몸을 먼저 깨끗이 씻었다. 까끌까끌한 호텔 이불에 몸을 파묻고 이대로 쓰러져 있고 싶었다. 하지만 여정 첫 장의 마무리를 이렇게 끝낼 수는 없지, 홋카이도에서 삿포로 다음으로 유명한 도시인 하코다테까지 왔는데. 슬리퍼를 신고 티셔츠와 반바지를 펄럭이며 호텔 밖으로 걸어 나왔다.

하코다테에 가면 꼭 가서 먹어야 한다는 '럭키삐에로'는 하코다테에만 있는 프랜차이즈 햄버거 가게라고 한다. 일본은 뭔가 홋카이도에만 있는 세이코마트라든지 그 지역에만 있는 지역 한정 프랜차이즈들이 어딜 가든 존재한다. 일부러 다른 지역까지 확장하지 않는 건 마케팅의 일환인 걸까?

어쨌든 호텔에서 제일 가까운 지점으로 갔다. 2층에 있는 가게에 올라가자 사람들이 가게 입구까지 줄을 서 있었다. 관광객들이 뒤섞인 줄 끝에 선 로카티와 반바지, 그리고 슬리퍼조차 군대 슬리퍼 차림의 한 남자…. 한국인 남자가 내 모습을 보았다면 완전 영락없는 탈영룩이다. 버거는 마치 한국의 흔한 닭강정이 패티로 들어간 것 같은 맛이었다. 감자튀김은 희한하게 도자기 컵에 담겨서 나온다. 음료로는 우롱차가 나오는데, 콜라가 마시고 싶어 종업원에게 바꿀 수 있냐고 물어보니 불가능하다는 대답을 들었다. 우롱차와 치즈 감자튀김, 그리고 닭강정 맛의 버거. 이게 대체 무슨 조합이지?

마치 '음식을 먹는다'는 행위 하나에 집중하듯 담소를 나누던 손님 중에서도 누구보다 빠르게 햄버거를 먹어 치우고 밖으로 나왔다. 160킬로나 달려서 그런지 햄버거 세트를 먹었는 데에도 성에 차질 않았다. 다음으로 '야키토리 벤또'를 먹으러 '하세가와 스토어'로 향했다. 하코다테의 명물인 야키토리벤또를 파는 하세가와 스토어 역시 하코다테에만 존재하는 프랜차이즈 편의점이라고 한다.

편의점에는 신기하게도 이자카야처럼 따로 야키토리를 굽는 매대가 있다. 함께 마실 반주도 함께 구입해 호텔로 돌아갔다. 열어보니 흰쌀밥 위에 김 하나가 덮여 있고, 그 위에 흔히 아는 야키토리가 세 개 올려져 있는 모습이었다. 특별함 없이 평범했지만 맛은 럭키삐에로보다 맛있었다. 보통 술안주로 먹는 야키토리와 밥을 함께 먹는다는 것이 마치 치밥을 먹는 느낌이었다.

어제 악몽의 게스트하우스와는 딴판으로 배부르고 등 따시게 호텔에서 잠을 청했다. 한국에서는 휴대폰을 보느라 새벽까지 잠들지 못했지만, 매일 자전거를 타자 밤 10시가 되면 저절로 졸음이 쏟아졌다. 사실 내 몸은 매일 자전거 100킬로 정도의 칼로리는 소모해야 정상적인 사이클로 돌아가는 것이 아닐까. 불면증을 겪고 있는 사람이라면 자전거를 추천해 본다. 언젠가 종주가 끝나고 한국으로 돌아간다면, 자전거를 매일 타지 않더라도 자전거 종주만큼의 에너지를 쏟는 삶을 살아가고 싶다.

페달 둘

혼슈 동북부

다쳐도 멈출 수 없어

그 순간, 자전거가 붕 뜬 것만 같았다…. '아, 낙차구나.' 그 생각을 하던 순간만큼은 시간이 슬로우모션처럼 느리게 흘렀다. 마치 영화에서 기절했다가 눈을 떴을 때의 연출처럼. 정신을 차리자 흙탕물이 고인 시꺼먼 도로 바닥에 얼굴을 처박고 있었다.

10

혼슈 종주의 서막

 2023년 10월 3일
하코다테~아오모리 (0Km)

    오늘로써 홋카이도를 떠난다. 바람이 꽤 강하게 불었지만 오늘은 자전거를 타지 않기에 만사 걱정할 일이 없었다. 페리 터미널로 가서 하코다테에서 혼슈 최북단의 도시, 아오모리로 배를 타고 건너가는 것이 오늘 일정의 전부였기 때문이다.

    내일부터 본격적으로 이번 종주 일정의 메인이라고 할 수 있는 혼슈 라이딩의 시작이었다. 다만 시작부터 문제가 하나 있었다. 이틀 뒤에 3일간 연속으로 비 예보가 있었던 것이다. 국토 종주 때 비를 맞으며 라이딩하다가 여러 번 자전거가 미끄러진 적이 있었다. 비 오는 길은 정말 미끄럽다. 게다가 장거리 여행이라 짐도 훨씬 많아 비에 젖으면 곤란한 물건도 많았고, 해외에서 크게 다치기라도 한다면 한국보다 더욱 상황이 심각해질 수도 있었다. 그래서 내일 어디까지 가서 3일 동안 머물지를 정해야만 했다.

    아침 9시 반에 페리 터미널에 도착했더니 터미널에는 나 혼자뿐이었다. 창구에 가서 아오모리로 가는 티켓을 사고 싶다고 직원에게 이야기하자 작성해야 할 서류를 건네받았다. 가장 빠른 배가 11시 35분이어서 배를 타려면 아직

2시간이나 남아 있었다. 조금 시간을 잘 알아보고 올 걸. 아침도 먹지 않았고 페리에 타서도 4시간 동안 제대로 된 식사를 할 수 없었지만, 다시 식당을 찾으러 나가기도 귀찮아 그냥 터미널에 죽치고 앉아서 시간을 보냈다. 혼자 앉아 있던 모습이 눈에 띄었는지 직원이 직접 다가와서는 이제 타면 된다고 친절하게 안내해 주었다. 배에 올라타자 직원은 능숙한 솜씨로 자전거를 배에 밧줄로 묶어서 넘어지지 않도록 고정시켰다.

이렇게 큰 배를 타는 것이 얼마 만일까? 초등학생 시절 거제도에 살아서 배를 자주 타곤 했었는데도 마지막으로 배를 탄 게 언제인지 기억조차 나지 않았다. 추억이 아니라 배를 타는 막연한 상상만이 기억 속에 남아있는 느낌이라, 마치 어린아이가 배를 처음 탄 것 같은 신기한 기분이 들었다.

배 안에는 신발을 벗고 쉴 수 있는 넓은 공간과 TV, 의자가 있는 작은 로비, 그리고 화장실이 있었다. 배 안에 샤워실이 있다는 점이 신기했다. 아침부터 아무것도 안 먹었지만 배에 있는 자판기 음식 가격이 사악해서 그냥 아오모리까지 굶기로 했다.

멈춰 있던 창밖 풍경이 서서히 뒤로 움직이기 시작했다. 호텔에서 푹 자고 왔는데도 졸음이 폭포처럼 쏟아지기 시작했다. 나를 포함한 승객 모두가 하나같이 짜기라도 한 듯 누워서 잠을 청하기 시작하는 모습이 웃겼다. 배의 흔들림이 요람 역할이라도 하는 것일까?

와이파이도 이용할 수 있었지만 이용 가능 시간은 30분, 총 4회만 접속할 수 있는 제한이 걸려 있었다. 30분마다 와이파이가 멈추다 보니 번거롭게 재접속을 반복했다. 아오모리까지 4시간인데 와이파이는 2시간밖에 이용하지 못한다니. 너무 쩨쩨하다. 인터넷을 막 쓰지 못하는 외국인이었던 나는 이용 시간을 다 써버린 뒤 자는 것 말고는 딱히 할 수 있는 일이 없었다.

눈을 뜨자 도착할 시간이 되어 자전거를 가지러 아래로 내려갔다. 아까 탑승할 때는 보이지 않던 대형 화물 트럭이 한가득 배에 실어져 있었다. 아마 내가 올라탄 후에 다 들어온 차량일 것이다. 직원이 고정되어 있던 자전거의 밧줄을 풀어주고, 차량이 모두 빠져나가고 나서야 자전거를 타고 배를 빠져나올 수 있었다.

홋카이도에서 바다를 건너 혼슈에 발을 딛자 기분 탓인지 뭔가 날씨도 분위기도 달라진 것처럼 느껴졌다. 예약해 둔 호텔과 들르고 싶은 곳은 모두 시내 쪽에 몰려 있었기에 자전거를 타고 시내 쪽으로 향했다.

사과로 유명한 아오모리 현의 특산품을 판다는 '에이팩토리(A-Factory)'가 위치한 아오모리 해변공원에 도착했다. 에이팩토리에는 당연한 이야기지만 온갖 종류의 사과로 만들어진 제품을 팔고 있었다. 사과주스, 사과주, 사과잼뿐만 아니라 사과 아이스크림, 사과젤리, 사과 모형… 그래도 아오모리까지 왔으니 적당히 싸지도 비싸지도 않은 특산품을 위주로 몇 개 바구니에 담아서 계산하고 나왔다.

아까는 한적했던 해변공원에 사람들이 꽤 늘어나 있었다. 선선한 바닷바람과 함께 평화로운 분위기가 가득한 장소였다. 예약한 'Smile Hotel Aomori'라는 호텔에 가서 체크인을 했다. 호텔은 정말 고시원만큼이나 좁았다. 방에는 꼭 사무를 볼 수 있는 책상도 있었고, 로비에서 정장 차림의 남성들이 보였는데 아마 비즈니스호텔인 듯했다.

적막한 방의 무거운 정적을 깨고자 리모컨을 집어 TV를 켰다. '곰은 왜 도심지에?'라는 주제를 다루는 시사 방송이 나왔다. TV를 틀어도 곰 소식이라니. 홋카이도를 벗어나도 또 곰이라고? 온 일본이 곰이다. 한국에 사는 게 이렇게 감사한 일이었다니(지리산에 방사한 반달곰 개체수가 급증하고 있다는데… 한국도 과연 안전할지 하는 걱정을 하게 되었다).

숙박 앱을 켜서 내일 머무를 숙소를 살펴보았다. 아까도 이야기했지만 모레부터 3일 연속 비 예보였기에 내일은 어디에서 가다가 멈추어야 할지가 최대의 고민이었다. 일본 종주를 오기 전에는 라이딩이 끝나면 평화를 만끽하며 도시 구석구석을 산책하는 상상을 하곤 했었는데, 현실은 피곤에 쩔어 나가지도 못하고 다음 날 이동 동선과 숙소 등을 알아보느라 골머리를 싸매야만 했다.

근처 히로사키라는 도시에 값싼 게스트하우스가 보였다. 그 아래에는 100킬로 이상 더 이상 도시라고 할 만한 곳이 없었다. 다만 하루 라이딩 거리로는 히로사키에서 아오모리까지의 40킬로는 너무 짧았다. 간단히 이야기해서 40킬로를 달리거나, 180킬로를 달리거나였다. 아, 머리가 지끈거렸다. 누군가는 계획이 틀어지거나 예상치 못한 일도 여행의 묘미라고 하던데. 하지만 묘미라고 하기엔 당사자인 나는 너무 괴로웠다. 결국 항상 '에라, 모르겠다.'로 결론이 난다. 일단 내일 결정하기로 하고, 잠이나 자야겠다.

11

비가 그치기를
기다리며

📅 2023년 10월 4~6일
📍 아오모리~히로사키 (54Km)

    아침이 밝자 알람 없이도 눈이 떠졌다. 나는 항상 호텔 창문의 커튼을 활짝 열고 잠을 자는데, 아침 햇살과 함께 반강제적으로 눈을 뜰 때가 가장 상쾌했다. 내 자취방의 좁은 창문은 아침이 되어도 날 깨워주지 못해서 그런지 더욱 기분이 좋다. 내일부터 3일 연속 비가 내린다는 예보가 무색할 만큼 맑은 날씨였다. 10월에 깊어져 가는 가을의 아오모리의 하늘도 그 어느 때보다 짙고 새파랗게 물들고 있었다.

    결국 목적지는 40킬로 떨어진 히로사키로 결정했다. 덕분에 아침에도 서둘러 나오지 않고 여유롭게 체크아웃을 할 수 있었다. 항상 시간에 쫓기고 시간 걱정에 밥도 급하게 먹고, 어느 곳 하나를 들러도 제대로 감상조차 못했던 것 같다. 사실 쉬고 싶지는 않았지만 비 예보로 인해 생긴 뜻밖의 여유가 이렇게 사람을 행복하게 만들 수 있다니. 종주가 끝난 이후에도 쫓기듯 인생을 사는 것이 아니라, 이러한 여유야말로 삶의 행복에 가장 필요한 것이 아닐까….

    대체로 홋카이도에서는 바다를 따라 달렸다면 혼슈에서는 당분간 동해안의 아키타라는 도시에 도착하기 전까지 내륙을 지나가야 했다. 히로사키로 가던 국도는 명절 때 아버지 차를 타고 친척 집을 향할 때의 차창 밖으로 보이는 흔한 숲이 쌩쌩 지나가는 그 풍경 자체였다. 차량이 달리는 방향이 반대인 것을 제외하고는 일본이라고 한국 풍경과 다른 것은 전혀 찾아볼 수 없었다.

한 화물 트럭이 갓길에서 나오려는 것을 보고 브레이크를 잡았다. 한국에서처럼 트럭이 지나가기만을 기다렸는데, 운전석에 있던 트럭 기사는 먼저 가라는 손짓도 없이 나를 빤히 바라봤다. 거의 30초 동안 트럭과 대치했다. 결국 내가 먼저 길을 건너자 트럭은 유유히 갓길을 빠져나갔다. 알고 보니 한국과 달리 일본에서는 절대적으로 보행자와 자전거가 우선이라고 한다. 그래서 트럭 기사는 먼저 트럭을 양보하는 나를 이상하게 쳐다본 것이었다.

히로사키에 도착했을 때도 해는 아직 중천에 떠 있었다. 게스트하우스에 들어가자 마치 '이곳은 관광지가 아닙니다.'라고 말하는 듯한 삭막한 로비가 나를 반겼다. 벨을 누르자 이윽고 직원이 나타나 체크인을 도와주었다.

짐을 침대에 털어놓고 드러누워서 날씨 예보를 검색했다. 비가 온다는 것은 알았지만 자세히 확인하니 강수량이 그렇게 많지 않았다. 그냥 비를 맞고 탈 걸 그랬나. 히로사키의 시민들에게는 미안하지만 막상 큰 도시가 아닌 이런 작은 도시에 3일 동안 머무른다는 것이 속이 상했다. 그깟 비인데. 조금 위험해도 천천히 타면 될 텐데 맞고 탈 걸 그랬다. 그렇다고 예약 취소도 할 수 없었고, 내일 아키타로 출발하면 이틀 숙박비를 몽땅 날려야만 했다.

시간을 날리는 대신 도시에 머물 동안 최대한 돈만이라도 아껴야겠다고 생각했다. 미리 찾아둔 유명한 라멘 맛집도 포기했다. 다행히 숙소 근처에 마트가 있는 것을 알게 되었다. 누군가에게 일본 마트는 저녁에 세일을 해서 싸고 맛있는 것이 많다는 이야기를 듣긴 들었지만 아직 일본에서 로컬 마트는 한 번도 가본 적이 없었다.

'이토 요카도(Ito Yokado)'라는 이름의 마트는, 한국의 흔한 홈플러스 같은 대형마트처럼 쇼핑몰 지하로 내려가는 에스컬레이터로 이어져 있었다. 저녁 시간의 마트에는 주부로 보이는 많은 여성이 이리저리 가격표를 보면서 저녁에 해먹을 음식을 쇼핑하고 있었다. 한국과 비슷한 풍경이지만, 뭔가 실제 일본인들의 생활을 가까운 곳에서 보고 있다는 느낌이 낯설고 신기했다. 그 사이를 걸으니 마치 내가 일본에 지금 살고 있는 현지인이 된 기분이었다.

반찬 코너, 초밥 코너, 정육 코너, 도시락 코너 등… 다양한 코너를 둘러보며 오늘 저녁으로 뭘 먹을지 살펴보던 중, 수많은 상품 위에 가격표에 덧붙인 빨간 세일 딱지가 눈에 띄었다. 20%, 30%, 40%, 심지어 50%까지! 상상 이상의 할인율로 음식들이 판매되고 있었다. 한국에서 10,000원 이상에 팔 것 같은 12피스 초밥 세트를 600엔, 거기다가 40% 할인까지 포함해 360엔에 먹을 수 있다니.

눈이 뒤집어졌다. 대체 일본 여행을 가면 편의점 털이를 해야 한다고 누가 말한 것인가? 편의점들의 마케팅이 틀림없다. 마트 털이를 해야 한다. 진짜 값싸고 맛난 음식들은 모두 일본 마트에 모여 있었다. 행복은 마트에 있었다. 누군지는 기억이 나지 않지만 일본 마트를 알려주셔서 정말 감사합니다. 이렇게 글을 썼다가 일본 마트가 한국인 관광객들로 붐비는 일이 생기진 않겠지, 하는 김칫국을 마셨다.

그래도 최대한 자제해 오늘 먹을 즉석밥과 연어, 며칠 동안 몇 끼를 때울 요량으로 프렌치토스트를 만들 식빵과 우유, 그리고 달걀을 샀다. 비를 피해

쉰다는 자책감과 괴로웠던 마음은 온데간데없이 사라지고 장을 담은 봉투를 손에 든 채 기분 좋게 게스트하우스로 걸어갔다. 이쯤 되니 3일이 아니라 일주일이라도 히로사키에 머물고 싶은 마음이었다.

다음날 히로사키에는 예보대로 비가 내리는 듯했다. 피곤한 몸을 이끌고 먼저 날씨를 확인하러 나왔다. 하늘에 드리운 먹구름과 함께, 비 오기 전 특유의 습한 기운이 로비에 감돌았다. 관광지로는 좀처럼 언급되지 않는 작은 도시의 게스트하우스라는 점에서 더욱 그러한 것 같았다. 가끔 마주치는 같은 관광객으로 보이는 숙박객들마저 조용하다 못해 침울해 보였다.

썰렁한 로비 한편의 주방에서 식비를 아끼려 어제 사 온 재료들로 프렌치토스트를 구워 먹었다. 이후 우산을 챙겨서 글을 쓰러 어제 점찍어두었던 스타벅스로 가기 위해 밖으로 나왔다. 비는 예상외로 가랑비처럼 내리는 둥 마는 둥 했다. 오늘 자전거를 탔었어야 했나? 하늘은 넓고 어디든 갈 수 있었지만 꼭 이 도시가 먹구름이라는 창살로 둘러싸인 감옥처럼 느껴졌다.

'역시 자전거를 오늘 탈 걸 그랬어. 아키타까지 갈 걸…'

우중충한 하늘을 바라보며 후회만 되풀이하며 걸었다. 20여 분을 걸어 히로사키 성 앞의 스타벅스에 도착했다. 일본의 국가 문화재 건물이 카페로 운영되는 전국의 스타벅스 컨셉스토어 중에서도 유명한 곳이었다. 항상 마시는 카페라떼와 함께 아오모리 사과로 만들었다는 애플파이 메뉴를 주문했다(알고 보니 아오모리 현뿐만 아니라 전국 스타벅스에서 팔고 있었다).

미닫이창 너머로 건물 뒤뜰의 작고 푸른 일본식 정원이 보이는 고즈넉한 분위기가 마음에 들었다. 긴 책상 자리에 앉아 주문한 애플파이를 숟가락으로 한 입 떠먹고는 가방 대신 대롱대롱 비닐봉지에 들고 온 태블릿을 꺼냈다. 홋카이도에서 자전거를 타며 찍었던 사진들을 휴대폰에서 태블릿으로 옮겨

가며 여행기를 정리했다. 글을 쓰다가 잠시 목이 뻐근해 고개를 돌리자, 입구로 들어오는 새로운 손님들이 쓰고 온 우산을 탈탈 털어대고 있었다. 아까보다 비가 꽤 오는 건가? 정문으로 살짝 나가보자 깜짝 놀랐다. 태풍이라도 온 것처럼 엄청난 폭우가 도로 아스팔트 위를 두들기고 있었다.

'와, 오늘 라이딩했으면 진짜 골로 갈 뻔했구나….'

자칫 라이딩을 출발했었더라면 이 정도의 비는 견디고 탈 것이 아니라 그 자리에서 멈췄어야 했다. 히로사키에 머무르는 것은 최고의 선택이었다. 아침까지만 해도 비가 왜 이렇게 내리지 않냐고 불만이 가득했었는데. 오늘 라이딩을 하지 않아 후회로 자책하던 아까 전 나 자신이 심히 부끄러워졌다.

저녁이 되자 퍼붓던 비가 잦아들었다. 미닫이창 너머의 정원에는 금세 어둠이 드리워지고 카페 내부는 아늑한 전구색 빛으로 물들어 갔다. 학교를 마치고 온 소위 JK[2], 교복을 입은 일본 여고생들이 삼삼오오 나타나서 나의 옆 좌석에 앉았다. 여고생들은 가방에서 문제집을 꺼내더니 각자 펜을 잡고 풀기 시작했다. 슬쩍 교과서를 보니 한 명은 과학, 다른 한 명은 미적분 문제를 풀고 있었다. 한국처럼 일본에도 '카공'이라는 문화가 있다니.

돌아오는 길에는 오늘도 마트에 들렀다. 오늘은 어떤 품목이 50% 세일을 하고 있을지 잔뜩 기대를 안고 부푼 마음으로 마트로 향했다. 108엔 소금빵이 40% 할인을 하고 있어 냉큼 집어 장바구니에 담았다. 엔저까지 생각하면 소금빵이 500원이다. 한국에서는 소금빵이 기본 3,000원인데….

도미토리의 내 자리는 거의 살림을 차린 듯 너저분하게 소지품들이 펼쳐져 있었다. 오히려 유명한 관광지가 아닌 도시다 보니 여행객의 시선으로만 바

---

[2] 일본어로 여고생을 뜻하는, '죠시코우세이(Joshi Kōsei)'의 앞 글자를 딴 줄임말.

라보던 일본이라는 나라의 세밀한 일상을 좀 더 가까운 거리에서 엿볼 수 있었던 것 같다. 왜 그렇게 달리지 못해서 안달이 났던 걸까? 뜻하지 않은 인연과의 만남이나 유별난 에피소드 같은 게 있었던 것도 아니었지만, 히로사키에서의 3일은 강렬하진 않지만 분명 어떤 다른 도시들보다도 또렷이 지금도 내 기억 속에 남아 있다. 다시 한번 가보고 싶은 히로사키. 내 인생에 다시 여유가 찾아온다면 나는 또다시 히로사키를 찾을 수 있을까?

12

낙차

 2023년 10월 7일
 히로사키~아키타 (162Km)

    짧다면 짧은 3일이었지만 정든 히로사키를 떠날 시간이 다가왔다. 도쿄도, 오사카도 아닌 이곳 작은 히로사키라는 도시에서 머무르며 발을 동동 구르며 화를 참지 못했던 내 모습을 떠올렸다. 그렇게 떠나고 싶어 했는데 막상 떠나려고 하니 왜 이렇게 아쉬울까. 느긋하게 좀 더 여유를 즐기며 쉬어갈걸.
    게스트하우스 정문을 열고 하늘을 보자 비가 갠 하늘 위로 한 줄 무지개가 선명하게 떠올랐다. 29년을 살면서 단 한 번도 무지개를 본 적이 없었다. 30살에 간 군대에서 무지개를 인생 처음으로 보았는데 이렇게 일본에 와서 바로 두 번째 무지개를 보게 되다니. 3일 만에 다시 출발하는 라이딩, 출발부터 기운이 좋았다.

    아키타를 100킬로 남겨둔 시점에 기타아키타라는 마을을 지나고 있었다. 산길을 지나고 있었지만 가파른 오르막이 없어 그다지 힘들지 않았다. '오늘 이 정도면 저번 홋카이도처럼 160킬로를 거뜬히 달릴 수 있겠는데?'라는 생각에 오르막에도 되레 힘이 나서 신나게 페달을 밟았다.
    비는 그치고 하늘은 맑았지만, 3일간의 호우 탓에 도로 갓길에는 아직도 마르지 않은 물웅덩이가 군데군데 남아 있었다. 그래서 되도록 차도가 아닌 인도 위로 산길을 올랐다. 오르막이 끝나고 내리막에서 속도가 순간적으로 빨라지는 그때였다.

그 순간, 자전거가 붕 뜬 것만 같았다. 앞바퀴가 꼭 바나나 껍질을 밟은 것처럼 쓱 미끄러지더니 몸이 오른쪽으로 기울었다. '아, 낙차구나.' 그 생각을 하던 순간만큼은 시간이 슬로모션처럼 느리게 흘렀다. 마치 영화에서 기절했다가 눈을 떴을 때의 연출처럼, 정신을 차리자 흙탕물이 고인 시꺼먼 도로 바닥에 얼굴을 처박고 있었다.

"아앗….'

처음 3초간은 정신이 아득해져서 움직이지도 못하고 그 자리에 그대로 몸을 처박은 채 가만히 있었다. 도로 위 지나가는 차들은 나에게 눈길 한 번 주지 않은 채 지나쳐 갔다. 조금만 더 차도로 튕겨 나갔더라면 앞에서 오는 차량과 충돌했을 수도 있다는 안도감, 그리고 '아무도 신경 쓰지 않는구나….'라는 막연한 원망이 뒤섞인 감정이 밀려왔다. 어차피 내가 주행을 잘못해서 사고가 난 것이었지만, 그저 막연히 누군가가 도와주었으면 하는 고통과 절망 속에서 머리가 반사적으로 외치는 일종의 절규였다.

겨우 몸을 일으키고 정신을 차렸다. 커다란 해일이 밀려오듯 고통이 전신을 휘감기 시작했다. 얼얼하다 못해 사지가 마비될 듯한 아픔이었다. 저도 모르게 욕이 튀어나왔다. 먼저 다친 부위를 확인했다. 오른쪽 팔꿈치와 오른쪽 다리의 살점이 뜯겨나간 채 피가 흐르고 있었다. 물웅덩이에 처박힌 온몸이 얼굴부터 다리까지, 마치 절반으로 나뉜 듯 흙탕물에 젖어 있었다. 천만다행으로 휴대폰은 왼쪽 주머니에 있었다. 몸이 다친 와중에도 전자기기를 더 소중히 살펴보고 있다니….

넘어진 자전거를 천천히 일으켰다. 인도 위는 젖은 나뭇잎과 썩은 나뭇가지들로 엉망진창이었다. 아마도 내리막에서 속도가 가해지면서 미끄러지는 썩은 나뭇가지에 자전거가 중심을 잃은 것 같았다. 아침에 무지개를 보며 오늘은 운수가 좋다 했더니만… 어쨌든 3,000킬로씩이나 달리는데 '낙차 사고 한 번쯤은 일어나지 않을까.'라는 각오는 하고 있었지만, 역시 사고에는 경황이 없었다. 사고에 적응하는 게 가능하긴 할까?

사태를 수습하던 도중, 갑자기 나와 반대 방향으로 지나가던 건너편에 있던 검은 차량 한 대가 속도를 늦추더니 차창을 내리고는 내게 외쳤다.

"괜찮아요?! 많이 안 다치셨어요?"

"아, 괜찮습니다. 정말 괜찮아요!"

그 순간만큼은 강한 척이라도 하려는 듯 웃으며 아무렇지 않은 척 손사래를 쳤다. 그런데 갑자기 차가 U턴까지 하고서 내 쪽으로 와서는 정차했다. 50대로 보이던 남성과 동승하고 있던 여성 두 명이 내렸다. 비틀대며 몸도 제대로 못 가누고 있는 내게 말을 걸었다.

"많이 안 다쳤어요?"

"차에 휴지 좀 있는지 보고 갖다줘."

"아, 저는 정말 괜찮은데… 가셔도 돼요. 정말이에요."

그런 내 말에도 불구하고 다른 여성은 차로 급히 다시 돌아가더니 차에 있는 휴지란 휴지는 전부 다 가져온 것처럼 두 손 잔뜩 가지고 와서 내게 건넸다. 연신 '감사합니다.'라는 말과 함께 일단 받았던 휴지로 팔다리에 묻은 흙들과 피를 닦아냈다.

"갈 수 있겠어요? 자전거도 고장 난 거 아닌가?"

자전거는 충격으로 체인이 빠져 있었다. 남성은 망설임 없이 맨손으로 검은 기름 범벅인 체인을 만졌다. 그의 손이 순식간에 시꺼먼 기름으로 더러워졌다. 나는 깜짝 놀라서 손사래를 치며 괜찮다, 내가 알아서 하겠다고 말했지만 남성은 아랑곳하지 않고 자전거 체인을 고쳐주었다.

"너무 감사합니다. 감사합니다…."

간단하게 연락처라도 물어볼 걸 그랬지만 사실 일본에서 전화를 못 해서 그냥 감사하다는 말밖에 내가 보답한 것이 없었다. 생각해 보면 일본 번호든 코스타리카 번호든 어떻게 알고만 있다면 나중에 안부와 감사의 문자라도, 혹은 선물이라도 보내드릴 수 있었을 텐데. 기타아키타의 7번 국도 한가운데에서 쌩쌩 지나가는 차들 사이에 선뜻 차까지 돌려서 세워가며 자전거를 타던 한 이방인을 도와준 세 명의 은인은 절대 잊을 수 없다. 언젠가 인연이 닿을 일이 있을까….

일단은 페달을 밟아야만 했다. 가는 길의 근처에 있던 휴게소에 들렀다. 일단은 약도 없었고 밴드도 없었기에 사서 응급처치라도 하기 위해서 점원에게 다가가,

"혹시 여기 밴드는 안 파나요?"

라고 물었지만 없다는 대답이 돌아왔다. 휴게소 마트에는 편의점보다는 농산물이나 과일 따위를 파는 시장과 가까웠다. 결국 여기서도 치료로서 할 수

있는 것이 없었다.

　화장실로 가서 휴지를 잔뜩 뽑아 흐르는 물에 팔에 있던 상처를 씻어냈다. 휴지로 톡톡 파우더로 두드리듯이 피와 남은 흙먼지들을 닦아냈다. 거울에 비친 내 몰골이 참 암담하고 불쌍해 보였다. 화장실에서 나온 뒤 휴게소 로비의 빈자리에 털썩 주저앉았다. 지역 주민들 혹은 여행 중 잠시 들른 가족들인 듯한 많은 사람이 하하 호호 즐겁게 휴게소 내부를 돌아다니고 있었다. 화장실에서 걸어 나올 때 실내를 뛰어다니는 신난 아이들과 그를 잡으려는 부모의 모습이 보였다. 이곳에서 나 혼자만이 이 세상 고통과 슬픔을 다 짊어진 것처럼 느껴졌다.

　바깥에는 갑자기 다시 소나기가 퍼부었다. 다치지 않았더라면 비를 맞았겠구나. 그나마 다친 덕분에 비를 피했으니 이걸 행운이라고 해야 하나? 멍하니 앉아 있던 도중, 한 젊은 남성이 나를 향해 걸어왔다. 그의 손에는 하얀 상자 하나가 들려 있었다.

　"괜찮으세요? 혹시 이거 필요하신 거 아니신가요?"

　그의 손에 있던 것은 휴게소에 상비된 응급처치키트 상자였다. 그런 응급처치키트를 사용하려면 거의 다리가 절단된 수준은 되어야 하지 않나, '타박상 따위가'라는 생각에 절레절레 고개를 흔들며 "괜찮습니다. 그거 쓰면 안 되지 않나요?"라고 했다. 하지만 남자는 "크게 다치신 거 아닌가요? 써도 괜찮습니다!"라며 응급상자를 급히 열기 시작했다.

　상자에는 약과 밴드뿐만이 아니라 작은 흰 수건도 있었다. 그는 내게 피를 닦으라고 수건을 건넸다. "피가 묻으면 더러워질 텐데 괜찮습니다.", "아뇨, 그냥 가지셔도 괜찮아요." 바로 옆 테이블에 앉아 있던 나이가 꽤 있어 보이던 할머니 두 분도 담소를 멈추고는 내게 관심을 보였다.

　"아이고, 학생. 많이 다쳤는가?"

휴게소 직원이 상자에서 꺼낸 약을 보고서는 약을 이렇게 사용하는 거라며 할머니들은 직접 나서서 내 상처에 약을 발라주었다. 너무 감사했다. "한국인이야?", "네. 한국인입니다." 내 억양만 들어도 일본인들은 내가 한국인인 것을 알아맞히고는 했다.

"아. 도와주셔서 정말 감사합니다… 정말 감사합니다."

간단한 회화 수준의 일본어로 내가 그들에게 건넬 수 있는 보답은 그저 아리가또고자이마스, 감사하다는 말뿐이었다. 자리를 뜨면서 할머니들에게 깍듯이 고개 숙여 인사를 건넸다. 할머니들은 환한 미소로 힘내라면서 응원의 한마디를 건네주었다.

휴게소를 나가자 아까 퍼붓던 소나기는 그치고 새파란 하늘을 마주하고 있었다. 달리는 데에는 아무런 문제도 없잖아? 다리의 빨간 상처들은 모두 하얀 반창고로, 지친 마음은 따스한 일본인들의 친절한 도움으로 금세 회복되어 있었다. 다시 달려야 했기에 안장에 올라탔다. 다쳤든 말든 오늘 안에 아키타에 도착해야 하니까.

13

넷카페에서의 첫 숙박

 2023년 10월 7일

히로사키~아키타 (162Km) (2)

다친 다리를 움직여 산복도로를 지나 노시로라는 도시에 도착했다. 드디어 아오모리에서 시작된 기나긴 내륙 여정을 끝내고 동해안에 닿았다는 사실만큼 분명했다. 이제부터는 지도에서 바닷가 근처를 따라 쭉 내려가기만 하면 되었다.

사고가 나는 바람에 정신이 없어서 오후 2시까지 점심도 챙겨 먹지 못했다. 노시로의 맛집이라든지 아키타 현의 명물을 검색해서 먹으러 갈 여유 따위는 없었다. 도로변에 샛노란 맥도날드 간판이 눈에 들어오자 주저 없이 문을 밀고 들어갔다.

아까 전에 붙였던 새하얗던 밴드는 상처에서 흘러나온 피로 빨갛게 물들어 있었다. 팔다리가 지르던 비명들도 이제는 익숙해졌는지 더 이상 느껴지지 않았다. 그러나 익숙해진 고통이 사라지자, 손끝에서 또 다른 불청객이 서서히 존재감을 드러냈다.

버거를 쥐고 있던 손가락을 펼치자 마디마디에 이전엔 없던 까만 점들이 피어나 있었다. 가시였다. 미끄러지면서 반사적으로 지면에 손을 짚었다가 바닥에 있던 수많은 썩은 나뭇가지의 가시 파편들이 손가락에 박힌 것이었다.

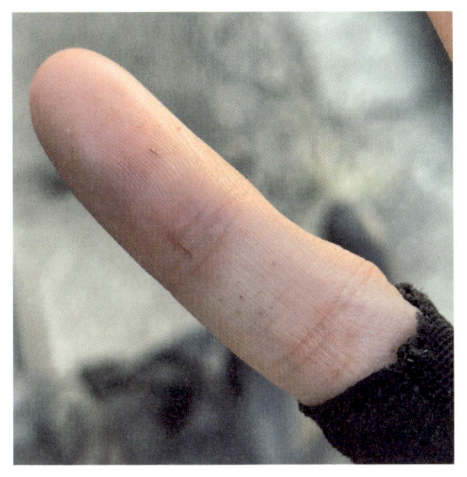

환부를 누르자 피부 깊숙이 가시가 닿는 얼얼한 아픔이 증폭되어 왔다. 가시는 엄지에도, 검지에도, 그리고 약지와 새끼손가락까지 수십 군데에 박혀 있었다. 살면서 이렇게 많은 가시가 박혀 본 적도 없었다. 아니, 가시 두 개조차 박힌 적도 없었다.

'도대체 이걸 다 어떻게 빼지?'
 일단 손톱깎이를 꺼내서 가시를 뽑아보려고 했지만 가시는 쉽게 잘 뽑히지 않았다. 이 정도면 병원에 가야 하지 않을까? 하지만 오늘은 토요일이었고 나는 보험조차 없는 외국인이었다. 병원을 간다 치더라도 엄청난 병원비가 나올 것이 뻔했다.
 영원한 자전거 종주의 동료 구글에게 '손가락 가시 빼는 법'을 물어보았다. 연고를 발라라, 물에 불려라, 테이프를 붙였다 떼라, 심지어 바나나 껍질로 문질러라…. 세상에는 가시를 뺄 수 있는 별의별 방법들이 존재했다. 바나나든 테이프든 일단 숙소에 가자고 생각했다. 드롭바의 핸들을 잡을 때마다 피부 깊은 곳을 쿡쿡 찌르는 통증이 전해져 왔지만 숙소에 도착하기 전까지는 참고 달리는 수밖에 없었다. 가시를 뺀다고 시간을 지체했다가는 아키타까지 야간 라이딩을 해야 할 것이 분명했기 때문이다.
 북위 40도 간판을 지나 아키타 현을 가로질러 남쪽을 향해 달리고 있었다. 위도로 따지면 러시아를 벗어나 북한과 같은 위도였다. 위치상 동해안을 달리고 있지만 도로는 바다보다 좀 더 내륙 쪽이었기에 바다 대신 노랗게 익은 논들이 끝없이 펼쳐졌다.

저 멀리 해안을 따라서 늘어선 풍차들이 보였다. 내가 어제 상상했던 오늘의 라이딩은 이런 게 아니었는데. 저곳에서 풍차들을 제치며 넓은 동해바다를 끼고 달리는 라이딩을 상상했는데…. 하지만 다친 탓에 시간이 많이 지체되었고, 오늘 안에는 아키타에 도착해야만 했기 때문에 한가롭게 멀리 돌아갈 여유는 없었다. 최단거리인 이 길로 달려야만 했다.

어느새 사방이 어둠에 휩싸였다. 달리면서 사진을 찍을 여유도 풍경을 둘러볼 여유도 없었다. 숙소도 잡아두지 않았지만 무작정 아키타로 달렸다. 저녁 6시 반쯤 마침내 162킬로를 달려서 아키타 시내에 도착했다. 아이러니하게 다쳤던 이날 여태까지 달려왔던 거리 중 가장 긴 거리를 달린 것이다.

토요일이라서 그런지 주변 호텔의 숙박비가 모두 10,000엔 이상이었다. 결국 마지막 선택지였던 넷카페로 가기로 결정했다. 넷카페는 말 그대로 'Net Cafe', 한국의 PC방 같은 개념이지만 만화책도 빌려볼 수 있고 심지어 야간에 숙박까지 가능한 곳이다. 하지만 넷카페에 한 번도 가본 적이 없었다. 혹시나 외국인은 안 된다고 하면 어떡하지? 아무리 많은 유튜버들이 넷카페를 방문하고 소개했지만 내게는 미지와 베일의 장소였기에 불안감을 안고 향했다.

가던 길에 대형 드러그스토어가 보였다. 상처를 수습할 약과 밴드 등을 구입하며 가시를 빼기 위한 베이킹소다를 찾는데, 점원에게 일본어 억양으로 '베이킨-구-소오-다'라고 물어봤지만 점원은 그게 대체 뭐냐는 표정으로 고개를 갸우뚱거렸다.

"그, 하얀 가루인데… 청소나 야채 씻을 때도… 빵 만들 때…."

어쭙잖은 일본어로 설명하자 점원이 알아차렸다는 듯 나를 어딘가로 안내했다. "이거 맞으시죠?", "네! 맞아요. 정말 감사합니다!" 냉큼 베이킹소다를 집어 들어 장바구니에 넣었다³.

넷카페 '카이카츠 클럽(Kaikatsu Club)'. 직역하자면 '쾌활클럽'이라는, 다소 이상야릇한 이름의 주황색 간판이 보였다. 크게 심호흡 후 용기를 내서 문을 열고 들어갔다. 로비 한쪽에는 이용객들이 무료로 볼 수 있는 만화책들이 책장에 즐비해 있었고 또 다른 한쪽에서는 무한리필 음료 가판대가 보였다.

넷카페는 시간 단위로 이용하는 시스템이다. 점원에게 오늘 12시간을 이용하고 싶다고 이야기하자 알고 보니 시간을 미리 정해서 이용하는 것이 아니라 일단 들어간 뒤에 나중에 나올 때 이용 시간만큼 요금이 정산되는 시스템이었다. 점원은 내게 넷카페 이용이 처음이냐고 물었다.

"넷카페 이용이 처음이시라면 회원가입을 하셔야 합니다."

점원은 무뚝뚝한 목소리로 내게 회원가입 용지를 스윽 건넸다. 읽을 수 없는 한자투성이의 종이를 바라보며 당황스러운 표정을 지었다. 여차저차 이름과 전화번호 등 기본적인 인적 사항은 적었지만 내게는 일본 주소가 없었다.

"아, 저 외국인인데… 주소는 어떻게 적어야 하는지…."

"음… 잠시만 기다려 주세요."라고 말하고는 점원은 내 회원가입 용지를 들고 어디론가 훌쩍 사라져 버렸다. 차가웠던 점원의 첫인상이 떠올랐다. '외국인은 안 됩니다.'라는 대답을 가지고 올 것 같은 예감이었다. 이곳에서 문전박대를 당한다면 거액의 숙박비를 내고 호텔에 가야 할 판이었.

10여 분 뒤 점원이 다시 나타났다. "완료되었습니다. 이제 이 카드로 이용하시면 됩니다." 점원은 내게 내 이름이 가타카나로 적혀 있는 회원증을 건넸다. "감사합니다!" 나는 가까스로 넷카페를 이용할 수 있다는 생각에 안도하

---

3 일본어로 베이킹소다는 쥬—소—(重ソウ)라고 한다.

며 점원에게 고개 숙여 인사했다. 고작 넷카페 이용이지만, 뭔가 일본인들의 생활에 더욱 가까워진 느낌이라 낮에 다친 상처의 쓰라림도 잊은 채 기분이 좋아졌다.

　점원은 친절하게 나를 배정된 부스까지 안내해 주었다. 갈색 칸막이로 배치된 부스는 제각각 안이 들여다보이는 창을 가리기 위해 모두 담요를 문에 걸쳐두고 있었다. 희한하고도 낯선 풍경에 어스름한 불안감과, 첫 넷카페 경험이라는 작은 기대감과 함께 점원을 졸졸 뒤따라갔다.

　작은 부스는 정말 성인 한 사람이 몸만 뉘일 수 있을 정도의 넓이였고 좌식 책상, 그리고 컴퓨터 한 대가 있었다. 들고 있던 갖가지 자전거 짐들을 토해내듯 부스에 쏟아냈다. 그제야 오늘 라이딩이 끝났다는 안도감이 밀려왔다.

　제일 먼저 세면도구와 수건을 들고 샤워를 하러 갔다. 샤워를 하기 위해 상처에 붙였던 밴드들을 다 떼어 냈다. 입고 있던 져지와 빕숏을 벗고 쓰라렸던 허벅지 뒤편을 보자 손바닥만 하게 쓸린 상처가 시뻘겋게 달아올라 있었다. 쓸렸다는 표현보다 '갈렸다'는 표현이 더 잘 어울리는 상처였다.

　땀에 젖은 옷들을 코인세탁기에 채웠다. 저녁을 먹고 부스로 돌아와 공용 담요를 깔고 누울 자리를 만들고, 상처엔 약을 바르고 사 왔던 밴드를 붙였다. 손가락에 박힌 가시를 해결해야 할 때가 왔다. 베이킹소다를 컵에 부은 뒤 손가락으로 휘휘 저어 물과 섞었다. 손을 담가놓고 잘 수는 없는 노릇이니 함께 사 온 밴드를 베이킹소다 물에 적시고, 가시가 보이는 손가락 모두 덕지덕지 밴드를 붙였다.

　좁디좁은 작은 부스에 지친 몸을 뉘었다. 꼭 맹수의 습격을 받아 상처투성이가 된 초식동물처럼 담요를 덮고 몸을 웅크려 누웠다. 잠이 솔솔 밀려왔다. 시간은 이른 오후 9시였지만 어차피 컴퓨터도 키보드도 일본어인 넷카페에서 할 수 있는 건 없었다. 그저 눈을 감고 다음 날 눈을 뜨면 팔다리의 통증은 가라앉아 있기를, 손가락에 박힌 가시 파편들이 불어 밀려 나와 있기를 기도할 뿐이었다.

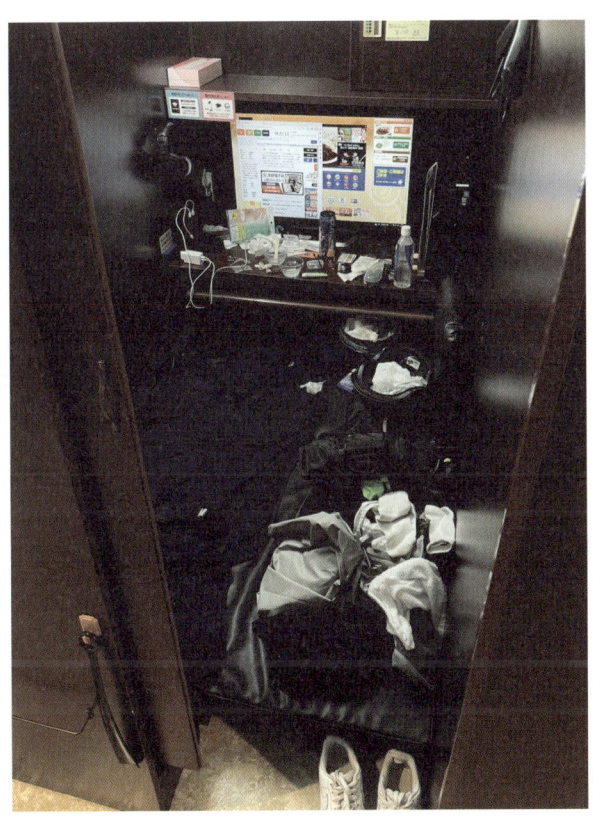

14

다쳐도 멈출 수 없어

 2023년 10월 8일
아키타~사카타 (115Km)

좁고 불편한 넷카페 부스 때문인지 알람 없이도 새벽 4시에 눈이 저절로 떠졌다. 일어나자마자 어제 붙여둔 밴드를 간절히 기대하는 마음과 함께 찬찬히 뜯어보았다. 피부에 파묻힌 반투명색의 검은 점들이 퉁퉁 불은 손가락에서 까맣고 선명하게 밀려 나와 있었다. 효과가 있었다! 베이킹소다 때문에 삼투압의 원리로 가시가 밀려 나온다고 했는데, 역시 과학의 힘은 위대했다.

꼭 원숭이가 털 사이 이를 잡아내듯 2시간 동안 가시와 씨름을 벌였다. 어느 정도 큰 가시는 많이 뽑았지만 작거나 잘 보이지 않는 몇몇 잔가시가 많이 남아 있었다. 하지만 넷카페는 시간제라 오래 있다간 요금이 계속 늘어나기 때문에 언제까지 가시만 뽑겠다고 이곳에 있을 수는 없었다.

나름 큰 도시인 아키타에서의 추억은 명물 요리가 아닌 체인점 규동과, 호텔이 아닌 넷카페에서의 숙박뿐이었다. 어제 낙차만 없었더라면 여유롭게 아키타에 도착해 명물도 먹고 명소도 돌아봤을 텐데. 가고 싶었던 곳들 모두 다음을 기약한 채 아키타 시내를 떠났다. 내 인생에서 언제 다시 아키타에 올까 싶지만.

시내를 빠져나와 동해바다를 따라 쭉 이어지는 7번 국도로 진입했다. 어제

는 보이지 않던 바다가 보이기 시작했다. 국도에는 통행량도 그렇게 많지 않아 차량을 신경 쓰지 않고 쌩쌩 달리기 좋았다. 하지만 바다 풍경은 기대와는 달리 큰 감동은 없었다. 제주도나 홋카이도에서 본 낭만적인 바다를 기대했다면 큰 착각이었다. 일부러 바닷가에 딱 붙어 있는 길로 향하기도 하고 자전거를 세워두고 해안가로 걸어 나가보기도 했지만, 상상했던 해수욕장이 아닌 황량한 모래벌판이 나를 맞이해 주었다. 아무렇게나 자란 풀들, 파도에 떠밀려온 너저분한 플라스틱 쓰레기, 그리고 인기척 하나 없는 쓸쓸한 해변….

정오쯤 점심을 먹으러 향했다. 유리혼조를 지나 니카호라는 작은 마을에 위치한 '사카나야상'이라는, 직역하자면 '생선가게'라는 굉장히 직설적이고 심플한 이름의 가게였다. 이런 사람이 거의 없을 것 같은 작은 마을에도 가게는 만석인지 사람들이 가게 앞에 마련된 좌석에 앉아 차례를 기다리고 있었다.

대기석에 앉아 헬멧을 내려놓고 장갑을 벗었다. 버프는 땀에 절어서 짜면 땀방울이 떨어질 것 같았다. 맞은편에 앉아 있던 한 부부가 그런 내가 애처로워 보였는지 신기하게 쳐다보고 있었다. 젊은 외국인이 이런 난데없는 시골의 가게에 자전거 의류를 입고 왔으니 내가 봐도 별나게 보였을 것이다.

"자전거 타고 어디서 오신 거예요?"

부부 중 아주머니분께서 내게 말을 걸었다.

"아, 어제는 히로사키였고 오늘은 아키타에서 이제 내려가고 있습니다. 지금 일본 종주 중이여서요."

"그럼 어디에서 출발한 거예요?"

"홋카이도의 왓카나이에서 출발했습니다."

"왓카나이… 홋카이도의 끝이죠? 대단하네요! 그 상처는 다친 거예요? 어쩌다가?"

"어제 비가 와서 빗길에 미끄러져서요."

"아이고, 저런… 어제 우리 집에서 자고 갔으면 좋았을걸."

아주머니가 너스레를 떨며 말했다. 너스레였지만 정말 그랬었더라면, 하고 상상의 나래를 펼쳤다. 여행 유튜브를 보다 보면 유튜버들이 현지 사람들과 친해져서 집에 신세를 지는 영상을 많이 봤었는데 왜 나는 그런 일이 없을까?

"혹시 한국은 가 보신 적 있으세요?"

"아, 저희 딸이 작년에 이화여대? 그 대학교에 교환학생을 갔다 왔거든요. 그때 겨울에 한 번 갔어요."

"정말요?"

어떻게 한국에서 유학한 딸을 둔 일본인과 이 시골 마을의 음식점에서 만날 수 있을까? 이런 운명이. 내 머릿속에서는 이미 친절히 아주머니가 내어 주는 저녁을 먹으며 딸과도 인사하고, 나중에는 결혼까지 하는 몹쓸 상상의 나래까지 펼치고 있었다.

"한국 겨울 진짜 춥지 않았어요? 일본은 따뜻한데."

"맞아요. 12월인데도 정말 춥더라고요."

한국에서 일본인은 어떤 이미지인가요? 한국에서 제일 맛있는 음식은? 일본에서 제일 맛있었던 음식은? 아주머니는 내게 질문 폭격을 이어갔다. 이렇게 일본인과 길게 대화한 적은 처음이었다. 한국을 떠난 이후 오랜만에 살갑고 긴 대화를 하니 웃음도 나고 잃어버린 활기가 샘솟는 기분이었다. 이방인이었던 내게 이렇게 관심을 가져 주는 두 분에게 정말이지 감사할 따름이었다.

가게의 주 메뉴는 회 오마카세 정식이었다. 그날그날 들어온 생선을 직접 손질해서 회로 내어놓는다. 수산시장에 온 것처럼 가게 안에는 온갖 생선들이 얼음이 가득 담긴 스티로폼 상자 위에 놓여 있었다. 가게 주인은 안쪽 주방을 오고 가며 생선을 손질하고 있었다. 무려 이런 신선한 회 정식을 단돈 1,200엔에 먹을 수 있다는 것.

싱싱한 회를 따뜻한 밥에 얹어 먹자 그만한 행복이 없었다. 점심을 먹어치운 후 먼저 들어온 부부보다 더 빨리 식사를 마치고 나오면서 작별인사를 건넸다. "조심해."라는 응원의 목소리와 함께 아쉬움을 뒤로하고 다시 안장에 올라탔다. 동해안을 따라 남쪽으로 무의미한 라이딩을 이어나갔다. 채도를 잃은 듯한 풍경, 가끔 지나가는 인적 드문 일본의 시골 마을들, 황량한 바다 풍경의 연속.

일본에 온 지 2주가 지나자 이제 이 모든 풍경들이 아무렇지 않게 느껴졌다. 인스타그램에서 사람들이 열광하는 일본 시골 감성은 이제 내게는 그저 매일 지나치는 등굣길 같은 익숙한 풍경이 되어버렸다. 살고 있는 일본인들이 한국인들이 일본 시골 감성에 열광하는 것을 이해하지 못하는 것처럼, 나도 이제 현지인들처럼 이 풍경에 익숙해져 버린 것일까?

저녁 5시 정도가 되어 오늘의 목적지인 사카타에 도착했다. 어제 넷카페에서 잔 대신에 오늘은 큰마음을 먹고 7,000엔 정도의 호텔을 잡았다. 팔다리에서 손가락까지 만신창이가 된 이런 몸으로 연달아 게스트하우스나 넷카페에서 묵기에는 힘들었다. 편안한 잠자리에서 푹 쉬면서 체력과 상처를 얼른 회복해야만 했다.

호텔에는 온천도 있었지만 말이 온천이지 사실상 조그마한 욕탕이었다. 상처가 뜨거운 물에 닿자 마치 고문을 당하는 것처럼 너무 아파 탕에서 후다닥 뛰쳐나왔다. 손가락만이라도 물에 담가 가시를 불려보려고 했다. 하지만 문제는 오늘 아침 가시가 빠지고 핏자국으로 검게 변한 부위와 남은 가시를 구분하기가 힘들다는 것이었다. 손톱깎이로 가시를 빼보려고 했지만 이미 가시를 뺐던 자리의 살갗을 집고 뜯어내기 일쑤였다.

그냥 타다가 손이 찌릿하면 그게 가시겠지. 그때 빼자. 포기할래. 아, 내일은 어디까지 가야 하지? 160킬로나 떨어진 니이가타를 목적지로 잡았다. 이틀 뒤 비 예보가 있어 이번에는 작은 도시보다는 큰 도시에서 하루를 쉬어가고 싶었다. 상처에 붙였던 밴드는 새 밴드로 교체하고 다시 약을 발랐지만 여전히 움직일 때마다 너무 아팠다. 잠도 다치지 않은 쪽으로 몸을 돌려서 불편하게 잘 수밖에 없었다.

15

일본에서 바라본
동해안은 어떤 모습일까

📅 2023년 10월 9일

📍 사카타~니이가타 (162Km)

    호텔 예약에 조식이 포함된 줄도 몰랐다. 뜻밖의 행운을 만났다고 해야 할지, 숙소 결제를 하며 조식 여부도 확인하지 않은 멍청이라고 해야 할지. 어쨌든 아침을 사 먹으러 편의점을 찾아다닐 필요 없이 조식을 먹을 수 있어 기분이 좋았다.

    빨리 아침을 먹고 일찍 출발하기 위해 새벽 6시가 되자마자 식당으로 내려갔다. 이른 시간부터 벌써 많은 사람들이 줄을 서 있었다. 대부분 운동부인 듯한 단체복을 입은 고등학생들이었는데, 대회나 전지훈련을 연유로 사카타로 와서 단체로 숙박하는 듯했다.

    의외로 호텔 조식은 편의점에 비해 매우 만족스러운 선택이었다. 특히 긴 장거리 라이딩을 해야 하는 처지에서는 무제한으로 아침부터 칼로리를 보충할 수 있으니 이보다 좋은 식사가 없었다. 밥부터 빵, 과일, 배가 불러도 에너지를 보충하려고 달달한 음료까지 꾸역꾸역 밀어 넣었다.

    호텔 방을 나가기 전 거울을 바라보자 군대 전역 후 왔던 홋카이도에서는 짧았던 머리가 어느새 꽤 많이 자라 있었다. 3주 전만 해도 내가 대한민국 끝자락의 강원도 고성에 있었다는 게 믿기지 않았다. 군대의 훈련과 비슷한 강

행군을 사서 하고 있지만….

　오늘도 어제와 같은 긴 동해의 해안선을 따라 라이딩을 이어갔다. 시커멓게 반쯤 탄 다리의 상처에는 어느새 진물이 더 이상 흐르지 않고 검은 딱지가 앉기 시작했다. 쭉 이 해안선만 따라서 달리기만 하면 니이가타에 도착할 수 있다. 장장 해안선이 160킬로라는 게 문제지만.

　날씨가 흐려서 그런지 가는 길 내내 동해안의 풍경은 정말 삭막함 그 자체였다. '명색이 동해안인데, 정말 이날을 여행기로 쓴다면 대체 뭘 적어야 할까?'라는 생각이 들었다. 같은 동해안인 속초나 강릉 같은 곳을 기대했다면 잘못이었던 걸까.

　일본의 동해안은 기암괴석과 암초가 유명하다고 하는데, 대표적으로 '사사가와나가레'라고 하는 곳이 무라카미 하루키의 『달리기를 말할 때 내가 하고 싶은 이야기』에서 사이클 코스로 등장한다. 어쩌면 강원도 동해의 촛대바위와 비슷한 곳이지 싶다. 경치가 매우 아름답다고 책에서는 말하고 있지만, 내가 지나갈 때는 사람 한 명 찾아보기 힘들 정도로 휑하고 쓸쓸했다. 흐린 날씨 때문인 걸까?

　가는 길 내내 터널이 계속해서 나타났다. 차량은 적었지만 갓길도 너무 좁아서 어두운 터널의 차선 끝을 내달리는 것은 꽤 정신적 소모가 컸다. 아무리 일본의 차량이 친절해서 나를 피해서 달리더라도, 워낙 터널 내부가 어둡다 보니 뒤에서 차량이 오는지 항상 신경을 곤두세우고 달릴 수밖에 없었다. 그런 터널을 수십 개를 지나다 보니 정신이 오르락내리락을 반복하다가 신경쇠약이라도 걸릴 것만 같았다.

　점심 이후에도 동해안의 풍경은 변하지 않았다. '이 끝도 없는 길은 대체 언제 끝나는 걸까?'라는 의구심과 함께 수도 없이 민가와 바닷마을들을 제치고 지나갔다. 일본에서 바라본 동해안은 편의점조차 없는 바닷마을과 끝나지 않을 듯한 도로만이 기억의 전부였다. 어느새 회색 하늘도 짙은 남색으로 변해 가고 있었다. 하나둘 건물이 늘어나기 시작해서 '니이가타에 도착했구나!'라고 마음속으로 쾌재를 외쳤지만, 알고 보니 니이가타에서 20~30킬로 떨어진 근처였다. 1시간이나 남았네.
　하늘이 완전히 어두워졌을 때서야 니이가타에 도착할 수 있었다. 예약한 '반다이 호텔'은 특이하게도 단독 건물이 아닌 상점가 한가운데 자리 잡고 있어 상점가 내부를 통해서 들어갈 수 있었다. 로비는 고급 호텔처럼 엄청나게 넓은데 방은 정말 침대가 대부분 방을 차지할 정도로 쥐꼬리만큼 좁았다. 사실 1박에 3,000엔이니 그럴 만도 했다.

혼슈 동북부 • 117

항상 샤워를 마치고 나올 때면 천국에 온 기분이다. 이런 기분은 자전거 여행을 하지 않으면 일상에서 단 한 번도 느낄 수 없다. 이대로 누워서 기절해 버리고 싶었지만 저녁을 먹어야 했기 때문에 억지로 몸을 일으켜 세워 밖으로 나갔다. 마트에서 20~30% 할인하고 있는 방어회, 참치회와 사케를 사 왔는데 호텔에 와서 보니… 아차, 나무젓가락을 가져오는 것을 잊었다. 포장을 뜯어보니 간장도 보이지 않았다. 아니, 보통 간장은 안에 동봉되어 있지 않나? 천사채까지 뒤적거리며 찾아보았지만 간장은 없었다. 알고 보니 일본에서는 간장이 보통 함께 포장되어 있지 않고 한국 편의점의 젓가락처럼 마트에 따로 마련된 무료 와사비와 간장을 가져가야 하는 시스템이었다.

젓가락도 간장도 찾으러 가기도 귀찮아서 그냥 무작정 손가락으로 생선 살을 집어 먹었다. 누가 보면 야만적이라고 느낄 만한 광경이었다. 니이가타의 명물인 쌀로 만들어서 유명하다는 사케도 그냥 독하디독한 술맛이었다.

히로사키에서 니이가타로 오는 동안 3일 동안 일기를 쓰지 못했다. 그럴 만도 한 게 홋카이도에서는 80~90킬로 정도로 달렸지만 이번 3일간의 라이딩 동안 160킬로, 100킬로, 160킬로를 연달아 달렸다. 홋카이도에서 160킬로를 달리자 이제 100킬로가 짧게 느껴지기 시작하는 게 문제였다. 160킬로를 한번 탄 이후로는 100킬로를 타면 꼭 열심히 타지 않은 것처럼 느껴졌다. '오늘 이것밖에 못 탄 거야? 이게 최선이야?'라고 자꾸만 또 다른 자아가 나를 들들 볶는다.

그래도 오늘도 홋카이도 종주를 마치고 하코다테에 도착했을 때처럼 큰 페이지의 한 장을 넘긴 기분이었다. 첫 장은 홋카이도, 두 번째 장은 니이가타까지의 혼슈 동북부. 이제 다음 장만 넘기게 되면 기다려온 도쿄가 내 눈앞에 있었다.

16

목숨을 건 화물 트럭과의 야간 라이딩

📅 2023년 10월 10일

📍 니이가타~유자와마치 (104Km)

니이가타에서 비를 피하며 심기일전을 다졌다. 여기서부터는 해안도로가 아닌 도쿄 방향으로 향하는 내륙을 달려야 했다. 특히 도쿄로 가는 길목에 있는 군마 현의 오르막은 고도가 자그마치 1,000미터였다. 서울~부산 국토 종주에서 최고 오르막인 이화령의 600미터보다 훨씬 높았다. 과연 내가 자전거로 해발 1,000미터의 오르막을 넘을 수 있을까?

트렁크 백에 짐을 정리하고 옆가방에 옷을 억지로 구겨 넣던 도중, 갑자기 지퍼가 터져버렸다. "하…." 왜 항상 이런 일이 자꾸 일어나는 걸까? 제발 단 하루만이라도 평화로울 수가 없는 걸까? 애초에 요즘 유행하는 중국발 앱으로 구입한 만 원짜리 트렁크 백이었으니 내구성을 기대한 내가 바보였을지도 모른다. 이걸 어떻게 하지… 고민하던 도중 기가 막힌 아이디어가 떠올랐다. 호텔 직원에게 가위를 빌려 와서 지퍼 라인을 따라 양쪽으로 일정한 간격의 세 개의 구멍을 뚫었다. 그리고 가져왔던 케이블타이를 양쪽 구멍으로 통과시켜 조여서 묶자, 완벽하게 케이블타이로 여닫을 수 있는 가방이 완성되었다.

인간은 궁지에 몰리면 머리를 쥐어짜서 무슨 짓이든 하게 되는구나. 누구인지는 몰라도 정말 자전거 여행에 여러모로 요긴한 케이블타이를 추천해 주었던 사람에게 기프티콘이라도 보내주고 싶은 심정이었다.

    니이가타 이후에는 대부분 작은 도시들뿐이라 별 볼 일 없는 국도가 이어졌다. 어제 비를 흩뿌렸던 먹구름은 아직도 떠나지 않고 니이가타의 하늘 위에 머물러 있었다. 하늘을 반으로 가른 듯 오른쪽은 맑고 왼쪽은 먹구름이 드리운 신기한 광경이었다.

    논길이 나오기도 하고, 사람이 거의 보이지 않는 작은 마을을 지나기도 하고… 점심을 지나서 오후까지도, 동해안을 달릴 때와 마찬가지로 이곳 역시 지루함을 견뎌야만 했다. 그곳은 정말 무미건조한 바닷길이었다면 이쪽도 바닷길만큼이나 단조로운 내륙의 길이었다. 사진을 찍어도 어디였는지 분간이 안 될 정도의 전형적인 교외 풍경. 다시 생각해 보니 동해안 쪽이 그나마 바다라 나았지 싶다. 이럴 때는 아무 생각 없이 페달을 밟아야 한다. 좋아하는 노래도 몇 시간씩 듣다 보면 질릴 지경이라 노래도 끈 채 라이딩을 하면 꼭 운동하는 것이 아니라 명상을 하는 기분이었다.

    핸들을 쥔 손가락이 욱신욱신 아파왔다. 아직 아키타에서 다쳤을 때 손가락에 박힌 잔가시들이 남아 있었다. 하루 쉬면서도 왜 아직 그걸 다 제거하지 않았냐고? 웬만한 가시들은 전부 뽑았지만 남은 상처를 보면 이게 대체 가시인지 가시를 빼고 남은 상처인지 분간하기가 여간 어려운 게 아니었기 때문이다. 자전거를 타면서 핸들을 꽉 쥘 때 피부 깊숙한 곳에서 찌릿한 통증이 느껴질 때야 '아, 이 손가락에 가시가 있구나.'라고 판단해야 했다.

    점점 하늘이 푸르스름해져 가는 오후 5시에도 구체적인 종착지를 정하지 못해 마음을 졸이기 시작했다. 100킬로를 달렸을 때에도 근처에 값싼 게스트하우스가 있었지만 멈추기에는 너무 적게 달렸다고 생각해서 지나쳤다. 결국 내 욕심 때문이었다. 이전에 160킬로를 달려버렸던 기억 때문에 하루 100킬로는 더는 성에 차질 않는 것이다.

오랫동안 캠핑을 못해서 이번엔 꼭 하겠다고 벼르고 있었다. 홋카이도에서 두 번 캠핑을 한 이후 혼슈에 온 10일 동안 단 한 번도 캠핑을 하지 않았다. 이럴 거면 대체 왜 무거운 캠핑 장비를 자전거에 매달고 다니지? 자전거에 매달린 짐들을 볼 때마다 자괴감이 밀려왔다. 유자와 근처에 몇몇 캠핑장이 보이기에 가능하면 그곳으로 가자고 생각하고 페달을 밟았다. 점점 어둠은 짙어져 가고 아직 1시간 정도는 더 가야 했지만 어쩔 수 없었다. 이미 갈 만한 후보로 꼽은 숙소는 모두 지나쳐버렸기 때문이다.

유자와에 가까워지자 국도에 달리는 차량이 급격히 늘었다. 가급적 차로를 피하고 싶었지만 인도도 없었고, 갓길은 자라난 수풀이 우거져 있어 최대한 차로 가장자리에 붙어 힘겹게 라이딩을 이어갔다. 깜깜한 국도 위에서 굉음과 함께 대형 화물 차량들이 한 뼘 거리로 내 옆을 휙휙 스쳐 지나갔다. 정신이 나갈 것 같았다. 제정신이 아니고서야 이런 길을 달리지 않을 것이다. 운전자들이 나를 보고 뭐라고 생각할까? 하지만 이런 도로 한복판에서 멈출 수도 없는 노릇이고 그저 아무 일도 일어나질 않길 바라며 페달을 밟을 수밖에 없었다.

3킬로만 더 가면 점찍어 둔 캠핑장에 도착할 수 있었다. 그 2킬로마저도 신은 내게 마지막까지 시련을 안기려는 듯 경사진 오르막길을 올라야만 했다. 기진맥진한 상태로 탁한 숨을 헉헉대며 언덕길을 꾸역꾸역 올라갔다. 우여곡절 끝에 캠핑장에 도착했다. 캠핑장은 커다란 온천에서 운영하는 곳이었다. 그래서 온천에서 샤워도 할 수 있는 너무 좋은 위치라 이곳을 찾아온 것이었다.

온천 건물 내부의 카운터를 향해 저벅저벅 걸어가 카운터 직원에게 물었다.
"저, 캠핑을 하려고 왔는데… 오늘도 캠핑장 이용이 가능할까요?"
"아, 네. 가능합니다. 금액은 이용료 1,000엔에 구역료 4,000엔, 총 5,000엔입니다."

뭐? 바깥에서 텐트 치고 잔다는데, 가격이 무슨 게스트하우스보다 비싼 거야? 구글 리뷰에 분명 1,000엔이라고 되어 있었는데?

알고 보니 1,000엔은 말 그대로 '이용료'였다. 사이트마다 4,000엔의 이용료가 따로 있었던 것이다. 멘붕에 빠진 나는 차마 바깥에서 자려고 피 같은 5,000엔 지폐를 꺼낼 수가 없었다. 3,000~2,000엔 숙소를 그렇게 많이 제치고 온 건데…. 힘이 빠진 채 온천 밖으로 터벅터벅 걸어 나왔다.

지푸라기 잡는 심정으로 숙박 앱을 켜서 다시 주변 숙소를 살폈다. 공용 욕실, 낡은 일본식 다다미 싱글룸을 제공하는 6,000엔의 숙소가 한 군데 있었다. 사실 아까도 보았지만 '이 컨디션에 6,000엔이라니 너무 비싸다.'라고 생각하고 무시했던 숙소였다. 하지만 찬밥 더운밥을 가릴 처지가 아니었기에 10초 뒤에도 예약이 마감될까 봐 얼른 '예약하기'를 눌러 결제를 실행했다.

이전의 값싼 게스트하우스에서 멈췄더라면. 캠핑으로 돈을 아끼려던 내 욕심 탓에 반대로 결국 4,000엔을 더 내고 숙박하게 되었다. 그렇게 힘겹게 오른 3킬로를 다시 돌아가야만 했다. 이럴 거면 왜 여기까지 왔나…. 3킬로를 밟는 마지막 그 순간까지도 너무 어두운 탓에 초조함과 긴장의 끈을 놓을 수가 없었다.

숙소 간판에는 'Rental Ski'라고 앞에 큼지막하게 쓰여 있었다. 유자와가 스키장으로 유명하니 따지면 지금은 비수기인 셈이다. 문을 열고 들어서자 먼지가 수북이 쌓였을 것 같은 휑한 로비가 나를 먼저 반겨주었다. 오늘 나 말고 손님이 있기는 한 걸까? 카운터에서 주인이 나오고 체크인 절차를 밟은 후, 간단한 이용 안내와 함께 2층에 배정된 방으로 걸어 올라갔다. 작은 다다미방의 작은 TV와 작은 좌식 책상, 그리고 덮을 수 있는 이불이 방에 있는 전부였다.

다행히 상처에는 딱지가 단단히 앉아 이제는 뜨거운 물에 닿아도 더 이상 아프지 않았다. 욕탕에 몸을 뉘자 자전거를 타느라 힘들었던 몸, 그리고 오늘은 덤프트럭과 야간 라이딩을 하느라 힘겨웠던 정신의 노고마저도 싹 물에 녹아내려갔다.

목욕 후 방에 돌아와 일기를 썼다. 오늘 하루의 생생한 고통과 감정의 기복을 잊기 전에 기록해 두고 싶었다. 미리 숙소를 잡아두지 않으면 이렇게 된다는 것을 몸소 실감하고 바로 내일 숙소까지 예약을 마쳤다. 내일은 군마의 오르막을 넘어야 하는 날이다. 산을 넘다가 시간을 지체해 또 오늘처럼 야간 라이딩을 해야 하는 건 아닐까? 하지만 내일 군마만 넘으면 하루 뒤엔 드디어 도쿄가 눈앞이었기에, 가슴엔 불안과 설렘이 동시에 일렁이고 있었다.

17

해발 1,000미터를 넘어서

 2023년 10월 11일

유자와마치~다카사키 (120Km)

 어젯밤 공포 게임에서 나올 것만 같았던 골목은 평화로운 시골길로 변해 있었다. 유자와를 둘러싼 푸릇푸릇한 산에는 겨울철에는 스키장으로 변신할 예정인 깎아질러 헐벗은 평사면들이 보였다. 시골의 낮과 밤은 정말 극과 극이다.

 군마를 넘기 전 한 가지 고민이 있었다. 바로 이곳에서 10킬로 정도 떨어져 있는 '키요츠 협곡'이라는 곳을 들렀다 갈지, 아니면 그냥 통과할지…. 하지만 문제는 짧은 10킬로라 하더라도 도쿄로 향하는 방향과 전혀 다른 방향이었다. 게다가 협곡이다 보니 아무래도 산길을 타야 할 것이 눈에 훤했다. 나중에 해발고도 1,000미터의 오르막까지 넘어야 한다. 이곳에서 체력을 쓰면 이후 라이딩이 더 힘들어질 수도 있었다.

 하지만 내가 다시 이곳을 오게 될까? 사실상 많은 곳들이 이번 여행 이후 내 생애에 다시는 오지 않을 곳들이 대부분일 것이다. 이미 이곳이 존재한다는 것을 알게 된 이상 가지 않으면 후회할 것 같았다. 나중에 돈을 들여서 여행에서 오는 것보단 그냥 자전거를 타고 갔다 오는 게 낫지 않을까?

 '그래, 지금 아니면 대체 언제 가겠어. 안 가봐서 후회할 바에는 갔다 오자.'

뒤가 없는 무모한 결정을 내리고서는 키요츠 협곡으로 방향을 틀었다. 예상한 대로 마을을 벗어나자 험난한 산길이 펼쳐졌다. 산의 경사가 너무 심해서, 도로는 한눈에 봐도 Z자 형태의 지그재그로 이어져 있었다. 사실상 이런 제대로 된 오르막을 타는 것은 9월에 일본에 온 이후 처음이었기에 아직 다리도 오르막길에는 적응하지 못한 상태였다.

얼마 오르지 않아서 금방 숨이 차고 허벅지가 터질 것 같았다. '큰일 났다. 이미 너무 힘든데 나중에 산은 대체 어떻게 오르지?' 하지만 돌아가기엔 지금까지 사용한 체력도 아까웠다. 힘겹게 오르막을 겨우 올라갔지만 이번에는 협곡으로 내려가는 긴 급경사의 내리막이 펼쳐졌다. 아무 힘도 들이지 않고 내리막을 내려갈 때도 전혀 기쁘지 않았다. 다시 돌아와야 하는 길이었기에….

우여곡절 끝에 협곡에서 흘러나오는 듯한 계곡을 낀 작은 마을에 도착했다. 아침 9시 개장 시간에 맞춰서 와서 그런지 관광객은 잘 보이지 않았다. 협곡은 기다란 터널을 통해 들어가 감상할 수 있었다. 긴 아치 형태 가운데 웅장한 협곡을 배경으로 바닥에는 얕은 물이 있어 그 공간을 정반대로 반사하고 있다. 올 때는 드문드문 사람들이 잘 안 보였는데 역시 하이라이트인 이곳에 모두 모여서 사진을 찍고 있었다.

하지만 감상은 꽤 아쉬웠던 곳이다. 공간의 특성상 역광으로 찍힐 수밖에 없어 사진의 내 모습이 시커멓게 나와 나인지 알아보기조차 힘들었다. 협곡은 분명히 멋졌지만 사진에서 느껴지던 이 공간의 신비로움보다는, 실제로 보니 철판의 이음새도 잘 보이고 물아래의 바닥도 훤히 보여서 신비로움은 사라지고 단지 협곡 관광을 위해 멋지게 만들어 놓은 자본주의의 결과물처럼만 느껴졌다.

어쨌든 협곡 구경을 마치고 빠져나왔다. 올 때는 내리막이었던 착한 길이 다시 돌아갈 때는 오르막이 되어 있어 한숨이 절로 나왔다. 하지만 돌아가야만 한다. 여기서 시간을 더 지체했다가는 어제처럼 위험한 야간 라이딩을 감수해야 할 확률이 커지기 때문에 쉬면서 체력 안배를 할 시간도 없었다. 어제의 야간 라이딩은 체력뿐만이 아니라 정신까지 탈탈 털려 기억하기도, 다시는 경험하기도 싫었다.

젖 먹던 힘까지 짜내어 왔던 길을 되돌아서 다시 내가 머무른 숙소가 있는 마을로 돌아오니 오전 10시였다. 사실상 원점으로 돌아와 출발하게 된 셈이다.

산을 넘는 약 50킬로 동안 편의점이 아예 없을 예정이었기에 미리 편의점에 들러 빵과 에너지 젤, 에너지 음료 등 잔뜩 먹을 것을 샀다. 눈앞에 보이는 거대하고 푸른 산과 함께 유일하게 이곳을 통과하는 도로인 17번 국도로 바퀴를 내디뎠다.

사실 군마가 키요츠 협곡보다 훨씬 덜 힘들었다고 말할 수 있을 정도로 경사가 급하지 않았다. 평균 경사도는 5~6도 정도에 낙석 등을 방지하기 위해서인지 긴 터널이 자주 나왔다. 특히 터널에서는 공사가 많이 이루어지고 있었다. 왕복 2차선의 도로 한 차선을 폐쇄해 두고 양쪽 끝에서 인부들이 무전을 주고받으며 차들을 한쪽씩 통과시킨다. 물론 자전거도 예외는 없었다.

"차량 N대, 그리고 자전거 1대 지나갑니다."

인부가 무전기에 말하며 봉을 휘두르면 차량이 줄지어 이동하기 시작한다. 차량의 뒤꽁무니를 열심히 쫓아가 보지만, 전력 질주를 해도 항상 마지막으로 터널을 빠져나왔다. 그래서 터널을 나올 때면 항상 반대 차선에 줄줄이 대기하고 있는 차량이 보였다. 마지막인 나만 기다리고 있던 차량들을 볼 때마다 눈치가 보여서 고개를 끄덕이며 감사 인사를 전하며 길을 지났다.

쉬고 오르기를 반복하면서 조금씩 오르막을 올라 오후 2시에 정상에 도착했다. 이화령처럼 휴게소라든지 기념비 같은 장소가 있을까 기대했지만 정말 아무것도 없었다. 이제부터 내리막이라는 사실조차 몰랐을 정도였다.

내리막에서는 정말 과장을 보태어 멀미가 난다 싶을 정도로 구불구불한 커브 구간이 연달아 이어졌다. 내려갈 때 질주하는 것은 기분이 좋지만 아키타에서 미끄러져 다친 이후 내리막에서도 겁이 나 속도를 내기 무서웠다. 그래서 핸들바의 브레이크를 꽉 쥐고 타느라 손목이 너무 아팠다. 게다가 땀으로 젖은 옷이 바람으로 마르면서 추위에 시달려야 했다.

산에서 내려온 뒤의 국도 역시 만만치 않은 고난의 연속이었다. 인도가 사라져서 왕복 2차선 끝을 달려야 했는데, 문제는 오고 가는 차량이 통행량이 너무 많았다. 평소엔 뒤따라오는 차량이 나를 피해서 차선을 넘어 살짝 역주행하며 추월해 가는 것이 보통이다. 하지만 양방으로 통행량이 많아서 나를 추월하지 못해 내 뒤에 차량이 줄지어 밀리는 것이었다. 뒤에서 기다리다 못하던 대형 화물 트럭들은 나를 스치듯 옆으로 지나갔다. 밤이 아니더라도 어제처럼 정신적으로 힘겨워지기 시작했다.

다행히 인도가 나와 잽싸게 갈아탔다. 가던 도중 갑자기 뒷바퀴에 뭔가 걸린 듯한 우당탕하는 소음이 나기 시작했다. 자전거를 세운 뒤 뒷바퀴를 찬찬히 보았다. 스포크 하나가 터져 있었다. 스포크가 터졌는데 라이딩을 해도 되긴 할까? 불안감에 휩싸였지만 일단 어떻게 되든지 간에 산길 한가운데였기에, 터졌던 스포크를 제거한 뒤 다시 라이딩을 이어갔다.

키요츠 협곡을 들렀던 대가로 야간 라이딩을 해야 하는 것은 당연했다. 그래도 다카사키에 가까워지면서 점점 가게도 많아지고 거리도 환해졌기에 덜 위험했다. 다행히 숙소까지는 스포크가 터진 바퀴에 큰 문제는 없었다. 이번 여행에 야간 라이딩은 위험해서 절대 하지 않는다고 누가 다짐했었더라….

늦은 밤 다카사키의 'matoi hostel'이라는 게스트하우스에 도착했다. 가격도 저렴한 데다 위치가 외진 곳에 있어서인지 리뷰 수는 적었지만 리뷰가 무려 5점 만점에 5점이었다. 얼마나 좋기에 단 한 사람도 4점을 주지 않은 걸까?

일단 건물 자체가 게스트하우스 치고 지나치게 깨끗하고 예뻤다. 원목의 나무로 된 로비의 테이블과 기둥, 그리고 다른 좁은 게스트하우스에 비해 도미토리마저도 정말 널찍했다. 주방은 꼭 무인양품 매장에 와 있는 듯한 기분이 들 정도로 여러 나무로 된 가구들로 즐비했다. 샤워를 하는데 심지어 샴푸와 린스도 브랜드를 알 수 없는 싸구려 제품이 아닌 무인양품 제품이었다. 이 정도면 정말 5점 만점을 받을 만한, 리뷰 남기기를 귀찮아하는 나도 기분이 좋아서 리뷰를 남겨주고 싶을 정도의 숙소였다.

1,000미터를 넘었지만 키요츠 협곡을 간 것을 포함해 오늘 기록을 보니 누적 고도는 2,000미터였다. 스포크가 터진 채 타도 되냐고 인터넷에 올렸던 질문에는 "그냥 타자. 타다가 X져도 괜찮으면."이라는 커뮤니티 특유의 격한 어조의 댓글이 올라왔다. 결국 내일은 일찍 출발하지 못하고 먼저 가게에서 수리를 하고 가야만 했다. 내일 도쿄에 도착할 수 있긴 한 걸까? 바꿀 수 없는 현실 속에서도 성급함이 나를 재촉하고 있었다.

18

뜻밖의 여정, 가와고에

 2023년 10월 12일

 다카사키~가와고에 (93Km)

자전거 가게가 문을 열어야만 출발할 수 있기에 강제로 느긋한 아침을 보내게 되었다. 주인이 직접 아침에 카페라테도 무료로 만들어 주었다. 간단히 이야기를 몇 마디 나누던 도중 주인이 이야기했다. "사실 몇 달 전에도 한 유튜버가 자전거로 일본 종주를 한다면서 여기서 머물다 갔거든요." 알고 보니 나도 일본 종주 전에 참고 삼아 봤던 '대빠리 Daebbari'라는 유명한 유튜버였다.

체크아웃 후 급히 가까운 자전거 수리점으로 향했다. 시간은 오전 10시. '오늘 도쿄까지 가야 하는데….' 하고 발을 동동 굴러봤자 걸리는 시간이 달라지는 것도 아니었지만, 기다리는 것이 고통스러워 수리하고 있는 모습을 뚫어져라 쳐다보고 있었다. 수리는 무려 1시간 반이나 걸렸다. 수리비는 8,600엔. 값싼 숙소면 이틀은 족히 버틸 수 있을 것 같은 피 같은 여행 자금이 빠져나갔다.

무거운 트렁크 백 때문에 스포크가 터졌을 거라고 점원이 설명해 주었다. 뒷드레일러도 크게 휘어져 있었다고 한다. 아키타에서 사고가 나면서 그렇게 된 것 같았다. 낙차 이후 바로 다음 날 점검을 받으러 갔어야 했는데. 단순히 굴러간다고 아키타에서 여기까지 무려 500~600킬로 이상을 달려온 나의 안전불감증에 스스로도 혀를 내둘렀다.

가게를 나오자 벌써 점심시간이었다. 오늘 과연 150킬로 정도 떨어진 도쿄까지 갈 수는 있을까? 이미 이렇게 된 걸 어쩌겠냐는 체념과 함께 일단 점심부터 해결하기로 했다. 다카사키 출신이라던 친구가 메시지로 다카사키의 명물으로 '돈카츠 파스타'를 추천해 주었다. 돈카츠 파스타? 그건 대체 무슨 조합이야?

"나도 몰라. 우리 언니가 먹어봤다는데 맛있대."

"넌 먹어봤어?"

"아니? 네가 한 번 먹고 후기 좀 들려줘."

하고 그녀가 깔깔 웃었다. 아무튼 그녀는 정체불명의 돈카츠 파스타를 판다는 프랜차이즈 가게인 '샹고(Shango)'를 알려 주었다. 상상과는 달리 샹고는 돈카츠 파스타라는 단일 메뉴를 파는 가게가 아닌 여러 종류의 파스타나 피자를 파는 서양식 레스토랑이었다. 개장시간인 11시쯤에 갔음에도 역시나 본점이라 그런지 이미 정장 차림의 주변 직장인들이 꽤 웨이팅을 하고 있었다.

이런 레스토랑에 당연하게도 혼자 온 사람은 나뿐이었다. 그래도 기죽지 않고 자신감 있게 돈카츠 파스타 하나를 주문했다. 돈카츠 파스타는 말 그대로, 정말 어떠한 특별함도 없이 정직하게 파스타 위에 정확히 돈카츠가 올려져 있는 음식이었다. 정말 맛도 정직했다.

그냥 정확히 돈카츠 맛과 파스타 맛이 함께 난다. 둘의 맛이 입안에서 따로 노는 느낌이다. 따로 팔 정도로 유명한 특제 소스를 사용했다는데 내 입맛에는 그다지 맞지 않았다. 이게 도대체 왜 유명한 음식인 거지?

어쨌든 돈카츠 파스타로 체력을 비축한 후 페달을 본격적으로 밟기 시작했지만, 저녁 전에 도쿄까지 가기엔 턱없이 부족한 시간이었다. 특히 다카사키부터 도쿄까지는 대부분 시가지의 연속이어서 신호에 멈춰야 하거나 도로 대신 인도를 탈 일이 많아 속도를 내기가 쉽지 않았다.

도쿄는 80킬로밖에 남지 않았는데 시간은 오후 2시 반. 이번 종주 중에 한 가지 깨달은 것은 내 실력이 시간당 20킬로라고 평균 속도를 20킬로로 착각하면 절대 안 된다는 것이었다. 그렇게 계산하면 오후 6시 반에 도쿄에 도착할 예정이었지만, 중간에 쉬거나 화장실을 가거나 길을 잘못 들 수도 있는 너무 많은 변수가 존재했다. 사실상 4시간이 아니라 최소 5~6시간으로 계산해야만 했다. 그렇다면 도쿄에는 최소 오후 8~9시에 도착할 예정이었다.

지도를 보니 지나는 근처에 도쿄 도심부까지 이어지는 아라카와 강이 보였다. 혹시 강 쪽이라면 한강처럼 라이딩 코스가 조성되어 있지 않을까? 하고 도로에서 벗어나 요리조리 주택가의 골목길을 따라 아라카와 강에 도착했다. 강둑 언덕 위로 올라가자 쭉 강을 따라 이어진 아스팔트 길이 나타났다. 역시! 나의 예상이 맞았다. 간간이 산책 중이던 주민들을 제외하고서는 둑길(どて) 위에는 차가 다니지 않아 속도를 올려서 밟을 수 있었.

하지만 그런 코스의 도움을 받았음에도 걸리는 시간은 매한가지였다. 오후 5시가 되자 해는 지평선 너머로 사라졌고 급격히 어두워지기 시작했다. 오히려 시가지에 비해 강가에는 가로등이 전혀 없어 암흑천지로 변할 것이 뻔했다. 일단 먼저 둑길을 빠져나와 다시 밝은 도심지로 향하기로 했다. 현 위치에서 가장 가까운 도시는 가와고에라는 도시였다.

가와고에는 과거 일본의 거리가 그대로 보존되어 있어 '작은 에도'라는 별명을 가진 관광지로도 유명한 도시다. 오래된 목조식 건물들과 주황색 불빛들이 보이자 가와고에 시내에 도착했다는 것을 직감할 수 있었다. 하지만 나는 오고 싶어서가 아니라 어두워져서 어쩔 수 없이 예정에도 없던 가와고에에 도착한 것이었다.

야간 라이딩을 감행해서 오늘 도쿄까지 남은 50킬로를 갈 것인가? 아니면 그냥 여기에서 자고 내일 도쿄에 갈 것인가? 넷카페는 불편해서 정말 가기 싫었다. 지푸라기라도 잡는 심정으로 숙소를 찾던 도중 검색하지도 않은 '차부다이(Chabudai)'라는 이름의 게스트하우스 하나가 구글 지도에 보였다. '그래. 가격이 그냥저냥이고 남은 침대가 있다면 오늘은 그냥 게스트하우스에서 하루 쉬고 가자. 급하게 가지 말고 여유 있게 가자.'라고 하며 스스로를 어린아이 달래듯 하며 게스트하우스로 향했다.

들어가자마자 스태프에게 "오늘 묵을 수 있나요?"라고 묻자, 딱 도미토리 한 자리가 남아 있다는 것이었다! 뛸 듯이 기뻐서 누가 자리를 채갈 것처럼 바로 묵겠다고 대답했다.

"축제 때문에 놀러 오셨어요?"

한 스태프가 체크인을 도와주며 내게 물었다.

"네? 축제요?"

"아, 내일 여기 가와고에에서 축제가 있거든요! 시간 맞춰서 잘 오셨네요. 1년에 단 이틀만 열리는 축제예요."

검색해 보니 정말 가와고에 축제가 있었다. 매년 10월의 세 번째 주 주말에만 열린다고 한다. 어제 자전거 스포크가 터져 수리 때문에 일정이 늦어지는 바람에, 예정에도 없던 가와고에에 머물게 되어 방금까지만 해도 죽상이었다. 하지만 그로 인해 일본에서 처음으로 유명한 축제를 볼 수 있게 되었다. 일련의 사건 하나하나가 나를 이곳 가와고에로, 축제를 볼 수 있도록 이끌어 준 것이었다.

게스트하우스는 묵지 않는 사람들도 음식과 술을 먹을 수 있는 바를 겸하고 있었다. 내일이 축제여서 그런지 가게 안은 손님들로 인산인해였다. 로비에 있던 숙박객용 좌식 테이블에 앉아 일기를 썼다. 아까 전 체크인을 도와준 스태프가 다가와 내 옆에 앉았다.
"뭘 쓰고 계세요?"

그녀는 말괄량이 같은 까무잡잡한 피부가 눈에 띄는 시골에서 갓 상경한 듯한 이미지였다. 이윽고 다른 숙박객 한 명이 우리의 대화에 끼어들었다. 40대의 요코하마에서 왔다는 여성이었다. 그녀 역시 내일 축제를 보러 이곳 가와고에까지 왔다고 했다.

점점 몇몇 숙박객들이 더 앉기 시작했다. 아, 여행기 써야 하는데. 어쩌다가 여섯 명 정도의 여러 숙박객들과 함께 대화를 나누고 있었다. 50대 정도로 보였던 일본 여성은 갑자기 친구를 소개한다며 또 다른 독일 여성 한 명을 데려왔다. 이후에 미국인 남성 한 명이 가세했다. 내 국적을 밝히자 미국인이 자신의 여자친구도 한국인이라면서 너스레를 떨었다.

그렇게 이야기를 나누자 어느새 여행기를 쓰고 있던 것은 까맣게 잊은 채 즐겁게 대화에 참여하고 있었다. 내가 이런 성격이었나? 독일인, 미국인, 일본인과 한국인. 각기 다른 국적의 사람들이 이렇게 한 자리에 모여서 즐겁게 대화를 나눌 수가 있다니. 언제부턴가 나는 내향적인 사람이라고만 생각했다. 말을 걸기보단 걸어주길 기다리고, 걸어주지 않으면 그 외로움을 견디지 못하는 나약함 때문에 '억지로 사람과 어울릴 필요 없다.', '내향인은 혼자 있는 것이 정신건강에 좋다.'라는 말들로 스스로 변명하곤 했다. 나는 A형이라서, 나는 I라서, 나는 얕은 것보다 깊은 인간관계가 좋다고. 하지만 이렇게 사람들과 만나며 행복해할 수 있는 내 모습을, 가와고에의 한 게스트하우스에서 발견할 수 있었던 것이다.

홋카이도에서의 종주를 시작한 이후 처음으로 행복하게 사람들 속에 섞여 지낼 수 있었던 밤. 여기 가와고에에 올 수 있었던 것은 신이 내게 준 선물이었다. 처음 보는 일본 축제, 그리고 내일은 정말 드디어 도쿄에 도착이다.

19

드디어 도쿄에
도착하다

 2023년 10월 14일

 가와고에~도쿄 (48Km)

    토요일 가와고에의 아침은 오늘이 정말 축제가 맞나 싶을 정도로 한산했다. 도쿄까지 남은 거리는 50킬로밖에 되지 않았기에 축제를 구경한 다음 천천히 출발해도 여유로울 정도였다.

    유명한 가와고에 스타벅스에서 태블릿을 펴고 어제 대화하느라 쓰지 못했던 여행기를 마저 써 내려갔다. 글을 쓰는 데 정신이 팔렸다가 어느새 옆을 둘러보자 매장이 만석이었다. 모두 축제를 보러 온 사람들일까? 축제는 언제 시작하지? 하고 두리번거리던 때, 갑자기 입구 쪽에서 시끌벅적한 소리가 들려왔다.

    스타벅스 입구에는 화려한 금장을 두른 2층 석탑같이 생긴 거대한 수레가 북소리와 함께 거리를 행진하고 있었다. 주변에는 수레를 호위하는 듯한 사람들이 있었고 뒤편에는 휴대폰을 든 사람들이 마치 소독차를 따라다니는 아이처럼 쫄래쫄래 수레를 뒤따라가고 있었다. 이미 축제는 진행되고 있었다.

    얼른 짐을 정리하고 대로로 나왔다. 불과 2시간 전의 한적했던 거리는 믿을 수 없을 정도로 수많은 인파로 붐비고 있었다. 아까 보았던 수레뿐만 아닌 수많은 수레가 위풍당당하게 거리를 누비고 있었고, 수많은 가게들에서 점원이 손님을 호객하고 있었다. 수레 양쪽의 앞잡이들이 거리를 통제하듯 길을 만들고 또 다른 사람들이 수레에 붙어서 수레를 밀어 움직이고 있었다. 개중에는 나이 든 사람도 있고 아이도 있었다. 모두 자발적으로 참여하는 건가? 아니면 시에서 돈을 주고 고용한 아르바이트일까?

아파트 2층 높이는 족히 될 법한 수레 위에는 작은 무대가 설치되어 있었다. 무대 위에는 가면을 쓴 사람이 연극 같은 것을 하고 있는데, 어디선가 들려오는 피리 소리와 함께 또 다른 한 사람이 옆에서 북을 연주하는 모습이 마치 한국의 판소리 같았다. 영화 〈너의 이름은〉에서 미츠하가 무녀복을 입고 춤을 출 때 나오던 음악이 떠올랐다.

자전거가 고장 나고 꼬여버린 계획 속에 우연찮게 들렀던 작은 도시. 그런데 들른 날이 1년에 딱 한 번만 열린다는 유명한 대축제날이라니. 지난날 여유도 없이 여행 내내 투덜거리고 스트레스받았던 하루하루를 떠올렸다. 심지어 아키타에서 다치지 않았더라면, 혹은 어느 날 내가 20킬로라도 덜 탔더라면, 하코다테에서 쉬지 않고 빨리 출발했더라면…. 이 모든 상황 중 하나라도 달라졌더라면 그냥 도쿄로 갔을지도 모른다. 우연 하나하나가 바로 이날을 만들었다. 그런 의미에서 인생에서 아무리 하찮게 여겨지더라도 의미가 없는 순간이란 것은 존재하지 않는 것이 아닐까.

시간이 갈수록 점점 거리는 더욱 혼잡해져만 갔다. 도쿄의 모든 사람이 다 가와고에로 온 게 아닐까 싶을 정도였다. 줄곧 지나간 곳이 죄다 시골이었으니 갑자기 이렇게 많은 인파를 오랜만에 보자 복잡해서 현기증이 났다. 이 정도로 가와고에 축제가 정말 큰 축제였구나.

어쨌든 축제와 수레들의 행진은 오후가 되어서도 계속되고 있었고 나는 슬슬 도쿄로 출발할 채비를 해야만 했다. 주차장에 세워두었던 자전거를 찾으러 가는데도 인파가 지나다닐 수도 없을 정도로 거리를 꽉 메우고 있어 이동할 수조차 없었다. 알고 보니 앞에서 수레 3대 정도가 사거리에서 만나면서 벌어진 병목사태였다. 수레가 움직이기 위해선 사람들이 길을 터 줘야만 했고, 또 수레 자체를 호위하는 사람들이 좁은 골목에서 꽤 넓은 공간을 차지하고 있다 보니 길이 꽉 막혀버린 것이다.

겨우 인파를 헤치고 나와서 오후 3시가 되어서야 출발할 수 있었다. 어제처럼 다시 아라카와 강의 둑길로 올라갔다. 한강의 자전거길처럼 아라카와 강의 둑길은 도쿄의 스미다 강까지 쭉 이어져 있기 때문에 차도를 타지 않아도 둑길 한 길로만 가도 도쿄에 도착할 수 있었다.

도쿄로 가까워질수록 져지를 입고 본격적인 라이딩을 하는 사람들이 하나둘씩 늘어났다. 도시에 가까워지고 있다는 증거였다. 강변에는 축구장이나 야구장 같은 여러 스포츠를 즐길 수 있는 장소가 마련되어 있었는데, 토요일이라 그런지 초등학생들부터 고등학생들까지 많은 아이들이 경기를 하고 있었다. 전문적으로 훈련을 받거나 교실을 다니는 친구들일까? 많은 학부모들이 앉을 수 있는 스탠드가 없는 대신 둑길 위에 캠핑 의자를 가져와 경기를 지켜보고 있었다. 둑길을 관람석으로 활용하는 모습이 귀엽다고 해야 할까, 웃음이 피식 나왔다.

시내에서 밀리는 차량과 신호에 멈추는 일 없이 도쿄까지 갈 수 있는 것은 좋았지만, 문제는 둑길 주변에 편의점을 비롯한 아무 시설이 없다는 것이었다. 편한 길이라서 50킬로를 너무 얕봤다. 먹을 것과 마실 것조차 준비하지 않았는데, 편의점에 가려면 둑길을 한참 빠져나가야만 해서 다시 돌아오기에는 너무 귀찮았다.

　장장 40킬로라는 거리 동안 물도 마시지 않고 꾸역꾸역 페달을 밟았다. 음수대를 발견하자 마치 구세주를 만난 기분이었다. 마실 수 있는 음용수인지도 모르겠지만 허겁지겁 마셔댔다. 저녁 5시가 될 무렵 드디어 둑길에서 빠져나와 도심지인 기타센주에 도착했다. 염원하던 도쿄에 도착했는데도 왜 감개무량하지 않을까? 도쿄면 뭔가 으리으리한 마천루들이 나를 반길 줄로만 알았는데, 도쿄가 워낙 넓다 보니 먼저 나를 반겼던 것은 도쿄 외곽의 주거지였기 때문이었다.

　숙소가 있는 아사쿠사에 가까워지자 그제야 점점 예전의 도쿄 여행에서 보았던 익숙한 풍경들이 시야에 나타나기 시작했다. 드디어 도쿄구나…. 우뚝 솟은 채 반짝거리고 있는 도쿄의 랜드마크인 스카이트리가 오랜만에 나를 반겨주었다.

　숙소에 도착하자마자 샤워를 마치고 이 지긋지긋한 라이딩을 당분간 하지 않아도 된다는 생각에 신이 났다. 이 정도면 딱 일본의 절반을 지난 걸까? 거리를 합산하자 예상했던 3,000킬로의 절반보다 많은 1,700킬로가 나왔다. 최북단에서 도쿄보다 도쿄에서 최남단까지가 더 멀어 보인다. 아무렴 어때. 나름 일본의 수도에 왔으니 이곳에 머무르는 만큼은 긴장을 풀고, 라이더의 사명을 뗀 한 명의 관광객이기로 했다.

혼슈 중부

태평양을 달리다

이즈 반도를 뒤로 드넓게 펼쳐진 태평양을 둘러서, 끝이 없는 콘크리트로 만들어진 제방길이 이어져 있었다. 한국에서는 들을 수 없던 솔개 울음소리가 파란 하늘에 울려 퍼지고 있었다. 이만한 낭만적인 라이딩이 있을까. 등교 중인 일본 학생들은 전혀 나처럼 낭만 따위는 느끼지 않는 듯해 보였다. 매일 일상처럼 지겹게 이 길을 등교할 테니까.

20

걸어서
레인보우 브릿지

 2023년 10월 18일

 도쿄~요코하마 (61Km)

    도쿄에서 쉬고 난 후 다시 시작하는 라이딩은 마치 종주 제2의 서막처럼 느껴졌다. 위치상으로도 군마를 넘기 전까지는 동해안을 따라왔는데, 이제부터는 쭉 태평양 연안을 따라 일본의 남쪽을 향해 내려가는 코스를 달릴 예정이었다.

    '태평양에서는 어떠한 풍경이 펼쳐질까?'라는 기대감이 잔뜩 부풀어 있었다. 마음 같아서는 영원히 도쿄에 있고 싶었지만 어쩔 수 없이 재정비를 마치고 숙소를 빠져나왔다. 3일 만에 다시 잡아보는 핸들. 평일 이른 아침의 도쿄 거리에는 등교 중인 유치원생들이 자주 보였다. 항상 관광지 등에만 머물렀기에 보지 못했던 또 다른 도쿄의 풍경이었다. 아이들이 지도 교사의 인솔을 받으며 손을 들고 질서 있게 횡단보도를 건너고 있었다. 한국 유치원생들과는 달리 필수적으로 써야 하는 것 같은 주황색, 파란색 등 알록달록한 색깔의 모자를 쓰고 있는 모습이 귀여웠다.

    도쿄는 길이 복잡해 다양한 루트로 통과할 수 있지만 개중에서도 오다이바를 통해서 도쿄를 지나가고 싶었다. 오다이바는 도쿄만에 위치해 있기 때문에 바다를 바라보면서 라이딩하는 낭만을 기대하고 있었다.

키요스미 쪽에서 다리를 가로질러 오다이바에 들어섰다. 오다이바는 보통의 도쿄와는 사뭇 거리의 분위기가 달랐다. 다양한 건물이 모여 있는 도쿄 시내보다 일본 특유의 차분한 색상의 고층 타워 맨션들이 한데 모여서 위용을 뽐내고 있었다. 도쿄만 위를 가로지르는 레인보우 브릿지를 배경으로 웅장한 마천루들이 그리는 도쿄 상공 위의 스카이라인. 도쿄는 거리마다 사람들로 시끌벅적했지만 오다이바의 길은 대체로 한산했다. 한 마디로 살기 좋은 비싼 부자 동네라는 느낌이었다.

오다이바에 가 본 사람이라면 다들 한 번쯤 봤을 후지 방송국, 유니콘 건담을 지나 지도에서 보이던 도쿄로 이어지는 다리 쪽으로 향했다. 사람들이 찾지 않는 오다이바의 아래에는 대부분 공장과 무역 물류 관련 센터가 위치해 있었다. '여긴 일반인이 올 장소가 아닙니다.'라는 느낌을 팍팍 풍기듯 행인도 전혀 보이지 않고, 매연과 먼지를 폴폴 내뿜는 화물 차량들만 지나다니고 있었다. 슬슬 불안한 기분이 들기 시작했다.

다리 앞에 당도하자 나를 살갑게 반겨준 것은 '관계자 외 출입금지'라는 빨간 글씨였다. 한자를 읽지 못하는 사람이 봐도 출입금지라는 뜻을 알 수 있을 것 같았다. 어째 불안한 기운은 틀리지를 않을까?

'아, 어떡하지… 돌아가기 싫은데.'

어디까지 돌아가야 할지 감이 잡히질 않았다. 구글 지도로 찾아보자 내가 왔던 길을 그대로 돌아가라고 안내해 주었다. 아니야. 몇십 킬로로 절대 돌아가기 싫어. 그러던 와중 이동 수단으로 도보를 선택하자 그나마 가까운 다리를 건너는 경로가 안내되었다. 그 다리는 바로 레인보우 브릿지였다. 아니, 레인보우 브릿지를 도보로 지날 수 있다고?

구글 지도도 내게 거짓말을 하고 있는 건 아닐까? 반신반의하며 왔던 길을 되돌아가 레인보우 브릿지 앞에 당도했다. 놀랍게도 레인보우 브릿지에는 정말 도보로 걸어갈 수 있는 길이 있었다. 자전거도 끌고 가는 한에서 들고 올라갈 수 있었고 안전 때문인지 걸어서 지나갈 수 있는 시간은 낮에서 저녁까지로 한정되어 있었다.

    자전거를 두 손으로 끌며 약 2킬로의 거리를 걸어가야만 했다. 레인보우 브릿지를 도보로 건넌다는 것 자체는 색다른 경험이었지만, 바다 한가운데를 붕 떠서 건너간다고 생각하니 아찔한 기분이었다. 대형 차량이 쌩 하며 지나갈 때마다 다리가 흔들리는 것이 느껴졌다. 하지만 간혹 다리를 건너는 사람들은 모두 하나같이 일상인 듯 평온한 표정으로 걷고 있었다. 심지어 러닝을 하는 사람도 보였다.

    겨우 레인보우 브릿지에서 내려와 다시 라이딩을 시작했다. 역시 생활 자전거의 나라인 일본답게 도쿄는 자전거길이 잘 되어 있었다. 한국은 차선과 별개로 특유의 빨간 블록의 자전거길이 만들어져 있지만 일본은 차선 가장자리에 자전거 주행 차로가 직접 파란색으로 표시되어 있다(하지만 인도로 자전거를 타는 사람도 많다). 하지만 도쿄에는 불법주차까지는 아니더라도 임시로 갓길에 세워둔 차량이 워낙 많아 자전거 차로를 가리고 있어 뒤편에서 오는 차량에도 주의를 기울이며 타야 했다.

    가와사키라는 도시를 지나 도쿄에서 불과 50킬로 떨어진 요코하마에 도착했다. 50킬로밖에 달리지 않았지만 여기에서 페달을 멈추기로 했다. 적은 거리를 탄 것은 아쉬웠지만, 요코하마는 아직 한 번도 와본 적이 없던 도시였기에 지나치기엔 아쉬워 이곳에 숙소를 잡았다.

    체크인을 한 후 근처에 있던 요코하마의 해변공원을 향해 걸었다. 도쿄와 요코하마는 비슷한 대도시 같지만 도쿄보다는 뭔가 차분하고도 고즈넉한 평화로움이 요코하마의 거리에서 느껴졌다. 이곳을 온 이유는 '요코하마 오산

바시 여객 터미널'을 보러 온 것이었는데, '고래의 등(쿠지라노세나카, くじらのせなか)'라는 별명을 가진 이 터미널의 옥상은 물결이 치는 듯한 나무 데크와 잔디로 포장되어 있는 것이 특징이었다. 그래서 마치 공원처럼 꼭 터미널 방문객이 아니더라도 데크 위를 산책할 수 있다.

마침 터미널의 옥상에 도착했을 때 정박해 있던 크루즈가 출발 준비를 하고 있었다. 어느 나라로 향하는 크루즈일까? 크루즈에는 수많은 사람이 갑판 위로 나와 다양한 국기를 흔들고 있었다. 터미널 위에 있던 사람들은 마치 답장이라도 하듯 손을 흔들어 주고 있는 모습이 귀여워 보였다. 나도 함께 크루즈를 향해 손을 흔들어보았다. 서로 모르는 사이이지만, 마치 가족처럼 한마음으로 행복한 크루즈 여행이 되기를 응원하고 있었다.

가와고에의 축제가 떠올랐다. 어떻게 딱 크루즈가 출발할 때 이곳에 올 수 있었을까. 요코하마를 들르지 않고 지나쳤더라면, 가와고에를 지나쳐서 도쿄에 먼저 도착했더라면, 심지어 아키타에서 다치지 않았더라면. 나는 크루즈가 출항하는 이 아름다운 경치를 볼 수 있었을까? 저물어가는 노을에 빨갛게 물들고 있던 코스모월드 관람차와 아카렌가 창고를 바라보며 했었던 생각들이었다. 내일은 어디까지 갈까? 오늘 너무 적게 탔으니 내일은 최대한 달리자고 생각했다. 가마쿠라를 지나서, 하코네 산을 넘으러 가자.

21

지옥의 하코네 업힐

📅 2023년 10월 19일
📍 요코하마~누마즈 (113Km)

    다음 날 아침 숙소의 스태프에게 유성매직을 빌릴 수 있냐고 물었다. 꼭 세기말 일본 락 밴드나 호스트바에서 볼 법한 탈색 샤기컷을 하고 있던 스태프는 겉으로는 쌀쌀해 보였지만 다행히도 친절하게 펜을 빌려주었다.
    펜을 빌린 이유는 자전거 뒤에 '일본 종주'라고 써붙이기 위해서였다. 왜? 그냥 인터넷이나 여러 매체에서 자전거 여행을 하는 사람들이 그런 걸 쓰고 다녔기 때문이다. 주워 온 박스 종이 위에 '일본 일주'라고 크고 간드러지게 한자를 썼다. 사실 일주와 종주는 뜻이 달랐다. 일주란 한 바퀴를 도는 것이고(예를 들면 제주도 일주), 종주는 어느 지점에서 어느 지점까지를 횡단한다는 뜻이었다. 그래서 사실 일본 일주가 아니라 일본 종단이라고 썼어야만 했다(일본에서는 '종주'라는 단어 대신 '종단'이라는 단어를 사용하기에, 종주라고 하면 일본 사람들이 못 알아듣는다).
    뭐, 잘못 썼다 치더라도 누가 지적을 하겠어. 이 당시에는 그런 것도 모르고 일주라고 썼지만 누군가가 뭐라고 하면 그냥 일주를 하다가 최남단까지 와서 관뒀다고 하면 되지. 어쨌든 큼지막한 글자를 쓴 뒤에 자전거 뒤에 케이블타이로 종이를 매달았다. 이제야 좀 자전거 종주를 하는 사람답군… 아니, 대단하다기보다는 '저 고생하고 있어요.'라고 써붙인 것 같다. 불쌍해진 것 같은 느낌이 드는 건 왜일까.

 일본 종주를 써붙이고 막상 거리로 나오자 내가 써놓고도 사람들이 볼까 봐 부끄러워서 차마 얼굴을 들고 거리를 통과하기가 힘들었다. 빨리 시내를 탈출해야 했다. 겨우 철판을 얼굴에 깔고 근처에 있던 맥도날드에서 아침을 먹고 출발했다. 오늘은 가마쿠라까지 내려가 태평양 연안을 달려서 하코네 산을 넘을 예정이었다. 날씨도 따뜻하고, 어제 적은 거리를 달려서인지 다리도 가볍고 기분도 산뜻했다.

 가마쿠라는 요코하마에서 정말 가까웠지만 직진으로 이어지는 국도가 없었기에 이리저리 가마쿠라 방향으로 내가 제대로 가고 있는지 지도를 수시로 확인해 가면서 타야 했다. 가마쿠라에 가까워질수록 학생들이 많이 보였다. 이 시간에 학교가 마쳤을 리는 없고, 수학여행이나 현장 체험학습으로 가마쿠라에 온 학생들인 것 같았다.

 유이가하마 해변을 기점으로 바다를 따라 라이딩을 시작했다. 가마쿠라에 처음 왔을 당시 막상 바다가 명성과는 달리 은근히 초라한 느낌이었다. 하지만 다시 와보니 뭔가 가마쿠라 바다만의 은은한 분위기가 있다고 해야 하나 내가 그때보다 더 일본에 심취해서 그런 거일지도 모르겠지만. 어쨌든 점점 쌀쌀해져 가는 10월이었음에도 해변에는 은근히 서핑보드를 타고 있거나 바다에서 놀고 있는 사람들이 보였다. 나쓰메 소세키의 소설 『마음』의 첫 장면에 바로 이 바다가 나온다. 책 속의 주인공도 선생님을 여기서 만났겠지.

 먼 저편에 후지산이 보이고 있었다. '가마쿠라에서는 후지산이 보인대.' 말로만 들었지만 눈으로 보기는 처음이었다. 흰색 베일을 쓴 후지산을 정면에

서 바라보면서 라이딩을 하니 마치 내가 후지산을 향해 직진하고 있는 것 같았다. 명소여서 그런지 관광객뿐만 아니라 바이크, 자전거 라이딩을 하는 사람들도 보였다.

그 순간 쌩하고 오른쪽으로 바이크 하나가 지나갔다. 타고 있던 라이더가 한쪽으로 엄지손가락을 치켜들고 있었다. 순간 "뭐지?"라는 생각이 들었다. 나한테 준 따봉인가? 그제야 오늘 아침에 자전거 뒤에 '일본 일주'를 써붙였던 것이 생각났다. 너무 순식간에, 게다가 처음으로 누군가가 반응해 준 일이라 고맙다고 말할 겨를도 없었다.

그 뒤로도 몇 번씩이나 가마쿠라를 지나가며 사람들의 응원을 받았다. 차량이 내 곁을 지나갈 때 조수석에 타고 있던 사람들이 이따금 차창을 내리고는 "간밧떼!"라고 외치거나 손을 흔들어주었다. 아까처럼 우물쭈물하지 않고 그럴 때마다 나도 "아리가또고자이마스!"라고 멀어지는 차량을 향해 크게 소리치곤 했다.

어느새 13번 국도는 1번 국도가 되었다. 곧 하코네가 나를 반길 예정이었다. 군마처럼 하코네에서도 가파른 오르막이 나를 기다리고 있었다. 사실 딱히 군마 때는 오르막에 걱정이 태산이었지만 1,000미터도 넘었는데 800미터쯤이야, 하고 그저 방심하고 있었던 것이다.

하코네 근처의 온천 마을을 거쳐 서서히 산길로 접어들기 시작했다. 하코네의 오르막은 얼마나 힘들까? 오르막을 오르자마자 오늘 시즈오카까지 갈 생각을 접어버렸다. 경사도가 군마와는 차원이 달랐다. 이걸 자전거가 오를 수 있다고? 차도 올라가기 힘들지 않을까? 경사가 심히 가파른 곳에서는 일치감치 내려서 포기하고 자전거를 끌고 올라갔다.

자판기에서 음료수를 사서 벌컥벌컥 들이켜도, 쉬는 동안에 도저히 회복이 안 될 정도로 정신을 쏙 빼놓는 경사였다. 마을을 벗어나면서부터는 더더욱 난코스가 펼쳐졌다. 경사도는 기본 10도 이상. 허벅지는 터질 것 같고 숨은 쉬기조차 어려울 정도로 가빠왔다. 뱀처럼 구불거리는 오르막길을 따라서 사실상 코스의 반 이상은 자전거를 탄 게 아니라 끌고 걸어서 올라갔다.

자전거가 나를 부축하다시피 코스의 반 이상을 걸어 1시간 반 만에 하코네 호수에 도착했다. 호수 위에 떠 있는 유명한 유람선이 보였다. 호수 주변에는 많은 서양인 관광객들이 산책을 하고 있었고, 마을 군데군데에는 관광용 대형 버스들이 즐비했다. 온천 여행으로 유명한, 도쿄에서 대중교통을 타고 와야 할 하코네를 자전거를 타고 왔다니….

먼저 하코네에서 점찍어 두었던 '평화의 토리이'를 보러 갔다. 호수 위에 빨간 토리이가 서 있는 유명한 명소였다. 자전거와 함께 꼭 그 토리이 앞에서 사진을 찍고 싶었지만, 도착하자마자 이 소망도 이루어질 수 없다는 것을 깨달았다. 토리이에서 사진을 찍기 위해 선 줄이 족히 30분 이상은 기다려야 할 정도로 길어 보였다.

하코네의 숙소들은 대체로 다 호텔이라 비싸기 때문에 가까운 도시로 가야만 했다. 시즈오카는 이미 포기했으니 남은 곳은 하코네 바로 옆에 위치한 누마즈라는 도시였다. 하코네에서 시간을 지체하지 않고 바로 이동하기로 했다. 다음엔 꼭 온천 여행으로 편하고 여유 있게 하코네에 올 수 있기를 기대하면서.

그렇게 하코네 호수를 뒤로 페달을 밟으며 빨간 토리이는 점점 시야에서 멀어지더니 이내 호수와 함께 시야에서 자취를 감췄다. 하코네를 벗어나는 순간까지도 아직 끝나지 않았다는 듯 지옥의 오르막이 펼쳐졌다. 아무래도 호수이기에 지형상 다시 오르막을 올랐다가 산을 내려가야만 했다. 이미 체력은 털릴 만큼 바닥까지 털렸는데, 뭐가 남았다고 또 털어대는 하코네에 완전히 질려버렸다.

서쪽 방향인 누마즈로 향하던 내리막에는 해가 저물어가는 모습이 보였다. 눈앞에 펼쳐진 누마즈의 전경 너머로 태평양의 수평선 아래로 저물어가고 있는 해의 모습은 너무나도 아름다웠다. 누마즈로 가는 길은 모두 내리막이라 전혀 힘들진 않았지만, 하코네를 오르며 땀을 너무 많이 흘려서인지 추위에 벌벌 떨면서 달렸다. 해가 완전히 저물고 깜깜해져서야 누마즈의 시내에 도착했다. 이렇게 늦게 누마즈에 도착했는데 시즈오카는 무슨 얼어 죽을 시즈오카. 항상 과신했던 나를 질책하며 라이딩을 마무리한다.

오늘도 넷카페에서 자기로 결정했다. 회원 등록 등 까다로운 절차를 거쳐야만 했던 첫 번째 방문 이후 두 번째로 가는 넷카페 이용은 식은 죽 먹기였다. 점원이 없어도 회원카드로 바로 체크인한 뒤 체크아웃할 때 이용한 시간만큼 요금만 계산하면 되는 시스템이었다.

평소처럼 돈을 아끼기 위해 부스석을 이용하려고 했지만 개인실뿐인 점포라 어쩔 수 없이 비싼 개인실에서 머물게 되었다. 개인실은 부스석과 달리 사방이 벽으로 막혀 있다. 그렇지만 비싼 만큼 부스석보다 프라이버시가 보장된다. 정말 좁은 호텔이라고 해야 할까. 신기하게도 샤워실에서 수건도 무료로 제공해 주고 있었다(일본에서 호텔을 제외하고 목욕탕, 게스트하우스에서 수건을 무료로 제공하는 경우는 단 한 번도 못 봤다). 개인실이라면 넷카페에 머무르는 것도 꽤 나쁘지 않을지도…? 어쨌든 무료 아이스크림 두 개를 퍼먹다가 오늘도 피로에 곯아떨어져서 잠에 들었다. 내일은 시즈오카를 지나서… 어디까지 가야 하지?

22

후지산을 바라보며
태평양을 달리다

📅 2023년 10월 20일

 누마즈~시마다 (93Km)

어제 하코네를 악전고투로 넘은 너덜너덜해진 몸에도 불구하고 눈을 뜨자 새벽 5시였다. 개인실이더라도 넷카페는 기본적으로 불편한 것은 마찬가지였다. 휴대폰을 보다가 결국 2시간 이후인 아침 7시에 나왔다.

아침 7시부터 넷카페에서 무료로 토스트를 제공해 주고 있었다. 5시에 나갔더라면 토스트를 못 먹었을 텐데, 늦게 나왔다가 이게 무슨 행운인지. 무려 식빵을 네 개나 먹었다. 사실 토스트가 맛있어서 행복하다기보다도 편의점에서 사 먹을 아침밥 비용이 굳어서 행복했다.

누마즈라는 도시는 사실 소위 '오타쿠'라고 하면 항상 언급되는 애니메이션 중 하나인 '러브라이브'의 배경으로 유명한 도시다. 서 있는 버스에도 역 간판에도 형형색색의 머리 색깔을 한 애니메이션의 여자 캐릭터들이 그려져 있었다. 한국에서는 절대 볼 수 없었던 광경에 실소가 터져 나왔다. 이것이 바로 일본의 애니메이션 캐릭터 산업의 힘인가.

나는 실소 정도로 끝났지만 러브라이브 팬들이라면 벅찬 감동을 느끼지 않을까, 하고 잠시나마 팬들이 부럽다는 생각이 들었다. 애니메이션 속 세계를 등교하고 있던 여학생들은 전혀 아무런 감정도 없어 보였지만.

이윽고 바닷가 쪽으로 자전거를 몰고 갔다. 이즈 반도를 뒤로 드넓게 펼쳐진 태평양을 둘러서, 끝이 없는 콘크리트로 만들어진 제방길이 이어져 있었다. 한국에서는 들을 수 없던 솔개 울음소리가 파란 하늘에 울려 퍼지고 있었다. 이만한 낭만적인 라이딩이 있을까. 등교 중인 일본 학생들은 전혀 나처럼 낭만 따위는 느끼지 않는 듯해 보였다. 매일 일상처럼 지겹게 이 길을 등교할 테니까.

중간에 공사 중인 진입금지 구간이 있어 도심 쪽으로 빠지기도 했지만, 제방길은 거의 20킬로 이상 후지 시까지 끝도 없이 이어졌다. 이쯤 되자 '왜 이렇게 길을 길게 만들어 두었지?'라는 의구심이 슬슬 생겨날 쯤 어느 순간 '아!' 하고 깨달았다. 일본이라는 나라의 특징을 잘 생각해 보면 쉽게 알 수 있었다. 바로 지진해일 때문에 태평양을 따라 만들어 둔 제방이었던 것이다.

후지 시에 도착하자 도시 이름 그대로 정말 후지산이 보이기 시작했다. 하필 후지산만 구름에 가려져 제대로 보이지 않았다. 제발 구름아 지나가라…. 30분 라이딩 뒤에 뒤를 돌아보니, 어느새 바람대로 후지산이 웅장한 모습을 드러내고 있었다. 후지산을 본 사람들은 하나같이 입을 모아 '사진으로는 담기지 않는 웅장함'이라고 이야기하는데 이제야 그 말을 이해할 수 있었다. 후지산을 뒤로 멀어질 때에도 자꾸만 보고 싶어 몇 번씩이나 가다가 멈춰 서서 자전거를 세우고는 돌아보곤 했다.

막상 시즈오카라는 큰 도시에 도착했지만 생각해 둔 들를 곳이나 찾아갈

곳이 마땅히 없어서 그냥 통과하기로 했다. 시즈오카의 어느 골목길을 지날 쯤 한 차량이 갑자기 내 앞에서 멈춰 서더니 30대 후반으로 보이는 남성이 "거기, 너! 일본 일주 중이야?"라고 물었다. 그는 "이거, 선물이야. 힘내."라고 하며 메론빵을 건네고는 사라졌다. 근데 굉장히 눅눅해 보이는 게 유통기한은 지나지 않았지만 차에서 한 5일은 묵은 것 같은 빵이었다. 아마도 본인이 먹지 않는 빵을 짬처리 당한 것 같다.

   시즈오카의 연안 쪽으로 나가자 바람이 거세게 불기 시작했다. 검은 모래 사장과 방파제, 쭉 뚫린 드라이브 길… 이 아름다운 광경을 두고서도 '오늘 하마마쓰까지 달릴 수 있을까?'라는 고민에 빠진 채 골머리를 앓고 있었다. 남서쪽으로 향하는 길에 정확히 남서풍이 불고 있었다. 바람도 바람이지만 전반적으로 컨디션이 좋지 않았다. 어제 높은 산을 올라서 체력이 방전된 탓인 걸까? 어제 넷카페에서 4시간밖에 자지 못한 탓일까? 아마 모두 다 원인이겠지. 여기서 그냥 라이딩을 멈추고 싶다는 마음이 격렬하게 솟구쳐 올랐다.

결국 오늘도 어제처럼 목적지까지 가는 것을 포기하고 최대한 빠르게 숙소를 찾아 나서기로 했다. 중간에 사 먹은 것이라곤 맥도날드 버거와 시즈오카의 명물이라는 와사비 아이스크림. 뭔가 조합이 괴랄하지만 은근히 짭조름한 와사비 향이 나쁘지 않고 달달한 아이스크림과 잘 어울렸다.

시마다라는 도시에 도착했다. 이번에도 돈을 아끼려고 어제처럼 넷카페를 찾았다. 하지만 오후 4시쯤 일찍 라이딩을 끝내려고 하자 넷카페가 시간제로 운영된다는 점 때문에 체크인을 하기가 꺼려졌다. 그렇다고 카페에서 시간을 때우자니 땀에 절은 채로 카페에 앉아 있기도 고역이었다.

홧김에 6킬로 정도 떨어져 있는 4,500엔 정도의 호텔을 예약했다. 생각보다 호텔치고 비싼 편도 아니었는데 왜 그때는 비싸다고만 생각했을까? 돌이켜보면 고작 1,500엔 차이였지만 그 금액을 아끼려고 넷카페에 가려 했던 나 자신이 가련하다고 느껴질 정도였다.

예약하자마자 30분 후 호텔에 도착했다. '하타고 인 시즈오카'라는 호텔이었는데, 이 호텔을 선택한 이유는 한 리뷰에서 '일본에서 이 가격 중 최고의 호텔이었다.'라는 말 때문이었다. 실제로 와보니 리뷰를 남겨준 그에게 감사할 정도였다. 로비가 정말 넓고 깨끗했으며 방 컨디션도 새로 지은 건물처럼 산뜻했다. 작지만 뜨거운 탕에서 피로를 녹일 수 있는 공용 온천탕도 있었다.

샤워 후 바로 옆에 있던 마트로 향했다. 미친 듯이 먹고 싶은 음식을 쓸어 담았더니 세일 품목 위주였는데도 3,000엔이 넘게 나왔다. 음식점보다 마트에서 돈을 더 많이 쓰게 된다. 어쨌든 오늘 저녁은 참치 타다끼와 방어회, 그리고 야키토리, 그리고 내일 아침은 장어덮밥! 로비에서 저녁을 먹는 동안 이렇게 행복할 수가 없었다. 400엔 정도로 사 왔던 홋카이도 멜론은 하코다테에서 먹었던 유바리 멜론보다 훨씬 양도 많고 맛있었다.

저녁을 먹은 뒤 로비에서 글을 썼다. 다른 일본인 가족들, 혹은 외국인 관광객들도 로비에서 조용히 대화를 나누거나 비치되어 있던 만화책을 읽고 있었다. 갑자기 카운터 쪽에서 익숙한 언어가 들려왔다. 바로 한국말이었다. 뒤돌아보니 단체 관광객인 듯한 50~60대의 한국 사람들이 삼삼오오 모여 있었다. 가이드는 고래고래 목청을 높여 방 배정을 알려주는 중이었다. 시즈오카 여행을 온 사람들 같았다. 얼마 후 한국인 관광객들이 와서는 마트에서 바리바리 봉지에 담아 온 맥주와 안주를 테이블에 늘어놓기 시작했다.
맥주캔 따는 소리가 곳곳에서 들려오고 술판이 벌어졌다. 왁자지껄 술김과 함께 커진 한국인들의 언성이 로비에 울려 퍼졌다. 시끄러워서 눈살을 찌푸려질 정도였다. 고개를 돌리자 함께 앉아 있던 만화책을 읽던 일본인 가족들도, 외국인 관광객들도 모두 자리를 뜨고 사라졌다. 호텔 측에서 제지하는 것도 아니라서 할 말은 없었지만, 나도 결국 소음을 이기지 못하고 태블릿을 들고 방으로 돌아왔다.
이대로 자기엔 항상 아쉬운 호텔 숙박. 아까 사 왔던 100엔짜리 레몬 사와를 홀짝홀짝 마시며 잠시나마 나만의 호캉스를 만끽했다. 하지만 창문 바깥에는 밖에 태풍이 왔나 싶을 정도로 호텔 주변의 나무들이 신나게 헤드뱅잉을 하며 춤추고 있었다. 내일 예보에도 바람이 강하다고 하는데 걱정이었다. 내일은 대체 어디까지 갈 수 있을까….

23

내가 왜 이 고생을 하고 있는 걸까

 2023년 10월 21일

 시마다~하마마쓰 (69Km)

  TV에서 오늘부터 내일까지 나고야에서 축제가 열린다는 뉴스가 들려왔다. 마음 같아서는 오늘 나고야까지 가고 싶었지만 어제에 이은 강풍 소식에 오늘도 나고야까지 갈 수 있을 거라고 확신할 수 없었다. 결국 갈팡질팡하는 마음과 함께 목적지도 정하지 못한 채 호텔을 빠져나왔다. 꼭 내 인생만 같았다. 벌써 서른 살이 넘었는데 아직도 대학을 졸업 못하고, 계획은 항상 틀어지고, 생각은 항상 바뀌고. 안정된 직장도, 미래에 뭘 할지도 아직 제대로 정해지지 않은 내 인생….

  밖에는 예보대로 미친 듯이 바람이 휘몰아치고 있었다. 어제는 남서쪽으로 가는데 정확히 남서풍이 불었고, 오늘은 서쪽으로 향하는데 초속 8미터의 서풍이었다. 이쯤 되면 신이 나를 괴롭히려고 작정한 것이 아닐까?

  날씨는 따스했지만 바람을 뚫다시피 힘겹게 페달질을 이어갔다. 10킬로도 가지 않았는데 벌써 쉬고 싶어졌다. 시마다 부근은 녹차로 유명한지 짙은 초록 빛깔의 녹차밭이 바다처럼 끝없이 펼쳐졌다. 녹차밭의 바람개비들이 팽이처럼 미친 듯이 돌아가고 있었다. 녹차잎들이 바람에 나부끼는 소리가 마치 파도 소리 같았다.

    시마다에서 오르막을 오른 이후 옆 도시인 가케가와까지 쭉 내리막이 이어지는데, 맞바람이 얼마나 거세냐면 과장을 보태서 내리막을 내려가도 오르막을 오르는 기분이었다. 극한의 상황에 맞닥뜨리면 사람의 본성이 나온다고 하는데 내가 이날 몇 번이나 혼잣말로 욕을 뱉었을까? 그나마 지친 내게 웃음을 주었던 것은 식당가에 주차되어 있는 자전거가 하나같이 바람에 모두 넘어져 있던 모습이었다.

    맞바람에 체력소모가 심해 금방 배가 고파졌다. 가는 길에 '사와야카(Sawayaka)'라는 클래식한 느낌의 간판이 보였다. 미리 검색하고 찾아온 곳이 아니었는데도 리뷰가 1,000개가 넘어서 놀랐다. 알고 보니 사와야카는 일본 전국 중 이곳 시즈오카 현에만 있는 유명한 함박스테이크 프랜차이즈라고 한다.

    "40분 정도 기다리셔야 하는데 괜찮으시겠어요?"라는 점원의 말에 보통 같았으면 그냥 나왔겠지만 식사 후 조금이라도 바람이 잦아들길 바라면서 기다리겠다고 대답했다. 정말 가족들이 기념일에만 올 것 같은 분위기의 레스토랑이었다. 일본에 오고 나서부터 혼밥 레벨 7인 패밀리 레스토랑까지 연이어

클리어했다. 뭐, 생각해 보면 이자카야에서 혼자 술도 마시는데.

사와야카에서는 점원이 철판에 담긴 함박스테이크를 내가 보는 앞에서 직접 잘라준다. 이때 기름이 엄청나게 튀는데 깔려 있던 종이를 손으로 들어서 튀는 기름을 막는 매뉴얼이 있다. 함박스테이크를 그렇게 좋아하는 편은 아니라서 맛이 특출난지는 모르겠지만, 확실히 신선하다고 할 수 있는 비주얼과 맛이었다.

맛있는 점심도 먹었으니 힘을 내자, 하고 힘차게 발걸음을 내디뎠으나 조금도 바람은 줄어들지 않았다. 오히려 풍속은 더 거세졌다. 시간은 오후 2시였지만 아직 나고야까지는 120킬로 이상 남아 있었다. 결국 이곳에서부터 16킬로 떨어져 있던 하마마쓰에서 라이딩을 끝내자고 결정했다. 하마마쓰도 어제의 목적지였는데, 이틀에 걸쳐서 오늘 도착하게 되었구나….

목적지를 앞당겼기에 하마마쓰에는 해가 지기도 전에 금방 도착할 수 있었다. 어제 호텔에서 잤으니 오늘도 호텔에서 자는 것은 사치였다. 저녁을 먹었는데도 아직 시간이 6시도 채 되지 않아서 이대로 체크인을 했다가는 금액이 꽤 나올 것이 분명했기에 시간을 때울 요량으로 넷카페 앞에 있던 맥도날드에 들렀다.

양심도 없이 120엔짜리 콜라 하나를 준비하고 밤 10시까지 죽치고 앉아서 글이나 쓰려고 했다. 하지만 막상 가서 주문하고 앉자 와이파이가 되질 않았다. 점원에게 물어보자 다른 점원과 몇 마디를 나누더니, "아, 죄송합니다. 손님. 와이파이가 안 되네요….."라는 도움이 되지 않는 답변만 돌아왔다. 인터넷이 되지 않으면 할 수 있는 것은 아무것도 없었다.

결국 이른 저녁 7시에 넷카페에 들어갔다. 샤워를 하고 드러그스토어에서 사 온 파스를 다리에 덕지덕지 붙였다. 언제까지 이런 여행을 해야 하는 걸까? 좁은 넷카페 부스에서 남들이 돌려 쓰는 공용 담요를 깔고 궁상맞게 앉아 있는 내 모습을 보니 갑자기 현타가 왔다. 누가 보면 뭐라고 생각할까. "와, 일본 종주라고? 대단해."라기보다는, "불쌍해….'라는 말이 잘 어울렸다. '종주 대신 집에 가만히 있는 게 낫지 않았을까?'라는 생각마저 들었다. 왜 이렇게 나는 부정적인 걸까. 아니야, 바람 때문에 살짝 지쳐서 그럴 뿐이라고 나 자신을 위로했다.

그나마 안주를 감자칩으로 곁들여 마시는 근처 편의점에서 사 온 에비스 맥주는 기가 막히게 맛있었다. 맥주 한 캔의 기운을 빌려 스트레스를 잊고서 잠을 청했다. 내일은 아무리 바람이 불어도 나고야라면 도착할 수 있는 거리였다. 큰 도시이지만 나고야에서는 관광이고 뭐고 아무것도 하지 않고 하루를 쉴 생각이었다. 도쿄에서처럼 돌아다녔다가는 피로만 더 쌓일 뿐이었다. 나고야에게는 미안했지만.

24

나고야에 도착하다

 2023년 10월 22일

 하마마쓰~나고야 (112Km)

자전거를 던져버리고 싶었던 초속 9미터의 강풍을 견뎌낸 어제가 지나가고 아침이 밝았다. 사실 아침이라기엔 너무 이른 새벽 4시였다. 매번 넷카페에선 항상 잠자리가 불편해서인지 알람 소리 없이도 새벽에 눈을 뜬다. 부스 좌석이라 천장은 뻥 뚫려 있고 옆자리의 코 고는 소리, 매장에서 상시로 켜둔 이상야릇한 음악소리까지 들려왔다.

어제 사 온 신라면 컵라면에 라면수프를 넣은 후 물을 받으려고 넷카페를 돌아다니는데 아무리 찾아봐도 정수기가 보이지 않았다. 드링크바는 차가운 물만 받을 수 있었다. 게다가 무인 카운터라 점원이 부재중이었다. 물 찾아 삼만리로 돌아다니던 도중 손님들이 사용하고 간 담요를 정리하고 있던 점원을 발견했다.

"저 뜨거운 물 받는 곳은 없나요?"

점원은 당황한 표정으로 마치 10년 동안 주문되지 않은 중국집 메뉴 괴담처럼 "에… 뜨거운 물이요…?"라고 내게 되물었다. 넷카페에 뜨거운 물 받는 곳이 없다고? 그는 조금 찾아보더니 "없는 것 같네요."라는 어이없는 대답을 전해왔다. 결국 컵라면을 먹는 것을 포기하고 버리고 나왔다. 이곳 일본에서는 당연히 그럴 것이라는 한국에서 통하던 사고방식을 버려야만 한다. '당연히 어딜 가든 뜨거운 물이 나오는 정수기는 있지 않을까?'와 같은 사고 말이다.

오늘 바람은 초속 4미터의 북서풍이었다. 하마마쓰에서 나고야는 북서쪽 방향이었다. 3일째 내가 가는 방향과 정확히 반대 방향으로 바람이 불고 있었다. 헛웃음이 나왔다. 그래도 풍속은 어제와 비교하면 하늘에 감사하며 절을 해야 할 수준이었다. 바다를 보고 싶어 북서쪽이 아닌 남쪽의 태평양 쪽으로 향했다. 유명하다는 벤텐지마 해변공원을 잠시 들러서 구경하고 갈 생각이었다.

이른 아침 해변에는 관광객보다는 낚시를 하는 사람만 몇몇 보일 뿐이었다. 알록달록한 주변 맨션들의 디자인도 그렇고 야자수가 쭉 열식 되어 있는 풍경은 마치 일본보다는 다른 나라에 온 것 같은 느낌이었다. 바다 건너 보이는 빨간 토리이는 구글에서 보았던 사진보다는 멀고 작아 보여서 아쉬웠다. 해변에는 웬 애니메이션 캐릭터 등신대가 있었다. 알고 보니 〈유루캠〉이라는 애니메이션에 나온 장소라고 한다. 의도치 않았는데 보지 않은 애니메이션의 성지순례가 되어버렸다.

하마마쓰에서부터 나고야까지는 총 110킬로였다. 160킬로에 비하면 항상 적은 거리 같아서 나 자신에게 실망하곤 했지만 그만큼 정말 100킬로 라이딩이 내게는 그렇게 어렵지 않은 일이 돼버렸다는 느낌도 있었다. 100킬로 거리라면 여유를 부리며 이곳저곳을 보고 다녀도 저녁 안에는 힘들지 않게 도착할 수 있을 정도로 실력이나 체력이 성장한 것이었다.

어느덧 여느 도시에 가까워질 때처럼 나고야 시내로 가까워질수록 큰 건물도 차량도 늘어나고 있었다. 저녁 5시쯤에는 퇴근 시간이라 그런지 차들이 정체되어 있는 경우가 많아서 차보다 자전거가 빠르다. 옆에서 밀려있는 차들을 추월해서 가는 재미가 은근 쏠쏠했다.

정확히 저녁 5시 반에 나고야의 중심지인 오쓰 상점가에 도착했다. 오랜만에 다시 느껴보는 대도시의 혼잡스러운 인파에 적응이 되지 않았다. 인파 사이에서 쫄쫄이에 자전거를 끌고 가야 하는 쪽팔림은 덤이다. 게스트하우스에 도착해 무사히 체크인을 마치고, 하루 동안 흘렸던 땀을 씻어낸 뒤 침대에 몸을 던지듯 풀썩 드러누웠다. 너무 행복했다. 오랜만에 자유다. 내일은 쉴 수 있다….

저녁도 먹을 겸 슬리퍼를 끌고 나와서 상점가를 돌아다녔다. 저녁으로 먹은 것은 나고야의 명물이라는 미소카츠. 미소된장 소스를 얹은 돈카츠 덮밥의 맛은 정말 익숙한 맛이었다. 미소된장이 아니라… 짜장 맛에 굉장히 가까웠다. 짜장카츠라고 해도 믿지 않을까 싶을 정도의 맛이었다.

간식거리를 사 오고는 게스트하우스로 돌아와 로비에 앉아 있었다. 이런 작은 게스트하우스에도 50대 정도로 보이는 듯한 중년의 한국인 여행객들이 보였다. 한국인들은 로비에서 술판을 거나하게 벌이고 있었다. 옆 테이블에서는 젊은 프랑스 남자 3명이 술을 마시고 있었는데, 어쩌다가 두 그룹이 서로 말을 섞기 시작했다. 이후 한국인들은 술자리를 옮기려고 하는데 중년 여성이 프랑스 남자와 이야기하는 것에 푹 빠져서는 "일단 먼저 가."라며 버티는 모양새였다. 한국인 남자들은 여자를 보채면서 끌고 나오려고 했다. 꼭 헌팅포차나 클럽에서 볼 법한 광경을 나고야의 한 작은 게스트하우스에서 보고 있다니.

나고야 다음 코스는 비와호였다. 정말 종주하는 내내 매일매일 캠핑할 장소를 찾아보았지만 딱히 갈 만한 곳이 없었는데, 비와호 주변에는 무료 캠핑장들이 많았다. 드디어 다시 캠핑을 할 수 있다! 캠핑장 근처 마을의 목욕탕, 대형 마트까지 미리 알아보고 만반의 준비를 마쳤다. 일본에서 가장 큰 호수라는 비와호를 바라보며 캠핑하면 얼마나 낭만적일까? 오늘도 설레는 마음으로 고생 전에 김칫국이라도 마셔 본다. 누구나 그럴싸한 계획은 있다고 하지 않는가?

25

낭만은
보는 이들의 몫

 2023년 10월 24일

 나고야~비와호 (87Km)

    나고야에서 하루 쉬면서 아무것도 하지 않았다. 그 대신 커피를 마신 것도 아닌데 늦은 밤까지 잠이 오지 않고 정신이 말똥말똥했다. 늦잠을 자서 아침 8시에 일어나고 말았다. 항상 마음만은 기필코 새벽 5시에 출발할 거라며 잠에 들었지만, 종주 내내 단 한 번도 지켰던 적이 없는 것 같다. 물론 아침 8시도 한국에서보다는 월등히 아침형 인간인 쪽이었다.

    떠나던 나고야의 가을 하늘은 시리도록 파랗고 높았다. 나고야 시내는 다른 도시들보다 자전거에 대한 배려가 뛰어났다. 보통 도시에서는 자전거 차선 표시를 해두는 정도에 반해 자전거 전용 도로와 차도를 구분해 두었을 뿐만 아니라, 안전한 금속 펜스까지 쳐져 있었다. 생활 자전거를 이용하는 시민들을 위한 배려가 잘 되어 있다는 느낌이 도시의 공간 구석구석에서 물씬 풍겼다.

    나고야 시내를 벗어나도 주변이 전부 시가지였기에 빠르게 속도를 내진 못했다. 아침에도 밥을 먹고 출발하지 않아 점심까지도 어제 산 에너지 드링크를 마신 것이 전부였다. 간간이 편의점에 들러 과자나 에너지젤로 체력을 보충하곤 했다.

나고야에서 오늘의 목적지인 비와호로 가는 길목에는 세키가하라라는 도시가 있다. 오늘 아침 체크아웃을 하던 중 게스트하우스의 주인이 "세키가하라에는 큰 화물차들이 많이 지나다니니까 조심해야 해."라며 걱정 어린 귀띔을 해 주었다. 화물차들과 목숨을 내놓고 라이딩하는 것은 이제 익숙했다. 세키가하라는 지난번에 도쿄로 갈 때의 통행량보다는 차량이 훨씬 적어 그렇게 위험하다는 생각도 들지 않았다.

세키가하라 거리를 지나고 있을 때, 하교 시간이었는지 떼를 지어 걷는 알록달록한 모자의 초등학생들이 보였다.

"일본 종주?"

"와! 일본 종주다. 일본 종주!"

학생들 사이를 비집고 지나쳐가자 푯말을 보았는지 초등학생 특유의 호들갑을 떠는 목소리가 들려왔다. 놀림을 받는 것 같아 부끄러운 기분이 들었다. 그렇게 몇 초가 지나고 학생들로부터 멀어질 때였을까.

"힘내요!"

"힘내세요! 파이팅!"

많은 학생들이 나를 향해 우렁찬 목소리를 내며 응원해 준 것이었다. 나도 멋쩍게 고개를 돌리고 웃으면서 손을 흔들어 주었다.

오후 4시쯤 세키가하라를 넘어 드디어 비와호 근처에 있는 나가하마라는 마을에 도착했다. 오후 4시인데도 해가 이미 지평선에 가까워지고 있었다. 서둘러야만 했다. 어제부터 상상했던, 꼭 해가 지는 비와호의 노을을 바라보며 텐트를 치고 저녁을 먹고 싶었기 때문이다.

우선 캠핑을 하기 전 씻을 곳을 찾아야 했다. 캠핑장에서 5킬로 떨어진 '비와코유(Biwakoyu)'라는 목욕탕에 도착했다. 탈의실은 매우 낡았고 목욕탕은 정말 좁았다. 과장을 보태서 내 예전 자취방 넓이와 비슷할 정도였다. 두세 명이 들어가면 꽉 찰 것 같은 온탕 하나와 열탕 하나, 심지어 냉탕은 탕이라고 하기엔 우물에 어울릴 법한 한 명이 들어가면 꽉 찰 정도의 크기였다. 손님들은 거의 대부분 70대를 넘은 노인들뿐이었다. 노인들은 30대인 나를 낯설게 쳐다보는 것 같았다. 완전히 로컬이군.

해가 지기 전에 캠핑장에 가기 위해 탕에서 5분, 샤워를 5분 만에 잽싸게 마치고 후다닥 뛰쳐나왔다. 수건이 없어서 자전거를 탈 때 입었던 져지로 대충 몸을 닦았다. 수건은 둘째치고 드라이기가 보이지 않았다. 이 목욕탕은 드라이기까지 제공하지 않는 건가? 머리는 대체 어떻게 말리라고? 혹시나 해서 카운터에 물어보자 알고 보니 카운터에서 빌리는 것이었다. 오랜만에 체중계가 보여서 재었던 몸무게는 64kg. 종주 한 달 동안에 총 6kg이 빠졌다. 이 글을 읽는 사람 중에서 한 달에 6kg을 빼고 싶다면 매일 100킬로씩 자전거를 타면 된다는 사실을 알려주고 싶다.

최대한 빠르게 목욕을 하고 나왔다고 생각했는데도 해는커녕 석양이라고 하기에도 애매한 하늘이었다. 캠핑장까지 거리는 5킬로나 남아 있었다. 도중에 마트에 들러서 오늘 저녁과 내일 아침에 먹을 것들도 샀다. 장도 쏜살같이 5분 만에 보고 나왔는데 하늘은 마트에 들어올 때보다도 더 어두워져 있는 느낌이었다.

정확히 5시 37분, 오늘 묵을 비와호 주변의 캠핑장에 도착했다. 홋카이도에서 캠핑을 할 때도 느꼈지만 사실 무료 캠핑장은 캠핑장이라고 하기에는 거의 공터에 가까웠다. 이용할 수 있는 시설도 공중화장실이 달랑 하나 있는 것이 전부다. 사실상 캠핑이 아니라 공중화장실 옆에서의 노숙과 마찬가지인 셈이다.

비와호에 도착했을 때에는 이미 너무 하늘이 어두워져 버린 뒤였다. 아쉬운 마음을 달래며 오랜만에 텐트를 쳤다. 홋카이도 이후부터 단 한 번도 캠핑을 하지 않았으니… 혼자였다면 무서웠겠지만 다행히 다른 텐트가 하나 있었다. 호수 쪽에서도 낚시를 하는 사람의 인기척이 있었다. 하지만 그도 어두워지자 슬슬 갈 채비를 하는 듯해 보였다.

사진에서나 나올 법한 석양을 배경으로 맥주와 영화를 보는 모습을 찍고 싶었지만 아쉬운 대로 분위기라도 내보고자 태블릿에서 모닥불 영상을 켰다. 그리고 마트에서 사 온 초밥과 과일을 꺼내서 먹었다. 칠흑 속에서 비와호 호수 건너편에 보이는 마을만이 별빛처럼 반짝거리고 있었다. 미리 다운로드하여 두었던 영화 〈스즈메의 문단속〉을 보며 저녁을 먹었다.

사실 날씨가 꽤 쌀쌀해서 오들오들 떨면서 저녁을 먹었다. 인스타그램에 업로드한 사진을 본 한 지인이 메시지를 보내왔다.

"죽인다 낭만."

"너무 힘들어요."

"역시 낭만은 보는 이들의 몫."

결국 고생은 지금의 나의 몫이지만, 낭만은 보는 이들의 몫이자 나중에 돌아와서 기억을 돌이킬 때의 나의 몫일 것이다. 이만한 고생도 모두 추억이 되어서 나중에는 회상하고 있으리라.

옆 텐트에서는 예능을 보고 있는지 패널들의 와자지껄한 웃음소리가 들려왔다. 텐트를 들락날락거리던 도중 어쩌다가 동시에 그 사람과 나와서 마주쳤다. 처음 왔을 때에는 젊은 사람이라고만 생각했는데, 생각 외로 굉장히 나이가 꽤 있어 보이는 50대 정도의 남자였다.

"자전거로 비와호 일주하시는 건가요?"

그가 먼저 내게 말을 건넸다.

"아뇨. 일본 종주 중입니다."

"이야, 멋지시네. 지금 저는 바이크 투어 중입니다. 저기 세워둔 바이크가 제 바이크예요."

그러고 보니 캠핑장 입구에는 한 바이크가 세워져 있었다. 이전까지의 경계심은 눈 녹듯 몇 마디 대화에 사라졌다. 우리는 각자 바이크, 자전거로 여행을 하고 있는 비슷한 동지였다.

"혹시 자전거 봐도 돼요?"

"아? 네. 맘껏 보셔도 괜찮아요."

"감사합니다. 저도 지금 내년에 자전거 호주 일주를 생각하고 있거든요. 이게 로드인가요? 이 자전거는 여행하기에 좋은 자전거인가요?"

호주라고? 도시를 벗어나면 정말 한 200킬로마다 마을이 있을 것 같은 그곳에서 자전거 일주라니… 나는 일본인데도 힘들어 죽겠는데. 중년의 나이에도 바이크 투어를 하면서 자전거 호주 일주까지 꿈꾸는 그의 모습이 너무나도 멋져 보였다.

서로 응원의 한마디와 함께 텐트로 돌아와서 잠을 청해보려 했지만, 밤 10시부터 12시까지 왱왱거리는 오토바이 소리 때문에 잠들기가 힘들었다. 한국에서는 좀처럼 바이크 소리를 들을 일이 없었는데 실제로 들으니 왜 폭주족이라고 하는지 느껴질 정도였다. 이 정도면 바이크 소리로 음악을 연주하는 것이 아닐까 싶을 정도로 박자에 맞춰서 왱왱거리는[4] 소리가 들려왔다.

---

[4] 일본에서는 이를 '코루(コール)'라고 부르는데, 필자가 얼마나 잠을 못 잘 정도였냐면 유튜브에 '콜 배틀(コールバトル)'라고 검색하면 이 소리를 들을 수 있다.

억지로라도 눈을 붙였다 떴을 때는 이번엔 추위가 나를 괴롭혔다. 핫팩은 역시나 이번에도 큰 도움이 되질 않았다. 그냥 지금 출발해서 페달이라도 밟아 몸을 덥히고 싶을 지경이었다. 얼마나 잔 거지? 머리맡의 휴대폰을 들어 제발 새벽 5시이길 빌었지만, 야속하게도 휴대폰 화면 시간은 아직도 새벽 2시였다.

바람 때문인지 자꾸 텐트 주변에서 바스락거리는 인기척 같은 소리가 들려왔다. 마음속으로 '바람 소리겠지, 바람 소리겠지.'라고 계속 억지로 되뇌었지만 '과연 그럴까?'라고 소리가 내게 되묻는 것처럼 반복해서 소리가 들려오고 있었다. 참지 못하고 지퍼를 열고 텐트 밖으로 얼굴을 내밀면 주변엔 어둠 이외에 아무도 없었다.

잠은 포기하고 이어폰을 끼고 아까 보던 영화를 켰다. 사실상 뜬눈으로 비와호에서 밤을 지새웠다. 이제 다시는 캠핑을 하고 싶지 않다. 아니, 노숙은 하고 싶지 않다….

26

비와호 라이딩

 2023년 10월 25일

 비와호~교토 (101Km)

    결국 동이 틀 때까지 한숨도 자지 못하고 밤을 꼴딱 새웠다. 뭐, 결국 숙소 대신 캠핑을 한 것은 나의 선택이었다. 서둘러 라이딩을 출발하기 위해 여명이 밝아오기만을 기다리고 있었다. 추위에 떠느니 페달이라도 밟으면 춥지 않을 테니까.

    어제 먹고 남은 쓰레기들도 봉지에 담아서 정리했다. 새벽 5시 반부터 시야가 주변이 보일만한 상황이 되자마자 텐트를 부산스럽게 정리하기 시작했다. 사부작대는 소리에 옆 텐트 사람이 깼을까 봐 괜히 미안해졌다. 정리를 마칠 때쯤 옆 텐트 사람도 잠에서 깨었는지 일어나서 정리를 시작했다. 서로를 향한 응원의 한 마디와 함께 먼저 자전거를 끌고 캠핑장을 빠져나왔다.

    비와호는 일본이 지정한 'National Cycle Route'라는 유명한 사이클링 코스 중 하나로, 비와호 주변을 따라 파란 선으로 라이더를 위한 코스가 친절하게 안내되어 있다. 그래서 그런지 이른 시간부터 내적 친밀감이 느껴지는 쫄쫄이의 라이더들이 자주 보이곤 했다. 구글 지도를 일일이 보며 길을 찾는 것보다 파란 선만 따라가면 되기 때문에 라이딩하기가 훨씬 편했다.

    서울시의 면적보다 넓다는 일본에서 가장 큰 호수 비와호. 아래쪽으로 향할수록 비와호는 정말 훨씬 넓고 바다 같다는 말이 어울리는 광활함을 드러냈다. 저 아득한 수평선 끝이 바다로 이어질 것 같지만 육지에서 멈춘다는 것이 믿기지 않았다. 언젠가 다시 자전거를 끌고 와서 비와호 일주를 할 수 있을까?

　점심부터 하늘이 심상치 않았다. 햇빛도 있었지만 높은 적란운 사이로 심심찮게 으르렁대는 천둥소리가 어렴풋이 들려왔다. 소나기가 쏟아지려나? 저마다 다른 색깔로 물들어 있는 적란운이 높게 솟은 하늘은 마치 실제 하늘이 아닌 수채화로 그려낸 듯했다. 한 캠핑장 주차장의 아스팔트 바닥에서 점심으로 어제 마트에서 산 바나나와 귤을 먹던 도중 몸을 움찔할 정도로 천둥소리가 크게 울렸다. 주차장에서 내려 어딘가로 걸어가던 한 노인이 "아이고야!" 하면서 크게 소리칠 정도였다.

점심을 먹고 출발하자마자 마치 애니메이션에서 나오는 것처럼 1분도 안 되어 소낙비가 억수같이 퍼붓기 시작했다. 그런 비는 극적인 연출인 줄로만 알았다. 하필 이럴 때 비를 피할 지붕조차 보이지 않는 사방이 열린 길을 달리고 있었다.

겨우 비를 면할 정도로 좁은 한 구조물 아래에 잠시 몸을 피터 비가 잦아들기를 기다렸다. 그때 갑자기 옆에 있던 풀숲에서 뭔가 팟 하고 튀어나와서는 도로 쪽으로 뛰쳐나왔다. 긴 꼬리를 달랑거리며 쏜살같이 움직이는 적갈색 털의 동물, 바로 여우였다. 비를 피할 곳을 찾으려고 갑자기 뛰쳐나온 걸까? 실제로 야생 여우를 본 것은 처음이었기에 순간 넋을 놓고 무단횡단 중이었던 여우를 바라보았다. 정말 코 닿을 거리에 있었는데. 아차! 하고 뒤늦게 휴대폰을 꺼냈지만 여우는 이미 풀숲으로 종적을 감춰버린 뒤였다.

비는 오랜 시간 내리지 않고 그쳤지만 강도가 워낙 셌던 탓인지 그 짧은 시간에도 길바닥에는 물웅덩이들이 곳곳에 고여 있었다. 비와호의 끝자락에 있는 오쓰라는 도시를 지나, 오후 3시도 안 되어서 교토에 도착했다. 거리가 긴 것은 아니었지만 100킬로는 탄 상태였다. 추위 덕분에 새벽 6시에 출발하니 대낮에 라이딩이 끝나버렸다.

정말 갑자기 뜬금없이 시야에 많이 보이는 서양인들, 그리고 한국어가 정말 오랜만에 귀에 들려오자 단박에 내 위치를 확인하지 않아도 발을 딛고 서 있는 곳이 교토임을 체감할 수 있을 정도였다. 체크인 시간은 오후 4시라 일단 거리를 돌아보기로 했다. 카모 강을 따라 자전거를 밟았다. 날씨는 언제 그랬냐는 듯 아까 전과 다르게 은은한 햇살이 강가에 앉아 있는 사람들을 비추고 있었다. 한국의 한강처럼 화려하진 않지만 카모 강은 평화롭고 잔잔한, 혹은 쓸쓸하다고 할 수 있는 특유의 분위기가 특징이었다.

그런 카모 강의 평화로움도 잠시, 기온 거리로 올라가자 엄청난 인파에 맥을 못 출 지경이었다. 도쿄와 관광객 수는 비슷한데 교토는 거리가 좁아 훨씬 더 붐비는 느낌이었다. 게다가 쫄쫄이 복장과 뒤에는 큼지막하게 '일본 종주' 푯말까지 달고 있으니, 부끄러워서 고개를 못 들고 다닐 지경이었다. 뒤에서 걸어오는 한 일본 여고생 무리의 시선이 자꾸만 느껴졌다. 이래선 자전거와 함께는 절대 못 다니겠다 싶어 얼른 체크인을 하러 숙소로 방향을 돌렸다.

카운터에는 일본인이 아닌 한 외국인 여성이 있었다. 근데 일본에서 일하는 외국인이 이래도 되나 싶을 정도로 일본어가 심하게 서툴렀다. 답답해 미칠 지경이었다. 결론은 역시 예상대로 체크인은 오후 4시부터 할 수 있으니 기다리라는 대답이었다.

휴대폰 배터리가 거의 남질 않아 로비에 있던 콘센트에 충전기를 꽂았는데, 충전이 되질 않는다. 눈에 보이는 모든 콘센트에 꽂아봐도 매한가지였다. 이대로 충전이 되질 않는다면 휴대폰이 꺼져서 사진을 찍을 수가 없었다. 수건은 대여만 해도 200엔이기에 차라리 100엔 숍에서 사는 게 낫겠다 싶었다.

로비뿐만 아니라 배정된 침실에서도 충전은 여전히 되지 않았다. 내 충전기가 문제인가? 그렇지만 어제까지만 해도 다른 숙소에서는 잘만 충전이 되었다. 휴대폰이 문제인가? 태블릿도 충전이 되지 않았다. 오늘 비를 맞아서 그런가…? 일단 세탁실로 올라가서 동전을 넣고 빨래를 돌렸다. 충전은 포기하고 내일 일찍 일어나 카페에서 하자고 생각했다. 침실은 엘리베이터가 없는 4층, 주방이나 샤워실은 모두 2층이라 매번 계단을 오르내려야만 했다. 라이딩 후라 허벅지가 폭발할 것 같았다. 계단이 끝나는 곳마다 숙박객들을 괴롭힐 생각으로 뒀는지 싶은 지압매트가 내 인내심의 한계를 시험하는 것만 같았.

도미토리는 천장이 뚫려 있어 불을 꺼도 어둡지 않고 최소한의 방음조차 되지 않았다. 매트는 빨래를 제대로 한 건지 오물자국들이 묻어 있었고, 세탁

시간이 다 되어 내려가 세탁기에 돌렸던 옷들을 꺼내자 온통 하얀 휴지범벅이 되어 있었다. "하…." 속에서 열불이 펄펄 끓었다. 누가 앞에서 휴지를 넣고 돌린 걸까. 로비로 내려가자 호스트와 스태프를 비롯한 사람들이 즐거운 저녁 식사를 보내고 있었다. 행복한 표정인 그들 앞에 죽상으로 서서 세탁비를 돌려받았다. 숙소에 질릴 대로 질려버린 채 방으로 돌아가는 내 뒤통수 뒤로, 불청객 컨슈머의 등장으로 잠시 멈췄다가 다시 재생되는 그들의 웃음소리가 들려왔다.

밖에서 들려오는 오토바이 폭주족의 배기음 소리가 창문을 연신 두들겨댔다. 이어 플러그를 두 귀에 꽂고 눈을 질끈 감은 채, 빨리 이 숙소를 탈출해서 교토를 벗어나고 싶다는 생각뿐이었다.

27

가라오케 바를
가보셨나요

📅 2023년 10월 26일
📍 교토~오사카 (80Km)

    오사카의 숙소 예약을 마쳤다. 교토에서 오사카까지 거리는 약 50킬로. 정말 천천히 교토를 관광하고 출발해도 늦지 않을 거리였다. 그래도 관광지에 왔으니 바로 출발하기보다는 이전에 가지 못했던 곳들을 위주로 교토를 둘러보고 출발할 생각이었다.

    어제 근처 마트에서 사 왔던 방어를 아침으로 구워 먹고 악몽의 게스트하우스를 빠져나와 근처에 있던 블루보틀 카페에 개장 시간에 맞추어 도착했다. 카페도 둘러보고 게스트하우스에서 하지 못했던 충전을 조금 하다가 갈 생각이었다. 근처의 '철학의 길'도 가고 싶었지만 위치나 스케줄로 보았을 때 철학의 길까지 가기는 힘들 것 같았다. 뭐, 가봤자 그냥 단순한 길이겠지? 하고 쉽게 포기했다.

    매장에 앉아 밀렸던 일기를 태블릿으로 썼다. 매일 일기를 쓰지 않고 며칠이 지나고 나서 일기를 쓰면 있었던 일 말고는 그날의 생생한 감정이 전혀 떠오르지가 않았다. 하지만 160킬로씩 달려버리면 숙소에 도착했을 때 일기는 쓰기는커녕 기절해 버린다.

점심을 먹고 교토 시내를 지나가면서 다음 목적지로 향하던 도중, 뜬금없이 경찰에게 불심검문을 당했다. 뒤에서 나타난 경찰차는 나를 앞질러가더니 나를 가로막으며 멈추었다. 경찰관 둘이 차례로 내리고는 내게 다가오고 있었다.

'대체 왜? 뭘 잘못했지? 헬멧도 썼는데. 애초에 일본 사람들도 헬멧을 안 쓰잖아. 여기선 도로 끝차선으로 달리면 안 되는 건가? 뭐지?'

추방될 짓을 한 것도 없지만 외국인 신세다 보니 정말 머리에 온갖 생각들이 스쳐 지나갔다. "혹시 무슨 문제라도 있을까요?" 나는 아무렇지 않은 척 자전거 위에 멈춰 선 채 경찰들에게 물었다.

"아, 뭐 그런 건 아니고요. 그냥 일본 종주라고 되어 있기에 잠시 여쭤볼 게 있어서…."

라고 하고는 경찰들은 내 이름부터 직업, 사는 곳까지 이것저것 물어보기 시작했다. 사는 곳을 물었을 때 일본에 사는 곳이 없는 한국인이라고 대답하자 그제야 그들은 내가 외국인인 것을 알았던 듯해 보였다.

"여권 보여주세요."

걱정되는 마음과 함께 여권을 꺼내었다. 그들은 이리저리 여권을 들춰보더니, 종주를 어디서 출발했으며, 어디로 가고 있냐는 누구라도 할 수 있는 간단한 질문들을 물었다.

"네. 알겠습니다. 가세요."

그들은 '감사합니다.' 혹은 '죄송합니다.'라는 인사치레도 없이 허무하게 내게 여권을 건넸다. 다소 황당한 기분과 함께 여권을 돌려받고 경찰들은 유유히 차에 탑승했다. 뭐지? 그냥 수상해 보여서 검문을 한 건가? 어디선가 듣기로 '일본 종주'라고 써붙이지 않으면 오히려 자전거에 주렁주렁 짐을 들고 다니는 게 수상해서 검문을 당할 수도 있으니 써 붙이고 다니는 게 좋다고 들었는데, 교토 경찰들은 '일본 종주'라고 쓰여 있어 검문을 했다고 하니 더욱 당황스러울 수밖에 없었다.

사실 경찰들의 입장에서는 자신들이 해야 할 일을 한 것이겠지만 막상 실제로 내가 당하는 입장에 서 보니 기분이 마냥 좋을 수만은 없었다. 특히 길거리에 수많은 사람이 지나다니는 와중에 경찰에게 조사당하는 것 자체가 꼭 공개적인 망신을 당하는 기분이었다.

교토 나들이를 마치고 오후 2시가 되어서야 본격적으로 라이딩을 시작했다. 교토에서 오사카까지는 요도가와 강으로 쭉 이어지기 때문에, 이곳에도 도쿄에서처럼 자전거를 탈 수 있는 둑길이 끝없이 이어져 있었다. 이 길만 쭉 밟고 달리기만 해도 오사카에 도착할 예정이었기에 길을 헤매거나 지도를 볼 일이 없어 편했다.

하지만 결국 오늘도 해가 지기 전에는 오사카에 도착하지 못할 것 같았다. 특히 길이 뻥뻥 뚫려있는 것이 아니라 중간중간에 자전거가 과속을 하지 못하도록 설치해 둔 통과대 같은 것이 있어 멈춰야만 했다. 거의 200미터 단위로 설치되어 있는 수준이었다. 일본 사람들은 통과대가 익숙한 듯 그 좁은 틈 사이를 스무스하게 지나갔지만 나는 낑낑대며 자전거를 통과시켜야만 했다.

오사카로 가는 둑길, 지는 해와 함께 노을로 물들어가던 분홍색 하늘을 아직도 잊을 수 없다. 곧바로 어두워질 것 같은 이 시간에도 강가에 있던 수많은 운동장에서는 일본 학생들이 축구, 야구부터 러닝까지 열심히 하고 있는

모습이 보였다. 그야말로 청춘의 낭만이었다. 뒤늦게서야 운동에 취미를 붙였던 나는 그 모습을 부러운 시선으로 바라보며 페달을 밟았다.

오사카에서의 숙소는 호텔이었다. 하지만 저렴한 가격이라 호텔이라곤 하지만 공용 샤워실에 방은 교도소 독방처럼 좁고 허름했다. 샤워를 마치고 숙소 근처에 있던 가라오케 바에 가보기로 했다. 일본의 가라오케 바라고 하면, 가게의 주인인 '마마(엄마)'를 비롯한 점원들이 손님과 이야기를 나누거나, 말 그대로 노래방(가라오케) 기계로 노래를 부를 수 있는 가게이다. 대체 가게 사장을 왜 엄마라고 부르는지는 모르겠지만, 꽤 이전부터 미디어를 통해 접하면서 어떤 곳인지 궁금했다.

반쯤 긴장한 상태로 '호시즈키(星月)'라고 쓰인 간판의 문을 열고 들어갔다. 한 명은 40대, 한 명은 50대 정도로 보이는 여성 두 분의 점원이 보였다. 손님석에는 50대로 보이는 남성 손님 두 사람이 있었는데 한 사람은 이미 술에 곤드레만드레 취해서 반쯤 인사불성이 된 채 점원의 부축을 받고 있었다.

야키소바 하나와 생맥주 한 잔을 주문했다. 생소한 풍경에 아무 말 없이 주변을 두리번거리는 내가 외국인인 것을 알아보았는지, 마마는 내게 한국인이냐는 질문과 함께 간단하게 말을 몇 마디 이어나갔다.

내 왼쪽 좌석에 앉아 담배를 뻐끔뻐끔 피우던 아저씨는 이 가게의 단골인지 마마와 꽤 친한 듯해 보였다. 그는 나이가 있었지만 꽤 소싯적에 잘 생겼을 것 같은 까무잡잡한 얼굴과, 기분 좋은 호탕한 웃음이 특징이었다. 그도 함께 내게 말을 걸었다. 내가 대답을 할 때마다 항상 "와, 대단하네!"라고 하며 큰 리액션과 함께 내 이야기에 호응해 주는 그는 사람을 기분 좋게 만드는 매력이 있었다. 그는 나를 '형씨(お兄さん)'라고 불렀다.

"여행 팁 하나 알려줄까? 상자를 하나 다이소 같은 데서 사서, 도톤보리에 가. 그리고 일본 종주라고 쓰고. 그러면 사람들이 돈 줄 거야. 그러면 돈도 벌고 종주도 하고. 일본 사람들은 착해서 다들 돈을 줄 거야. 나중에 돌아가는 비행기 티켓값도 벌어갈 수 있을걸? 어때?"

"정말요? 아, 저는 그 정도까지는 좀 부끄러워서 못 할 것 같은데…."

"근데 빈 통이면 사람들이 돈 안 넣을지도 모르니까 너 돈도 조금 넣어."

한술 더 떠서 옆에서 마마가 그렇게 이야기하자 우리는 함께 웃음을 터뜨렸다.

"내일은 뭘 하려고?"

"내일은 오사카에 왔으니까 하루 정도 쉬면서 나라 공원도 가고 하려고요."

"뭐? 나라 공원을 자전거 타고 가려고?"

"아, 아뇨. 자전거 타는 거 더는 힘들어서 나라 공원은 그냥 전철 타고 가려고요."

"진짜 잘 생각했네. 나라로 자전거 타고 갔다간 죽어. 차로 가도 힘든 곳인데."

내리 2시간 동안 마마가 아니라 그 아저씨와 대부분 이야기를 나누었다. 노래를 부르러 왔는데 이야기만 내내 했다. 알고 보니 가라오케 바에서는 가라오케가 무료가 아니라 돈을 내야만 노래를 부를 수 있었다. 가격은 1곡당 100엔. 한국의 코인 노래방이면 4곡인데. 일부러 체커즈의 〈줄리아에게 상심(ジュリアに傷心)〉(한국에서는 컨츄리꼬꼬의 〈Oh My Julia〉로 유명함)을 불렀지만, 그들은 한국인인 내가 쇼와 시절 유명한 일본 노래를 부른다는 사실에는 딱히 관심이 없는 듯해 보였다.

혹시나 촬영금지일까 봐 가게는 사진을 찍지는 못하고 먹었던 음식들만 사진으로 남겼다. 같이 사진을 찍자고 요청했다면 친절하게 응하셨을 것 같은데, 돌이켜 보면 너무 아쉽다. 추억도 용기가 있어야 사진첩에 남길 수 있는 것이었다.

어쨌든 가게를 나가는 마지막까지도 상냥하게 내 손을 두 손으로 꼭 붙들고선, 다치지 말고 끝까지 잘 완주하라고 응원을 해주셨다. 항상 응원을 받을 때마다 이게 뭐라고, '그저 내 돈 들여서 자전거 여행을 하고 있을 뿐인데 뭔 대단한 일이라고 응원을 받을 자격이 있을까?'라고 생각하며 부끄럽게만 느껴졌다. 그렇게 남아 있는 오사카 가라오케 바에서의 추억. 지금 다시 그 가라오케 바에 가도 그분은 거기에 계실까?

혼슈 서부

긴 여행이 변화시킨 나

'15킬로 달린다고 죽는 것도 아닌데 왜 두려워해? 힘들 뿐이지 다리가 부러진 것도 아니고. 차도 많아서 그렇게 어둡지도 않잖아.'라며 나 자신을 어린아이처럼 어르고 달래듯 되뇌었다. 입으로도 "죽을 일도 아니잖아, 죽을 일도 아니잖아."라고 정신이 나간 사람처럼 씨부렁거리며 페달을 밟으며 밤길을 질주하고 있었다.

28

바다를 따라
시코쿠로

 2023년 10월 28일

 오사카~히메지 (108Km)

    오랜만에 한국 음식이 땡겨 아침으로 돈키호테에서 산 신라면을 끓여 먹었다. 일본에서 시판되는 한국 라면에는 '한국에서는 법적으로 넣지 못하는 MSG가 들어가서 더 맛있다.'라는 이야기를 얼핏 들었던 것 같은데, 내 입맛에는 아무런 차이가 느껴지지 않았다. 그냥 신라면 맛이었다.

    오사카를 떠나는 날에도 꽤 바람이 거세게 불어왔다. 하마마쓰에서의 돌풍까지는 아니더라도 초속 5미터의 북서풍이 나의 정면을 강타했다. 하필 지금 가는 방향도 북서쪽이다. 어떻게 정말 가는 방향마다 맞바람이 부는 건지.

    오사카와 자주 관광 코스로 묶이는 옆 도시인 고베는 자전거로도 2시간이면 도착할 만큼 가까운 거리에 있었다. 알아보고 간 곳은 아니지만 우연히 고베 포트 타워가 있는 해변공원에 들렀다. 시원하고도 상냥한 듯한 바닷바람과 함께 사람들이 해변공원을 유유히 걷고 있는 모습이 참 평화롭고 마음이 푸근해졌다. 꼭 요코하마와 비슷한 느낌이었다. 일본 대도시 옆의 항구 도시들은 공통적으로 항상 이런 감성을 갖고 있는 걸까? 북적대는 많은 인파로 둘러싸인 유명하다는 관광 명소보다 이런 여유로운 풍경이 마음에 더 와닿았다. 아마 달리는 동안 내 마음에 전혀 여유가 없어서, 이런 풍경에 무의식적으로 끌리는 것이 아닐까.

고베를 지나면 얼마 가지 않아 아카시 대교가 눈앞에 펼쳐진다. 아카시 대교는 전 세계에서 가장 큰 현수교라는 타이틀답게(지금은 2위이다.) 고고하고 웅장한 자태를 뽐내며 시코쿠와 혼슈 사이에 두 발을 걸치고 서 있었다.
"와…."
스케일에 압도된 나머지 아카시 대교를 한참이나 넋을 놓고 바라보고 있었다. 이 정도로 탄성이 나오는 절경은 시코쓰호와 후지산 이후 세 번째, 그리고 인공물로는 첫 번째였다. 아카시 대교를 자전거로 지나가는 것은 불가능했으나 아래에서 바라보는 것이 더욱 아카시 대교를 실감 나게 느낄 수 있는 구도였다. 내가 사진을 찍는 데 정신이 팔린 동안, 다리 아래에서 동네 사람들은 항상 보는 익숙한 풍경이라는 듯 조깅과 산책을 즐기고 있었다.

아카시 대교를 뒤로하고 하마마쓰 이후로 오랜만에 다시 바닷길을 달리고 있었다. 바닷길도 달리다 보면 지루하다고 느끼는 때가 많지만 황량하고 무미건조한 내륙 국도를 타는 것보다는 역시 바다 풍경을 바라보면서 타는 것이 덜 지루하다. 지나가는 곳마다 꽤 해수욕장들이 많이 보였는데, 데이캠핑을 하고 있는 사람이라든지 다 함께 바비큐 파티를 하고 있는 가족으로 보이는 사람들의 모습이 보이기도 했다.

　일본의 어딜 가든 이방인이었던 나는 그저 부러운 마음으로 그 모습을 바라볼 수밖에 없었다. 취사도구도 있었다면 나도 바닷가에서 요리도 해 먹으며 여행할 수 있지 않았을까 하는 아쉬움이 들었다. 예전엔 집 놔두고 왜 밖에서 고생하면서 캠핑을 하는지 이해가 가질 않았는데, 이렇게 나도 캠핑의 매력에 빠지게 되는 걸까?

　가끔가다가 에너지가 떨어진다 싶을 때면 마음 내키는 대로 편의점이나 맥도날드에 들러 간단하게 간식을 사 먹고 다시 달렸다. 매번 손목도 저리고, 이젠 발목까지 찌릿하고 아프다. 클릿화가 아니라 무거운 에어포스 신발을 신고 달려서였다. 클릿화를 신어본 적이 없기에 그냥 별생각 없이 출발했는데, 장거리 여행에서는 시작할 때 내가 사소하게 무시한 요소들이 나중에 나비효과와 함께 커다란 태풍이 되어서 돌아온다. 100그램의 무게 차이도 장거리 여행에서는 엄청난 차이가 되는 것이다.

　정말 넉넉잡아서 느리게 간다고 생각해도 '오후 5시에는 숙소에는 도착하겠지.'라고 예상했는데 오후 5시가 되어서도 아직 20킬로나 남아 있었다. 결국 오늘도 전조등을 켰다. 아침에 출발하여 딱 100킬로를 달렸는데도 예전에 160킬로를 달렸을 때와 비슷하게 몸이 피로에 찌든 기분이었다. 오사카에서 좀 쉬었어야 했는데, 돌아다니느라고 체력을 회복하기는커녕 오히려 더 다리를 혹사시킨 것 같다.

　숙소가 있던 히메지는 '히메지 성'이 유명한 도시이다. 하얀 천수각이 특징인 '백로성'이라는 별칭을 가진 히메지 성은, 다른 일본 도시의 성보다 유달리 새하얀 자태를 뽐낸다. 물론 6시에 히메지에 도착했기에 이미 성에는 짙은 어둠이 드리워져 있어서 못내 아쉬웠다.

2,000엔 정도의 싼값에 예약한 오늘의 게스트하우스는 히메지 성 바로 앞의 상점가 내부에 위치해 있었다. 싼 게 비지떡이라고 하지만 숙소에는 애로 사항이 많았다. 먼저 주방도, 로비도 밤 11시 이후에는 사용할 수 없다는 점. 그리고 세탁에 관련해 묻자 건조기가 잘되지 않는다며 심지어 코인세탁소 이용을 권유했다. 숙박비가 2,000엔인데 세탁이 300엔이라니. 배꼽이 배보다 큰 격이 아닌가.

객관적으로 생각해 보면 숙박비만 해도 감지덕지할 팔자였음에도 난 '됐어요.'라는 식으로 아득바득 배정받은 방으로 올라갔다. 내일 코인세탁소에 가보기로 했다. 그나마 있던 여벌의 깨끗한 옷으로 갈아입었다. 세탁비도 하루에 300엔이면 만만치 않은 금액이라 주로 격일로 세탁을 했다. 그래서 가끔 속옷 여벌이 없을 때면 반바지만 입고 돌아다니기도 했다.

오늘 저녁거리는 푸짐하게, 그리고 내일 아침은 빈곤하게 우유와 식빵을 샀다. 저녁을 먹으면서 글을 썼다. 슬슬 눈이 건조해져서 렌즈를 빼려고 했는데 아, 렌즈 세척액이 다 떨어졌던 것을 깜빡했다. 생각해 보니 세척액을 아까 마트에서 사 오려고 했었는데 또 깜빡하고 사 오지 않았다. 왜 이렇게 나는 멍청한 걸까⋯.

계획상 이제 혼슈에서 시코쿠로 넘어갈 차례였다. 일본 열도의 섬 중 아직 한 번도 가보지 않았던 시코쿠는 내게는 말로만 듣던 미지에 가려진 섬이었다. 우동이 유명한 곳, 순례길, 마쓰야마와 다카마쓰로 대표되는 소도시 감성의 인기 관광지, 개발이 적어 풍요로운 자연이 존재하는 섬. 최대한 빨리 시코쿠로 가고 싶어서 먼 곳의 숙소를 미리 예약했고 모레에는 시코쿠에 도착할 수 있을 예정이었다. 시코쿠는 어떤 풍경이 나를 기다리고 있을까?

29

일본 고등학생은 무섭다

 2023년 10월 29일

 히메지~후쿠야마 (150Km)

눈을 뜨자 7시 반이었다. 큰일 났다. 미리 잡아둔 숙소 때문에 150킬로나 달려야 해서 새벽 일찍 일어나야 했는데, 도미토리에는 창문이 없는지 너무 어두워서 아직 해도 뜨지 않은 꼭두새벽인 줄로만 착각했다.

급히 내려와 우유에 퍽퍽한 식빵을 입에 우적우적 쑤셔 넣었다. 로비에 있던 한 동양 남자가 내게 말을 걸었다. 어제 게스트하우스의 주인과 영어로 유창하게 대화를 나누고 있는 그를 보았는데 알고 보니 중국계 미국인이었다. 가와고에의 게스트하우스 손님들과 이야기할 때는 전혀 나오지 않던 영어가, 그때 한번 해봤다고 꽤 입에서 유창하게 튀어나왔다. 역시 언어는 일단 시도해 보는 게 중요하다. 그는 JR패스로 일본 전국을 여행하고 있다고 했다. 갑자기 로비에 나타난 또 다른 한 스웨덴인이 우리 이야기에 가세했다.

"오! 코리아. 아이 러브 마마무. 두 유 노 마마무?"

도대체 스웨덴 사람이 어떻게 마마무를 아는 걸까? K-팝의 위상은 세계적으로, 뉴스로만 그런 것이 아니라 실제로도 대단했다.

계속해서 내게 말을 거는 중국계 미국인 때문에 출발을 지체했다. 적당한 타이밍을 보다가 뜬금없이 작별인사를 던지고는 게스트하우스를 잽싸게 빠져나왔다. 시간은 오전 8시 20분. 오늘 가야 할 후쿠야마까지의 거리는 140 킬로, 중간에 코인세탁소도 들려야 하는데… 아침 푸른 하늘 아래에서 하얀 자태를 뽐내고 있는 히코네 성을 잠시 멀거니 바라보다가 출발했다.

후쿠야마까지 가는 코스는 오늘도 정말 무미건조한 국도의 연속이었다. 단 2번 국도, 이 도로만 타고 가도 후쿠야마에 도착할 수 있었다. 이제는 차량들이 쌩쌩 내달리는 차선 끝을 달리는 것도 꽤 익숙해졌다. 일본 차량들은 거의 나와의 접촉을 강박적으로 꺼려하는 것처럼 주변 차량이 하나도 없어도 거의 역주행을 하다시피 차선을 벗어나 나를 추월했다. 그래도 그러한 일본의 차량들에게는 정말 감사하면서 덕분에 큰 걱정 없이 달릴 수 있었다.

비젠에 위치한, 오사카와 무슨 관련이 있는지는 모르겠다만 '오사카야(Osakaya)'라는 24시간 가게에 들렀다. NHK의 〈72시간〉이라는 한국으로 따지면 〈다큐 3일〉과 비슷한 프로그램에 나와 유명해진 가게라고 한다. 일본 국도변에 위치한 24시간 가게란 대체로 일본의 화물 기사들이 많이 찾는 식당이라고 하는데, 한국의 24시간 국밥집이라든지 기사 식당과 같은 느낌이라고 생각하면 되지 않을까 싶다.

벽 한쪽에는 야마모토라는 야구 선수의 사인이 그려진 유니폼이 걸려 있었다. 소위 '야알못(야구를 알지도 못하는)'인 나는 군대 후임에게 이 선수를 아냐고 물었는데 알고 보니 오타니 다음으로 일본에서 가장 잘 나가는 야구 선수라고 한다. 야마모토는 비젠 출신이었다. 야마모토가 여기 직접 와서 사인을 한 건지 아니면 가게 주인이 단지 야마모토의 팬이라서 장식해 둔 것인지는 모르겠지만.

주문했던 음식은 리뷰에서 가장 많이 보였던 '호르몬 우동야키'였다. 한국식으로 번역하자면 대창우동볶음. 면 중에서도 두꺼운 우동면의 탄수화물과 대창의 지방은 마치 달달한 과일에 설탕을 끼얹은 탕후루 같은 조합이었다. 먹으면서 정말 건강에 좋지 않겠다는 생각이 들던 이유는, 환상적으로 맛있었다는 것이다. 음식 자체의 향은 굉장히 익숙한… 아니, 확실히 짜파게티 맛이었다. 정말 우동 면에 대창과 짜파게티 분말을 볶아 요리하면 이 맛이 그대로 날 것 같았다.

1시간 뒤에 맥도날드에 잠시 들러서 쉐이크를 마시며 당 충전을 했다. 맞은편에 남고생으로 보이는 하얀 셔츠를 입은 두 학생이 앉아 있었는데 대뜸 한 학생이 말없이 나를 향해 휴대폰 화면을 보여주는 것이었다. '응? 나한테 보여주는 건가?' 자세히 눈을 가느다랗게 뜨고 보니, 번역기 앱에는 '頑張ってください(힘내세요).'라고 쓰여 있었다. 쑥스럽고 고마운 마음에 웃으면서 고개 숙여 인사했다.

시간은 오후 5시인데 아직 거리는 40킬로나 남아 있었다. 오늘도 야간 라이딩을 피할 수 없었다. 가는 도중에는 숙소가 있는 후쿠야마까지 단 한 번에 갈 수 있는 전철역들이 간간이 나타나 나를 유혹했다. '여기서 그냥 자전거를 주차해 두고 전철을 타고 숙소로 갈까?' 금액도 편도 300엔밖에 되지 않았다. 15킬로를 어둠 속에서 차량들과 함께 달리느냐, 그냥 전철을 타고 가느냐. 결국 내가 택한 것은 달리는 것이었다. '15킬로 달린다고 죽는 것도 아닌데 왜 두려워해? 힘들 뿐이지 다리가 부러진 것도 아니고. 차도 많아서 그렇게 어둡지도 않잖아.'라며 나 자신을 어린아이처럼 어르고 달래듯 되뇌었다. 입으로도 "죽을 일도 아니잖아, 죽을 일도 아니잖아."라고 정신이 나간 사람처럼 씨부렁거리며 페달을 밟으며 밤길을 질주하고 있었다.

드디어 후쿠야마가 표지판이 보이기 시작했다. 인도로 자전거를 타던 도중 하필 일본 고등학생 3명이 인도에 가로로 나란히 걷고 있어서 지나갈 수가 없었다. 보통 일본 사람들은 뒤에 자전거가 있는 것을 알면 자연스레 비켜주곤 하는데, 이 세 명은 나를 쳐다보더니 길을 비켜주지도 않고 빤히 쳐다보는 것이었다. 나도 당황해서 그들을 쳐다보았다.

일진인가? 겁을 먹었지만 겁먹지 않은 척 뻐팅기고 서 있었다. 그러자 한 명이 '야, 비켜줘'라는 듯한 눈빛과 시늉을 보이더니 다른 한 명이 길을 열어주었다. 내가 지나가자 뒤에서 킥킥대며 웃는 소리가 들려왔다. 아마 내가 써 둔 일본 종주 푯말을 보고 웃었을 것이다. 비웃는 것 같아서 기분이 좋지 않았다. 어차피 자전거 속도도 따라오지 못할 터라 욕이라도 시원하게 갈기고 갈걸.

그렇게 후쿠야마에 예약해 둔 호텔에 도착했다. 호텔이라서도 기분이 좋았지만, 무엇보다 세탁비가 200엔이라 저렴해서 좋았다. 로비에는 눈치 볼 필요 없이 마음껏 사용하라는 듯 각종 어메니티 용품과 수건이 가지런하게 쌓여 있었다. 온천 욕탕도 본 호텔 중에 가장 컸다. 누가 보면 호화스러운 여행처럼 등 따시고 배부르게 종주를 하는 것처럼 보일까 봐 호텔은 되도록 피하려고 했지만, 호텔의 바스락거리는 이불에 누우면 그렇게 행복할 수가 없다.

후쿠야마 역 바로 앞에는 또 후쿠야마 성이 있었다. 마트에서 장을 보고 돌아오는 길에 역에는 고등학생인 듯한 수많은 인파가 보였다. 뭐지? 꼭 코스프레 페스티벌처럼 메이드복을 입은 여학생들, 경찰복을 입은 남학생들, 조커 분장을 한 남학생… 아, 할로윈이구나. 그러고 보니 오늘 날짜가 10월 29일이었다.

잠시 서서 사람 구경을 하다가 고등학생의 혈기에 또 시비가 걸릴까 봐서 지레 겁을 먹고는 얼른 자리를 피해 숙소로 돌아왔다. 역시 한국이나 일본이나 고등학생들은 무섭다.

30

죽기 전에 달려야 할 시마나미 해도

📅 2023년 10월 30일
📍 후쿠야마~마츠야마 (141Km)

드디어 길고 길었던 지긋지긋한 혼슈 라이딩을 끝내고 시코쿠로 넘어가는 날이 밝았다. 혼슈에서 시코쿠로 넘어가기 위해서는 여러 방법이 있는데 대부분 배를 타고 가거나 차도로 가야만 한다. 그중 유일하게 자전거를 타고 넘어갈 수 있는 코스가 존재하는데, 바로 '시마나미 해도(시마나미 카이도, しまなみ海道)'라고도 불리는 세토 내해 코스이다. 바다 위 총 6개의 섬을 연결하는 7개의 다리를 자전거로만으로도 건널 수 있다니, 출발 전부터 가슴이 벅차오를 만큼 설렜다.

자전거에는 아직도 무거운 캠핑 장비들이 주렁주렁 달려 있었다. 비와호에서 벌벌 추위에 떨며 캠핑을 하고 나자 이제 더 이상 캠핑을 하고 싶지 않았다. 캠핑이 아니라 노숙, 고문이었다. 숙박비 몇천 엔을 아끼자고 가을 환절기에 캠핑을 하는 대가는 정말 가혹했다.

내가 홋카이도에서 여정을 시작했던 이유는 점점 추워지는 날씨와 반대로 따뜻한 남쪽으로 가기 위해서였다. 그러나 아무리 열심히 밟아도 하루에 160킬로를 타고 내려가도 남쪽으로 내려가는 인간의 속도는 날씨가 변화하는 속도를 따라잡기에는 턱없이 부족했다. 앞으로 지나갈 예정인 모든 지역의 날씨 예보를 검색해도 밤이 되면 10도 이하로 기온이 급격히 떨어졌다.

하지만 이 캠핑 짐들을 도대체 어디에 버려야 하지? 호텔 방에 전부 놓아두고 나올까라는 못된 마음이 나를 유혹했지만, 오른쪽 팔에 태극기를 달고 절대 '어글리 코리안'이 되고 싶지는 않았다. 이런 큰 짐을 호텔 측에서 버려주긴 할까? 하지만 딱히 다른 방도가 없었던 나는 거절당할 것을 각오한 채 로비의 카운터로 성큼성큼 걸어갔다.

"저, 혹시… 제가 큰 쓰레기를 버리고 싶은데 제가 한국인이라, 일본에서는 도대체 어디에 쓰레기를 버려야 할지 모르겠어서요. 혹시 주변에 쓰레기를 버릴 곳이 있나요?"

"어… 혹시 무슨 쓰레기이신가요?"

"텐트랑 침낭이요."

카운터에 있던 여성 직원은 내 말을 듣자 매우 당황한 표정이었다. 텐트를 버리기 어려워서 당황했다기보다는 난생 텐트를 버려달라는 사람은 처음 봐서 그런 듯했다. 가장 '숙박'이라는 행위에 있어 호텔과 대척점에 있는 캠핑 도구인 텐트를 호텔에서 버리겠다는 말을 하고 있는 상황도 코미디였다.

"음… 일단 가져와 보시겠어요?"

괜히 묶어둔 짐을 풀었다가 거절당하면 다시 묶어야 하는 번거로움 때문에 몇 번씩이나 "부피가 꽤 커요. 정말 버릴 수 있는 방법을 알려주시면 제가…."라고 직원에게 이야기했다. 하지만 직원이 괜찮다고 하자, 옅은 걱정과 함께 각종 에어매트, 침낭, 텐트를 몽땅 가득 안고서 엉거주춤 대며 가져왔다.

"어… 음… 저희가 처리해 드릴게요. 그냥 여기다 두시고 가시면 될 것 같아요."

"죄송합니다. 너무 감사합니다. 감사합니다…."

연신 직원에게 고개를 숙이면서 감사 인사를 건넸다. 지금이라도 다시 한

번 감사인사를 건네고 싶다. 후쿠야마에 여행을 갈 일이 있다면 이 글을 읽는다면 꼭 '후쿠야마 오리엔탈 호텔'에서 묵기를.

  달려있던 프론트백들을 떼어낸 것만으로도 자전거는 마치 다이어트를 한 것처럼 엄청나게 날씬해졌다. 자전거가 이렇게 날렵한 물건이었었나? 탑승감도 확실히 가볍고 경쾌해졌다. 이전까지의 라이딩이 내게는 모래주머니 훈련이 된 셈이었다.

  세토 내해 코스로 넘어가는 첫 다리까지는 20킬로라 1시간 정도면 금방 도착하는 거리였다. 표지판에 히로시마라는 단어가 보이기 시작했다. 히로시마도 가보고 싶었지만 히로시마 쪽으로 계속 라이딩하게 된다면 시코쿠를 갈 수가 없다. 아쉽지만 히로시마는 다음에 오기로 하고 발걸음을 옮겼다.

  얼마 지나지 않아 어렴풋이 현수교 하나가 보이기 시작했다. 세토 내해의 시마나미 해도로 진입하는 첫 관문인 오노미치 다리였다. 그때까지만 해도 기분이 좋았는데 다리를 보자 문득 생각이 들었다. 결국 다리를 타기 위해서는 다리로 올라가는 오르막을 올라야만 했다. 그것도 7개의 다리를 건너야 하므로 결론은 7개의 오르막을 올라가야 한다. 다리 아래를 통과할 때부터 머리 위로 붕 떠 있는 다리를 바라보며 '하… 이걸 7개나?'라는 생각이 한숨과 함께 머릿속을 스쳐 지나갔다.

  빙글빙글 경사진 다리 위로 향하는 오르막을 올랐다. 기어를 낮추고 페달을 꾹꾹 두 발바닥으로 눌렀다. 다리 위에서 바라본 세토 내해의 풍경에는, 구름 한 점 없는 최고의 날씨에 넓고 청량한 다도해가 윤슬과 함께 일렁거리고 있었다. 산 정상에서 내다보는 도시처럼 오르막을 오른 보상을 받는 기분이었다. 이전까지 많은 해안가 라이딩을 했지만 이렇게 다리 위에서 바다를 내려다보면서 달리는 것은 또 색다른 즐거움이 있었다.

첫 번째 섬으로 내려와 도로 위 파란 선을 따라서 움직였다. 이곳도 비와호와 함께 일본의 'National Cycle Route'로 지정된 코스이다. 그래서 그런지 쫄쫄이를 입고 본격적인 소위 '자덕'들로 보이는 사람들도, 특히나 외국인 라이더도 정말 많았다.

섬 자체에는 딱히 별 게 없다. 그냥 어디서든 볼 수 있는 흔한 시골 풍경이었다. 하지만 바다 근처에는 어딜 가나 자전거들이 몇 대 멈춰 서 있고 사람들이 눈부신 바다를 카메라에 담고 있는 모습들을 곳곳에서 볼 수 있다. 다리를 지나갈 때마다 자전거를 탄 사람들이 잠시 멈춰 선 채 미어캣처럼 사진을 찍고 있었다. 물론 나도 동료 미어캣처럼 멈춰 서서 사진을 찍곤 했다.

두 번째 현수교 위에 도착. 막상 두 개의 다리를 오르고 보니 그렇게 힘들지 않았다. 예전에는 몇 번씩이나 쉬거나 헉헉대며 올라갔겠지만 이제 한 번에 쉬지 않고 올라갈 수 있었다. 종주 동안에 체력과 실력이 그만큼 올라간 것 같아서 내심 뿌듯했다. 그렇게 세 번째… 네 번째 다리… 지금이 몇 번째 다리인지도 까먹을 만큼 다리와 섬을 지났다. 섬을 라이딩하는 것은 지루했지만 항상 다리 위에서 바라보는 세토 내해의 풍

경은 너무나도 아름다웠다.

　마지막 다리인 쿠루시마 해협 대교를 건너 드디어 시코쿠에 도착했다. 가장 일본스럽다고 할 혼슈와 천혜의 자연을 만난 홋카이도의 이국적 풍경을 모두 맛보고 왔던 나는 '시코쿠에는 어떤 또 다른 시코쿠스러운 풍경이 펼쳐질까?' 하고 기대를 잔뜩 안고 다다랐다.

　하지만 시코쿠의 풍경은, 혼슈에서 지나쳐 왔던 수많은 시골 마을과 전혀 다를 바가 없었다. 홋카이도가 유독 특이한 케이스가 아닐까. 어쨌든 시코쿠에 꿈꿔왔던 기대는 30분 만에 촛불처럼 꺼져버렸다. 그저 오늘의 목표 지점이었던 마츠야마에 빨리 도착하기 위해서 열심히 페달을 밟을 뿐이었다.

　소도시 정도로만 생각했는데 마츠야마는 높은 빌딩들이 많은 꽤나 큰 도시였다. 퇴근하는 직장인과 하교하는 학생들이 자전거를 타고 마츠야마 거리를 쏘다니고 있었다. 숙소는 도고 온천 근처였는데, 도고 온천은 한국인 관광객들도 많이 찾는 장소로 애니메이션 〈센과 치히로의 행방불명〉에 나오는 거대한 온천이 이 장소를 모티브로 했다고 해서 유명한 곳이다.

　도고 온천은 현재 공사 중이라 반쯤 커다란 구조물로 의해 덮여 있고 전면만 개방되어 있었다. 공사 중이긴 하지만 온천은 계속 이용할 수 있다고 해서 체크인 후 가보기로 했다. 공사 때문에 그래피티가 벽화로 그려져 있는 도고 온천을 덮은 구조물만 보면 꼭 거대한 미술관처럼 보였다. 금액은 500엔. '엄청 유명한데 가격은 저렴하네?'라는 생각과 함께, 낡은 내부 복도를 지나 남탕 로비에 들어갔다. 도고 온천의 욕탕은 비와호에서 갔던 동네 목욕탕처럼 정말 작았다. 아니, 명색이 도고 온천인데 이렇게 목욕탕이 작다고? 내가 사는 동네에 있는 목욕탕보다 작잖아? 공사를 하고 있어서 그런 건지 아니면 정말 도고 온천이 실제로 정말 이렇게 작은 곳이었는지는 모르겠지만, 기대와 달리 큰 실망과 함께 목욕을 마치고 나왔다.

사실 알아보고 온 것은 아니었지만 마츠야마의 도고 온천 마을은 나쓰메 소세키의 소설 『도련님』의 배경이 되는 곳이었다. 도고 온천 주변에 실제 운행되었다는 봇짱(도련님) 열차와 봇짱 시계탑을 비롯해 다양한 도련님 굿즈도 팔고 있다. 일본 사람들은 봇짱 열차 앞에서 차례로 인증샷을 찍고 있었다.

가벼운 가을 밤바람을 맞으며 도고 온천 주변을 산보하다가 다시 숙소로 돌아왔다. 이곳에서 시코쿠 서쪽 끝인 야와타하마까지는 70킬로라 내일 잘만 하면 배를 타고 큐슈의 벳푸로 건너갈 수 있었다. 큐슈에서는 2~3일 정도면 최남단에 도착할 수 있지 않을까. 이 지긋지긋한 페달질도 이제 끝이 보인다. 기나긴 여정의 끝자락이 어렴풋이 보이기 시작하는 밤이었다.

31

그까짓 돈 때문에

 2023년 10월 31일

 마츠야마~히로시마 (25Km)

　아침에 눈을 뜨자 뭔가 목 상태가 심상치 않음을 깨달았다. 한 침방울을 삼킬 때마다 느껴지는 강렬한 따가움…. 어제 환절기 아침의 찬바람을 맞으며 무리하게 라이딩을 한 탓이었을까? 내일이면 거의 70~80% 이상의 확률로 감기가 더 심해질 것이 뻔했다. 내일 감기가 악화되어 더 아프지 않기 위해서는 오늘 컨디션을 어떻게 관리하느냐에 달려 있었다. 하지만 오늘도 여정의 페이지를 넘기기 위해 라이딩을 쉴 수는 없었다. 늘어나는 여정에는 적어도 4,000~5,000엔 이상의 1박의 숙박비라는 엄청난 세금이 존재했기 때문이다.

　야와타하마까지는 70킬로밖에 되지 않아 천천히 라이딩을 해도 오늘 안에 도착할 수 있었다. 야와타하마로 가는 길에는 '고양이 섬'으로 한국 매체에서도 자주 소개된 아오시마가 있는데, 내 계획은 중간에 아오시마에 들렀다가 당일 큐슈로 건너가는 루트였다. 하지만 아오시마로 가는 배는 하루에 단 두 번 있었다. 첫 출항 시간인 아침 8시 전에 자전거로 도착하기 위해서는 적어도 새벽 5시 30분에는 출발해야만 했다. 8시 전에 도착하더라도 만약 탑승 인원이 초과되면 갈 수가 없다. 사실상 목감기로 인해 늦게 일어난 지금 아오시마에 가는 것도 불가능해졌다.

70킬로의 짧은 거리임에도 보고 싶었던 여러 곳들을 보지 못하고 가야 한다고 생각하니 있던 기운도 빠지고 의욕을 상실하고 말았다. 이마에서는 미열이 감돌았고, 몸은 으슬으슬하고 목은 너무 아팠다. 어디로, 어디까지 가야겠다는 구체적인 계획도 세우지 않은 채 숙소가 있던 도고 온천 주변을 빠져나왔다. 시간은 아침 8시 30분, 도로를 달리는 많은 차량과 함께 스쿠터를 탄 사람이 많이 보였다. 모두들 다 출근하고 있는 것이겠지. 앞에는 또 다른 마츠야마의 관광 명소였던 마츠야마 성의 안내 표지판이 보였다. 하지만 오늘 안에 큐슈까지 가기 위해서는 마츠야마 성을 들러 둘러볼 여유 따위는 내게 허락되지 않았다.

'왜 이러고 있을까… 왜 일생일대에 다시 오지 않을 일본의 여러 도시들을 지나면서 제대로 구경도 즐기지도 못하고 지나가고 있는 것일까…. 그까짓 돈 때문에? 돈이야 다시 벌면 되지. 일부러 돈 쓰면서 개고생하려고 여기에 온 거야?'

나에게 페달질을 재촉했던 것은, 너에겐 여유가 허락되지 않는다고 말했던 것은 바로 나 자신이었다. 더는 몸이 아프고 견디지를 못하자 투지와 현실 감각으로 똘똘 무장했었던 내 헝그리 정신마저도 이내 무너져버리고 말았다.

'기왕 늦어버린 거, 다시 혼슈의 히로시마로 건너가자. 히로시마에서 시모노세키, 그리고 후쿠오카까지 모두 다 후회 없이 둘러보고 가자.'

마츠야마 길거리 한복판에서의 충동적인 단 한 번의 결정으로, 큐슈에 도착하는 나의 여정은 결과적으로 일주일이 더 늘어나게 되었다. 스트레스를 돈으로 해결한 기분이었다. 하지만 미련을 놓아주는 것만으로도, 갑자기 구속에서 해방된 것만 같았다. 그제야 마츠야마의 파란 하늘이 아름답게 보이기 시작했다. 호주머니 사정에 쪼들리는 돈 없는 대학생이었지만 추억으로 남길 여정을 스스로 망치고 있었던 것이다.

히로시마로 가는 페리 터미널은 금방 도착할 수 있었다. 나 말고 또 다른 서양인 한 명이 자전거와 함께 배에 탑승했다. 저 사람도 자전거 여행을 하고 있는 걸까? 하코다테에서 아오모리까지 가는 페리 이후로 두 번째 페리 탑승이었다. 일본에 와서 거의 20년 만에 배를 한 달 만에 두 번이나 탔다.

배는 하코다테에서보다 더 작았지만 오히려 내부는 더 깨끗하고 현대적이었다. 그때는 누울 자리밖에 없었더라면 앉아서 갈 수 있는 좌석도 많았고, 콘센트도 많고 작은 간의 편의점도 운영되고 있었다. 에비센 과자를 먹으며 야외 테라스에 앉아 바닷바람을 맞으며 히로시마로 향하는 여유를 최대한 음미하고 있었다. 일종의 내게 라이딩을 쉰다는 것은, 쉴 때마다 불안해하던 나 자신으로부터의 일탈과도 같아 묘한 쾌감이 있었다.

2시간 30분이 걸려 히로시마에 도착했다. 기분이 좋아져서 그랬던 걸까? 함께 자전거를 타고 내리는 그에게 나도 모르게 "have a nice trip!"이라고 외치며 손을 흔들었다. 그도 내게 손을 흔들며 화답해 주었다. 보통 이런 상황에서는 항상 붙임성 있다는 서양인이 말을 걸기 마련인데, 반대로 MBTI도 I인 내가 먼저 용기를 내어 말을 걸었다는 사실에 내심 뿌듯했다. 여행이 하루하루 조금씩 나의 많은 것들을 바꿔가고 있었다.

히로시마 시내에는 현대적인 높은 빌딩들이 많으면서도 동시에 과거의 유물이라고 할 수 있는 많은 지상철들이 도심을 누비고 있었다. 그래서 마치 도시 속에 과거와 현대가 동시에 공존하며 살아 움직이는 듯했다.

나는 먼저 히로시마 평화기념공원을 둘러보고 가기로 했다. 히로시마 평화기념공원은 유명한 일본 건축가인 단게 겐조의 작품으로, 제2차 세계 대전 당시 히로시마에 떨어졌던 원자폭탄으로 희생된 사람들을 기리기 위해 설계된 공원이다. 공원은 마치 교토와 비슷한 느낌이었다. 그 말은 교토같은 역사적인 장소라기 보다는 바로 서양인과 수학여행을 온 일본 초, 중, 고등학생

무리로 구성된 인파와 다시 조우할 수 있다는 것이다. 위령비 주변에서 사진을 찍느라 여념이 없는 서양인들, 그리고 앞에 오와 열로 줄을 서서 단체사진 차례를 기다리고 있는 교복을 입은 일본 학생들. 이런 학생들이 많은 장소를 지나갈 때면 '일본 종주'라고 써붙이고 다니기 참 부끄러울 때가 많다. 고등학생들도 수군대는 것은 마찬가지이지만, 특히 초등학생 옆을 지나갈 때, "일본 종주다!"라고 대놓고 떠드는 목소리가 들리곤 하기 때문이다(이럴 때는 일본어를 알아들을 수 있다는 것이 저주와도 같다…).

공원 곳곳에는 히로시마 원폭을 추모하는 여러 조각상들이 보였다. 공원 가운데를 큰 강이 가로지르고 있는데, 강변에는 조를 편성한 듯한 다양한 일본 학생이 삼삼오오 모여 앉아 인솔 교사의 설명을 듣고 있었다. 선생님의 설명을 열심히 듣고 있는 학생이 있는 반면 듣는 둥 마는 둥 관심이 없는 학생들도 보였다. 다리를 건너 원폭 돔을 가까이서 보자 펜스로 둘러싸인 부서진 잔해들과 파편은 잔혹한 역사의 현장을 그대로 보여주는 듯했다. 아픈 역사가 잠들어 있던 출입금지의 원폭 돔 내부에는 불법으로 잠입하고 있던 고양이 두 마리가 어린아이처럼 뛰놀고 있었다.

학생일 당시 수학여행에서 딱히 박물관이라든지 역사적인 장소에 크게 관심이 없었다. 그처럼 히로시마 평화기념관에 들어갈 때에도, 박물관 같은 단어가 주는 고루한 이미지처럼 '뭐, 그냥 원폭 관련 자료 및 영상과 사진들이 전시되어 있겠지'라는 가벼운 마음으로 입장했던 것이다.

하지만 인터넷에서 그저 검색해 찾아보거나 억지로 학교 수업을 들으며 교과서에서 보는 것과 실제 역사의 현장에서 직접 두 눈으로 전쟁의 잔상을 보는 것은 확실히 체감이 달랐다. 원폭으로 죽거나 다친 수많은 일본 민간인들의 모습, 특히 당시 살아남은 어린아이들이 크레파스로 형형색색 그린 원폭 당시의 상황은 잔혹한 실제 사진보다 그 당시의 아픔을 더욱 생생하게 묘사하는 것 같았다. 마음이 너무 아려왔다. 지금껏 이어져오고 있다는 우크라이나와 러시아의 전쟁을 뉴스로 보면서도 얼마나 나는 그 일에 무관심하고 공감하지 못했던가. 그 모든 것이 비단 남 일이 아님을 이곳에서 여실히 느낄 수 있었다.

어떤 비싼 전시들보다 고작 200엔이었던 히로시마 평화기념관의 입장료가 더욱 값지게 느껴졌다. 전시가 끝나고 무거워진 마음과 함께 출구로 이어지는 복도를 걸으며 창문 너머 먼 곳에 있던 원폭 돔을 바라보았다. 공원의 수직축을 기점으로 이곳 평화기념관과 위령비, 원폭 돔은 의도적으로 정확히 직선을 그리며 이어지고 있었다. 내 시선은 그 축을 따라 머물면서 잠시 동안 전시의 여운에 잠겨 있었다.

해가 지기 전에 체크인을 끝마쳤다. 저녁을 먹고도 시간이 남아돌기에 로비에 앉아 태블릿을 켜고 글을 쓰고 있었다. 다른 테이블에 검은 단발머리의 한 여자가 앉아 있었다. 2시간 동안 내리 글을 쓰는 동안에도 그녀는 자리에서 일어나지 않고 휴대폰을 하거나 노트북 화면을 바라보고 있었다. 왜 히로시마 여행을 왔는데 저렇게 로비에만 머물고 있는 걸까? 흘긋 바라보니 노트북 화면에서 야구 경기 영상이 흘러나오고 있었다.

'말이라도 한번 걸어볼까…'

일본에 온 뒤로도 제대로 일본인과 일대일로 오래 대화한 적이 없었다. 여행 유튜버들은 잘만 대화를 하고 다니던데… 내 성격이 문제인 건가, 아니면 내 얼굴이 문제인 건가. 어쨌든 그녀도 딱히 함께 여행 온 일행도 없이 혼자인 것 같았다.

"저, 일본 야구 보시는 거예요?"

"아, 네. 맞아요. 야구 좋아하세요?"

"아뇨, 사실 전 야구를 잘 몰라서… 하하."

내가 말을 걸자 그녀는 기쁜 내색도 아니었지만 다행히 싫은 내색도 없이 친절하게 내 대화를 받아주었다. 며칠 전 비젠에서 보았던 야마모토의 사인 티셔츠를 찍은 사진을 그녀에게 보여주었다. 그러자 그녀는 눈이 휘둥그레지며 "제가 제일 좋아하는 선수예요! 여기 도대체 어디예요?"라고 하며 호들갑을 떨었다. 위치를 알아도 갈 수 있을 만한 거리가 아닌 것 같았지만.

"혹시 몇 살이세요?"

"저는 94년생이요."

"정말요? 저도 94년생인데!" 알고 보니 신기하게도 20대 중반 정도로 앳돼 보이던 그녀는 나와 동갑내기였다.

"히로시마에는 여행 오셨나 봐요?"

"아. 사실 전 여행이 아니고… 여기 스태프예요. 오늘 쉬는 날이라 그냥 야구 보면서 쉬고 있었던 거라서요."

심지어 그녀는 일본인도 아닌 대만인이었다. 대학교를 졸업한 뒤 워킹홀리데이로 일본에 와서 게스트하우스에서 일하고 있던 외국인이었다. 가수 아라시를 좋아한다는 그녀도 나도 일본에는 자주 왔지만 우리는 서로의 나라에 간 적도 없었다. 한국인과 대만인이 일본어로 게스트하우스에서 이야기하고 있는, 누가 보면 정말 이상한 광경이었다.

하지만 오히려 서로 일본인이 아니다 보니 얼추 고만고만한 일본어 실력으로 2~3시간을 즐겁게 이야기를 나눌 수 있었다. 이번 게스트하우스에서의 일이 끝나고 겨울이 되면 그녀는 홋카이도의 '호시노 리조트'에 일하러 갈 거라고 이야기했다. 같은 동갑내기이지만 아직도 꿈을 잃지 않은 그녀의 초롱초롱한 눈빛에, 나는 왠지 모르게 스스로가 부끄러워졌다. **워킹홀리데이처럼 교환학생이야 나도 가고 싶었지만 '이제 가기엔 너무 늦지 않을까?'라는 생각을 했었던 나.** 부모님의 눈치를 보고 대학을 가고, 주변 사람들이 취직을 하니까 나도 빨리 취직을 해야 할 것 같고. 그렇게 수많은 버킷리스트를 지우고 잊어갔던 나. 늦었다는 것을 결정한 사람은 바로 나 자신이었다.

아쉽지만 아침 일찍 라이딩을 출발해야만 했기에 저녁 10시쯤 그녀와 작별인사를 나누었다. 게스트하우스 명함 위에 만나서 반가웠다는 짧은 인사말을 적어 침대 머리맡에 두었다. 내일 그녀가 근무할 때 손님들의 침구류를 정리하다가 내 쪽지를 발견하기를 바라면서.

32

꼭 모든 곳을 가야만 할까

 2023년 11월 1일
 히로시마~이와쿠니 (49Km)

    알람 소리도 없이 새벽 4시에 눈이 저절로 떠졌다. 코로 숨이 아예 쉬어지지 않았다. 숨도 못 쉴 정도로 콧물이 생긴 바람에 잠에서 깬 것이었다. 곧바로 화장실로 달려가 코를 풀었다. 새벽의 정적을 깨고 게스트하우스에 코 푸는 소리가 우렁차게 울려 퍼졌다. 다른 투숙객들이 깼을까 미안한 마음이 들었다.

    '큰일 났다….'

    어제 조금이라도 나아지길 빌었던 소원과는 반대로 감기기운은 보란 듯이 더 악화되어 있었다. 기세로 보아 오늘이 그 절정인 것 같았다. 물도 삼키지 못할 정도로 목이 아팠다. 술을 마시고 잔 것도 아닌데 취해서 어질어질한 기분이었다. 이 컨디션으로 오늘 과연 라이딩을 제대로 할 수는 있긴 할까?

    침대로 돌아와 다친 짐승처럼 이불속에 파고 들어가 웅크려 누웠다. 아이러니하게도 오히려 상태가 나아질 것이라는 희망이 사라져 버리자 어제 결정하지 못했던 오늘 목적지를 쉽게 결정할 수 있었다.

    '멀리 가지 말고 이와쿠니까지만 가자….'

    이와쿠니는 히로시마에서 고작 40킬로밖에 떨어져 있지 않은 도시였다.

아프니까 무리하지 말고 조금만 타고, 내일부터 빡시게 밟자. 그러면 내일은 이와쿠니에서 기타큐슈까지, 다음 날이면 후쿠오카에 도착할 수 있겠지, 라는 계산이었다.

 망설임 없이 이와쿠니에 있는 한 호텔을 예약했다. 새벽 6시부터 7시까지의 알람 예약들을 모두 꺼버렸다. 40킬로면 오후 4시에 출발해도 오후 6시에 도착할 수 있는 거리기에 일찍 일어날 필요가 없었다. 일단 조금이라도 몸 상태가 나아지기 위해서 푹 자야만 했다.

 다시 눈을 뜨자 체크아웃 30분 전인 9시 반이이었다. 깜짝 놀라 물건들을 잽싸게 챙기고 방에서 나왔다. 하마터면 어제 로비에서 이야기를 나누었던 대만에서 온 그녀가 나를 깨워서 민망할 뻔했다. 로비로 내려가 어제 사 둔 아침을 챙겨 먹었다. 마트에서 사 왔던 레몬에 절인 연어를 햇반과 함께 먹었는데, 맛은 일반 연어랑 아무런 차이가 없었다.

 늦게 일어났지만 컨디션은 새벽과 별반 다르지 않았다. 그래도 조금이라도 느린 속도로 페달을 밟기로 했다. 히로시마를 벗어나던 도중 한 라인 메시지가 도착해 있었다. 그녀가 보낸 메시지였다.

 "쪽지 읽어봤어! 너무 고마워. 너도 꼭 무사히 다치지 않고 종주 성공하기를 응원하고 있을게."

 이와쿠니로 가기 전 먼저 미야지마라는 곳으로 향했다. 미야지마는 히로시마 근처에 위치한 섬으로, 일본의 유학자 하야시 가호가 꼽았다는 일본 3경(日本三景) 중 하나로 유명한 관광지이다. 바다 위에 떠 있는 듯한 붉은 토리이가 가장 유명한데, 만조 때는 바다 위의 토리이를 볼 수 있고 간조에는 썰물이 빠져나가면서 토리이 주변의 바닥이 드러난다. 그래서 만조를 보기 위해서는 시간을 미리 잘 확인하고 가야만 한다. 오늘의 만조 시간은 오전 11시

반. 천천히 자전거로 이동해도 크게 늦지 않을 시간이었다.

미야지마로 가는 페리 승강장 앞에는 일본 고등학생들이 우르르 몰려 앉아 있었다. 여기도 수학여행을 온다고? 이번 종주동안 일본 수학여행 코스는 전부 다 가본 것만 같다. 배가 15분 간격으로 있어서 얼마 안 되어 금방 탑승할 수 있었다. 유독 이전에 탔던 배에서보다 모두 놀러 가는 사람들이라 그런지 탑승객들의 인상이 행복해 보였다. 감기기운에 비몽사몽하면서도 갑판으로 나와 바다를 구경했다. 넘실대는 히로시마 앞바다 끝에 미야지마의 높은 산을 배경으로 바다 위에는 빨간 토리이가 조그맣게 보이고 있었다.

눈 깜짝할 새에 미야지마에 도착했다. 배에서 내리고 얼마 걷지 않아 반가운 얼굴이 다시 보였다. 사슴이었다. 사슴 하면 나라 공원이 가장 유명하지만 이곳 미야지마에도 야생 사슴들이 관광객 사이를 스스럼없이 돌아다니고 있었다. 숲이나 공원같은 초록 배경을 거니는 자연스러운 모습보다, 바다를 배경으로 사슴들이 돌아다닌다는 것 자체가 꽤 특이하고 이색적인 풍경이었다.

10분쯤 걷자 금방 토리이 앞에 도착할 수 있었다. 물 위에 떠 있는 듯한 빨간 토리이를 배경으로 많은 관광객들이 인증샷을 쉴 새 없이 찍어대고 있었다. 개인 단위로 놀러 온 사람은 물론이고 수학여행을 온 학생과 단체 관광객까지 인산인해로 북적였다. 메고 있던 가방을 뒤편에 잠시 내려두고 사진을 찍었다. 한 서양인 관광객이 "헤이!"라고 내게 외치더니, 내 뒤쪽에 있던 가방을 손가락으로 가리켰다. 돌아보자 사슴이 열려 있던 내 가방에 머리까지 들이밀고는 빵을 꺼내 봉지째로 씹어먹고 있었다.

"야! 저리 가!"

깜짝 놀라 손짓으로 제지했지만 사슴은 아랑곳하지 않고 가방을 헤집으며 빵을 질겅질겅 씹어댔다. 식탐에 정신이 팔려 내 존재 따위는 잊은 것처럼. 이후로도 사슴은 먹을 것이 더 없나, 하듯 내 주변을 어슬렁댔다. "미야지마

의 사슴들은 나라 공원보다 더 온순해요."라고 리뷰에서 읽었는데 내가 느끼기엔 그 반대였다. 나라 공원 사슴은 신호도 지키고 고개도 숙이고 예의 있는 친구들이 많은데… 미야지마의 사슴들은 먹을 것이 눈에 띄면 인정사정없이 달려들어서 갈취한다. 단체 관광을 안내하던 가이드의 호주머니를 물어뜯는 사슴도 보았다. 깡패가 따로 없다.

그래도 어디 가지 않는 타고난 귀여움. 가만히 쉬고 있던 상대적으로 늙거나 온순한 사슴들과 연신 사진을 찍었다. 일단 관광지에 왔으니 뭐라도 먹어야지. 히로시마의 특산물이라는 굴 요리 가게에 들렀다. 굴 튀김, 굴 된장국, 굴 구이 등이 한 접시에 차려져 나오는 꽤나 비싼 정식 요리였다. 굴 맛은 한국에서나 일본에서나 맛은 거기서 거기였지만 꽤 괜찮은 식사였다.

다시 배를 타고 육지로 돌아와 미련 없이 미야지마를 뒤로하고, 이와쿠니로 페달을 밟았다. 해가 질 무렵 히로시마에서 이와쿠니로 가는 길에 건축가 시게루 반이 설계한 '시모세 미술관'의 근처를 지나가고 있었다. '좌회전 후

300미터, 시모세 미술관'이라는 안내문이 바로 눈앞에 보였다. 브레이크를 잡고 자전거를 세운 채 망설였다. '갈까…' 하지만 하늘은 어두워지고 있었고 미술관이 폐장하기까지는 딱 1시간. 고민하다가 결국 다시 자전거를 몰고 미술관을 지나쳐갔다.

후회하지 않았더라면 거짓말이다. '아, 그때 무리를 해서라도 갈걸….' 하지만 다시 생각해 보면 그 미술관을 몰랐더라면 더 행복하지 않았을까? 오늘도 그저 감사하게도 무사히 라이딩을 끝마쳤다는 기억만 남아 있었지 않았을까. 읽고 배우고 경험하다 보면 생기는 취향들과 되고 싶은 것들, 그 모든 것을 '가고 싶은 장소'로 저장하며 뭐 하나라도 경험하려고 아등바등 살아왔던 것이 과연 정답이었을까? 하는 의문이 들었다. 그때 지독한 감기에 골골대며 페달을 밟고 있던 나 자신과 지금 앉아서 글을 쓰고 있는 나 자신은 다른 존재다. 그때의 나 자신은 일종의 타인이기에 이해해 주기가 어려운 것이다.

자전거 여행에서는 매일 그 타인과 마주하곤 한다. 어제의 나에게 '좀 더 달리지 그랬어.', '거기를 가지 그랬어.', '왜 그때 그랬던 거야?' 그런 과거의 나 자신을 보듬어줄 수 있으려면 **결국 지금의 내가 그때의 선택들을 이해하고 받아들여야만 한다는 것을,** 나는 자전거를 타며 배워나가고 있었다.

이와쿠니에 도착해서 호텔에 짐을 풀고 샤워를 한 후, 반팔과 반바지 차림으로 갈아입고 슬리퍼를 신고 걸어 나와 정해진 루틴처럼 가장 가까운 마트로 향했다. 오늘 저녁은 20% 할인 중이었던 피자로 정했다. 감기약도 샀다. 그래도 아침보다는 감기기운이 많이 줄어든 듯했지만 컨디션 저조로 일기도 여행기도 제대로 쓰지 못한 채 저녁 9시쯤 혼절했다. 오늘 40킬로밖에 라이딩을 하지 않은 만큼 내일은 반드시 170킬로를 달려서 혼슈 라이딩을 끝내고 큐슈로 건너가리라.

33

산길 위에서 펑크와의 사투

 2023년 11월 2일
 이와쿠니~야마구치 (93Km)

　일찍 잤던 덕분에 오전 7시에 모든 만반의 준비를 마치고 숙소를 나올 수 있었다. 다행히 감기기운과 몸 상태도 어제보다 나아졌다. 기타큐슈까지는 170킬로. 40킬로밖에 가지 못했던 어제를 만회해야겠다는 집념이었다. 170킬로라면 잘만 하면 하루 만에 달릴 수 있는 거리다.
　이른 시간이다 보니 일본 학생들도 자전거를 타고 등교를 하고 있었다. 하얀 셔츠와 검은 바지 차림의 정말 만화나 미디어에서만 보던 전형적인 일본 남고생의 모습이었다. 시가지를 벗어나 산복도로로 진입했지만 다행히도 높은 산맥을 통과한다든지 경사가 심한 곳은 없었다. 여느 때처럼 쌩쌩 국도를 달리는 차들과 함께 차선 끝을 달리던 와중, 갑자기 바퀴가 덜컹거리기 시작했다.
　'설마? 아닐 거야. 노면 문제일 거야. 노면이 울퉁불퉁해서 덜컹거리는 거야…'
　라고 하지만, 덜컹거림이 계속해서 지속되면 그때서야 노면이 아니라 내 자전거의 문제라는 것을 인정하고 싶지 않아도 인정해야 하는 순간이 온다. 일단 자전거를 갓길에 멈춰 세우고는 자전거 바퀴를 만져보았다. 누른 손가락이 바퀴에 쑥 들어갔다.

그렇다. 드디어 펑크가 터진 것이었다.

불과 이와쿠니 시내를 빠져나온 지 40분밖에 되지 않았었다. 왜 하필이면 170킬로 이상을 달려야 하는 오늘 같은 중요한 날에 펑크가 터진 것인가. 신이 원망스러웠다. 게다가 도시 부근도 아니고 이런 망망대해 같은 산 중턱 한가운데에서… 사실 생각해 보면 이미 3,000킬로를 가까이 달렸는데 펑크가 한 번도 나지 않았던 것이 오히려 신기하고 감사할 일이었다. 어쨌든 사람 마음이란 참 간사하고 지금은 살고 봐야 할 일이니까.

근처 도로에 작은 주차공간이 있었다. 여분의 타이어 튜브와 에어펌프까지 모두 펑크를 대비해 철두철미하게 들고 왔다. 하지만 사실 어떻게 보면 직접 펑크를 수리하는 건 이번이 처음이었다. 국토 종주에서 몇 번 시도한 적이 있었지만 번번이 실패하고 그때마다 자전거 가게의 출장 수리를 불렀다. 그야말로 펑크도 수리해 본 적이 없는 자전거 풋내기가 막무가내로 험한 외국에 왔던 것이다.

'한번 해보자.' 트렁크백에서 타이어 튜브와 에어펌프, 작업용 장갑까지 준비해 온 것들을 모두 꺼냈다. 막막했지만 이번 여행 이후 자전거를 더 이상 타지 않을 것도 아니고 언제까지 출장 수리에 의존할 수는 없었다. 한쪽에는 유튜브에서 미리 다운로드해 둔 타이어 수리 영상을 휴대폰에 켜두고 차근차근 타이어를 해체하기 시작했다. 안에 있던 튜브를 새 튜브로 갈아 끼워 넣는 것까지는 성공했다. 하지만 아무리 펌프를 눌러봐도 튜브에 공기가 채워지지 않았다. 주입기를 제대로 안 끼워서 공기가 새는 건가? 펌프가 문제인 건가?

거의 1시간 동안이나 낑낑대며 아스팔트 바닥에 앉아 바퀴를 부여잡고 있었다. 갑자기 펌프에서 작은 쇳조각이 하나 떨어져 나왔다. 펌프는 고장이 나 있었다. 썩은 동아줄처럼 멘탈이 뚝 끊어졌다. 결국 오늘도 자전거 펑크를 수리하는 데에 실패했다. 누굴 탓하랴. 이것 역시 싸구려 만 원짜리 펌프를 중고 거래로 가져온 내 탓이겠지….

결국 자전거 수리점까지 직접 걸어가는 방법 말고는 대안이 없었다. '자전거 가게'를 검색하자 최소 2시간 30분 정도는 걸어가야만 하는 거리에 가게가 있었다. 걷기도 싫지만, 그것보다 기타큐슈까지 170킬로인데 아침부터 약 4시간을 허비하는 셈이었다.

걸어가는 내 옆으로 커다란 굉음과 함께 폭풍을 몰아치며 화물 트럭들이 쌩쌩 지나갔다. 산복도로 한복판에서 자전거를 두 손으로 질질 끌고 걸어가는 나를 보면 운전자들은 뭐라고 생각할까? "펑크 수리 하나 제대로 하지 못하는 실력으로 여기까지 자전거를 끌고 온 거야?"라고 비웃지 않을까. 그러면 뭐 어쩌겠어, 어차피 지금 내가 할 수 있는 것은 아무것도 없었다.

30분 정도 걷자 피로가 쏟아졌다. 체력적인 부분보다는 시간을 허비한 것에 대한 스트레스가 컸다. 잠시 회복을 위해 앞에 보이는 주유소의 공터에 앉아서 메론빵을 우적우적 씹어먹었다. 그러던 그때, 갑자기 내 눈앞에서 주유소를 쌩 하고 두 자전거가 지나쳐갔다. 한눈에 봐도 장거리 여행 중인 것 같은 라이더들이었다. 그렇다면 에어펌프도 가지고 있을 가능성이 다분했다.

"스미마셍! 스미마셍!!!"

그들을 향해 있는 힘껏 크게 소리쳤다. 하지만 그들은 내 말이 들리지 않는지 묵묵히 가던 길을 가고 있었다. 무조건 저들을 따라잡아야 된다는 생각에 튜브가 터진 자전거에 급히 올라타 페달을 밟았지만, 당연히도 펑크 난 자전거로는 그들을 따라잡기에는 역부족이었다. 여러 번이나 뒤에서 목이 터져라 그들을 불렀지만 그들은 시야에서 점처럼 작아지더니 이내 사라져 버리고 말았다.

망연자실한 채 다시 기나긴 국도를 처량하게 걷기 시작했다. 어두운 터널을 지나갈 때에는 정말 30센티도 안 될 것 같은 폭의 길을 지나야 했다. 좁아서 몸이 터널 벽에 쓸리는 바람에 온갖 흙먼지를 뒤집어쓰고 나왔다. 게다가 터널 벽에 튀어나와 있던 날카로운 금속에 어깨를 부딪쳐 쓰라린 상처가 남았다.

오전 11시가 넘어서야 겨우 자전거 수리점이 있는 한 작은 마을에 도착할 수 있었다. 자전거 수리점에는 일흔은 되셨을 것 같은 주인인 듯한 분이 계셨다. 일본 고령자의 일본어는 정말이지 알아듣기 어려웠다. 단골인지 주인과 즐겁게 대화를 나누던 사람이 통역하듯 우리의 대화를 도와주셨다. 다행히 펑크를 고칠 수 있었고, 감사 인사와 함께 수리비를 건네드리고 가게 밖으로 나왔다.

시간은 오후 12시. 마땅히 주변에 점심을 먹을 가게도 보이지 않아 대충 보이는 마트에서 식빵과 우유를 산 후 벤치에 털썩 앉았다. 이미 오늘 기타큐슈까지 가는 것은 포기한 지 오래였다. 인생을 다 산 것처럼 앉아서 빵을 먹고 있던 내게 마트 주변을 청소하시던 한 아주머니께서 말을 걸었다. BTS의 팬이라고 하며, 뭐라도 챙겨주고 싶은데 자기가 일 중이라 챙겨주지 못해서 미안하다는 말과 함께 응원을 해 주셨다.

4시간의 공백을 메꾸기엔 불가능했지만 조금이라도 더 가기 위해 오로지 라이딩에만 집중해서 페달을 밟았다. 야마구치 현의 아름다운 시골 풍경을 많이 보았지만 이를 감상할 여유는 없었다. 기타큐슈까지 갈 수 없게 되었으니 어디까지 가야 하지? 워낙 시골이다 보니 게스트하우스와 넷카페마저 눈 씻고 찾아봐도 찾기 어려웠다.

숙박 앱에서 값싼 금액의 캡슐호텔을 찾았다. 하지만 내가 가는 루트와 위치가 다소 동떨어져 있었다. 캡슐호텔이 위치한 야마구치로 가려면 적어도 루트가 아닌 길로 10킬로를 더 가야만 했다. 그렇다고 자전거를 싣고 전철을 타자니 점프[5]는 자존심상 허락하지 않았다.

내가 생각해 낸 방법은 바로 루트에 있는 신야마구치 역에 자전거를 세워둔 다음 짐만 들고 야마구치 역으로 전철을 타고 가는 것이었다. 그리고 다음 날 아침 다시 전철을 타고 이곳 신야마구치역으로 돌아와 자전거를 타면 점프를 하지 않은 셈이지 않은가?

해가 지기 직전에 신야마구치 역에 도착해 공용 무료 자전거 주차장에 자전거를 세워두었다. CCTV가 없는 주차장이라 자전거 도난 위험도 있었지만 만약 자전거가 도난당한다면… 그건 내일의 내가 알아서 할 문제였다.

전철에 올라타자 오늘 고생의 여파로 졸음이 쏟아졌다. 야마구치까지는 30분 정도가 소요되니 잠깐 눈만 붙이자, 하고 잠이 들었다. 눈을 떴을 때 많은 사람들이 한꺼번에 내리는 것을 보고 깜짝 놀라 야마구치 역이라 생각하고 덩달아 내렸다. 알고 보니 야마구치 역보다 한 정거장 앞인 유다온센 역이었다.

다음 전철을 기다리자니 30분이 넘게 남았기에 나와서 야마구치 역까지 걸

---

[5] 자전거 종주 중간에 대중교통 혹은 차량의 힘을 빌려서 루트를 건너뛰는 것.

어가기로 했다. 시골 전철이라 그런지 한 정거장 차이인 유다온센 역과 야마구치 역도 거리가 거의 3킬로였다. 아침에 10킬로를 걸었는데, 또 3킬로를 걸어야만 했다. 이게 일본 종주인지 일본 국토대장정인지….

오늘 고생에 보상 심리라도 발동했는지 중간에 마트에 들러서 먹고 싶은 음식이란 음식은 산더미처럼 골라 장바구니에 담았다. 캡슐 호텔은 아주 마음에 들었다. 가격은 게스트하우스와 비슷한데도 어메니티 제공을 비롯해 공용 시설이 전부 호텔급이라는 점. 부랴부랴 샤워를 마친 후 한가득 사 온 음식들을 로비 테이블에 차리니 진수성찬이 따로 없었다. 꼬치 한 입과 새우초밥 하나를 입에 집어넣자마자, 너무 맛있다 못해 눈물이 찔끔 났다.

기타큐슈까지 가자는 결의도 무색하게 근처도 못 가고 야마구치에서 끝나 버린 오늘의 라이딩. 그렇지만 하루 종일 고생하고 먹었던 저녁이어서 그런지 이날 먹었던 저녁이 종주 중 가장 행복했던 저녁 식사였다. 이런 행복을 위해서 신은 나를 고생시켰던 걸까? 하지만 내일만큼은 절대로 양보할 수 없다. 펑크가 나든 사고가 나든 내일은 무조건 혼슈를 벗어나서 큐슈에 도착할 것이다. 반드시.

34

남은 거리는
단 500킬로

 2023년 11월 3일

 야마구치~후쿠오카 (149Km)

    자전거를 주차해 둔 신야마구치 역으로 돌아가기 위해 전철 시간에 맞춰 캡슐호텔에서 나왔다. 전철에는 나 이외에도 출근하는 일본 직장인, 등교하는 일본 학생들이 줄지어 함께 올라탔다. 10킬로를 전철을 타고 와서 숙소에서 잤다가 다시 메어둔 자전거를 타러 10킬로를 되돌아간다니. 참 힘들어서 내가 별짓을 다 하고 있구나….

    다행히 공용 주차장에 메어 두었던 자전거는 어제 그대로 자리에 머물러 있었다(심지어 트렁크백도 귀찮아서 안 떼고 두고 왔었다). 어제의 갑작스러운 펑크로 인해 큐슈에 도착하지 못했지만, 대신 오늘 170킬로를 달린다면 기타큐슈를 넘어서 후쿠오카까지도 갈 수 있었다.

    신야마구치 역에는 몇몇 라이더가 자전거를 정비하며 그룹 라이딩을 준비하고 있는 모습이 보였다. 자전거 동아리의 대학생들로 보였다. 6주간의 오랜 나 홀로 여행과 함께 외로움과 싸우고 있는 내 마음은 '저 사람들이랑 함께 라이딩하고 싶다'고 외치고 있었다. 어디로 가는 걸까? 하지만 내가 갈 방향은 정해져 있었다. 애써 그들을 외면한 채 신야마구치역을 뒤로하고 페달을 밟았다.

시모노세키까지는 사실상 3번 국도로만 가도 도착할 수 있었다. 그 말인즉슨 해안가라든지 멋진 경치는 기대할 수 없고 오늘도 화물 트럭이 〈매드맥스〉 시리즈처럼 달리는 삭막하고 지루한 국도만 시야에 되풀이될 것이라는 의미였다. 뭐, 그래도 길은 깔끔해서 좋고 구글 지도를 보지 않고 3번 국도 표지판만 보고 달려도 되어서 편하긴 하다.

정오 쯤 드디어 어제 도착하고 싶었던 시모노세키를 지나가고 있었다. 마치 '여기서부터는 외진 곳이 아닌 한국인이 오는 관광지입니다.'라고 말하듯 표지판에 한국어가 정말 오랜만에 보여서 반가웠다.
혼슈에서 큐슈로 넘어가는 칸몬교와 칸몬 해협이 서서히 보이기 시작했다. 구름 한 점 없는 맑은 날씨와 함께 눈부시게 빛나고 있던 칸몬 해협을 보자 혼슈가 드디어 끝났다는 벅찬 후련함이 솟아올랐다. 펑크와 지독했던 감기, 얼마나 고생해서 여기까지 달려왔는가. 그 모든 걸 뒤로 하고 나는 칸몬 해협의 눈부시게 아름다운 풍경을 감상하며 마지막 혼슈의 국도 끝자락을 달리고 있었다.
칸몬교를 지나 큐슈로 넘어가기 전 유명한 해산물 시장인 가라토 시장에 들렀다. 시장 앞의 긴 해변공원에는 마치 봄철의 한강공원처럼 수많은 인파가 우글대고 있었다. 시장 내부는 서울의 노량진 수산시장과 비슷한 분위기인데, 빵집처럼 초밥을 골라 집어서 담을 수 있는 시스템이 신기했다. 주말이 아닌 평일임에도 시장은 정말 인파를 헤치고 지나갈 수 없을 정도로 사람이 많았다. 30분은 족히 기다려야 할 듯한 줄이 길게 늘어선 유명한 가게들은 포기하고 웨이팅이 길지 않은 가게에서 초밥을 골라 담아 계산했다.
여느 관광객처럼 해변공원의 데크에 앉아 바다를 바라보면서 사 온 초밥을 먹었다. 해협 위에는 드문드문 화물선들이 지나다니고 있었다. 시모노세키는

복어가 유명한데, 그보다 맛있었던 것은 생새우초밥. 가격도 너무 비싸지도 않고 맛이 너무 신선했다. 과장을 보태자면 일본 전역에서 먹었던 초밥들 중 가라토 시장의 초밥이 가장 맛있었다.

자전거로는 칸몬교를 건널 수 없기 때문에 대신 도보로 갈 수 있는 칸몬 터널을 통해 가야만 했다. 해협을 지나는 지하로는 딱히 볼 게 아무것도 없다. 그냥 긴 터널을 사람들과 함께 저벅저벅 걷다 보면 어느새 큐슈에 도착해 있다. 큐슈의 지상으로 나와서도, 칸몬교와 시모노세키의 모습이 혼슈에서 바라보던 기타큐슈의 모습과 똑같아 꼭 들어왔던 곳으로 나온 것 같은 착각을 불러일으켰다.

큐슈의 첫 시작점인 기타큐슈까지도 거의 100킬로를 달려온 상황이었다. 기타큐슈에도 유명한 관광지들이 있지만 둘러볼 여유는 없었다. 오늘 후쿠오카까지 달린 후에 내일 후쿠오카를 돌아다니며 하루를 쉬고 싶었다. 아쉽지만 기타큐슈와는 짧은 인연으로 작별을 고하고 빠르게 시내를 통과하고는 그대로 3번 국도를 따라 라이딩을 이어갔다.

저물어가는 해를 바라보며 조금만 더 느리게 어두워지길 빌면서 페달을 밟았다. 하지만 어느새 주변을 바라보면 차량의 헤드라이트들이 저마다 섬광을 그리고 있다. 오히려 조명으로 환한 터널 내부가 밤거리를 달리는 것보다 안전했다. 후쿠오카까지 50킬로, 40킬로, 30킬로… 표지판에 쓰여 있던 거리가 점점 줄어들고 있었다. 3번 국도에는 시끄러운 배기음을 내며 차량 사이를 요리조리 비켜가며 도로를 내달리는 폭주족들도 자주 보였다.

시커먼 밤길을 질주하던 도중, 갑자기 오른쪽에 지나가던 한 차량에서 소름 끼치는 남자의 괴성이 나를 덮쳤다.

"에레레으갸악!!!"

순간 너무 깜짝 놀라 핸들바를 잡은 두 손이 움찔하다 못해 나자빠질 정도로 간이 철렁했다. 자칫 위험한 순간이 될 뻔했다. 10대일 법한 앳된 목소리의 괴성이었다. 나를 놀리기 위해 국도 한복판에서 차창을 내리고 소리를 지른 것이었다. 차량 속도를 따라갈 수만 있었다면 따라가서 욕을 뱉고 싶을 만큼 화가 났지만… 두근거리는 심장을 진정시키고 계속해서 페달을 밟았다.

도시에 가까워지다 보면 어느새 나를 반기는 찬란한 건물의 불빛들. 오후 8시가 되어서야 드디어 후쿠오카 시내에 도착했다. 여행 중 가장 늦은 시간까지의 라이딩이었다. 후쿠오카는 이미 12월의 겨울을 준비하는 듯한 일루미네이션이 나무 위를 수놓아 반짝이고 있었고, 거리 곳곳에는 유명한 포장마차들 뒤로 수많은 사람들이 일렬로 줄을 서 있었다. 하지만 뭘 먹어도 좋으니 그냥 먼저 쉬고 싶었다. 미식이든 여유는 내일 즐기기로 하고, 먼저 숙소로 가는 것이 우선이었다.

주말이라 그런지 호텔은 최소 10,000엔 이상, 심지어 게스트하우스도 숙박비가 8,000엔을 웃돌았다. 하는 수 없이 오늘도 넷카페로 향했다. 오호리 공원 근처의 한 넷카페에 체크인 후 전광석화 같은 속도로 샤워를 하고 나와서 바로 옆의 사이제리야로 향했다. 후쿠오카에서의 첫 저녁을 350엔 피자와 150엔 무제한 드링크바, 총 500엔으로 때웠다.

지금까지 총 달려온 거리를 합산해 보니 이미 3,000킬로를 훌쩍 넘은 3,200킬로가 찍혀 있었다. 남은 종주 거리는 대략 500킬로. 4일이 걸렸던 서울~부산 국토 종주 거리인 633킬로보다 짧은 거리였다. 죽을 만큼 힘들지만 조금만 힘내자고 생각했다. 정말 조금만 더….

큐슈

최남단에 마침표를 찍기 위해

사타곳으로 가는 길에는 차도 없고 마을도 없어 마치 다른 이세계에 나 홀로 떨어진 것 같았다. 사방은 숲이라기엔 밀림에 가까웠다. 큐슈엔 곰이 살지 않는다. 그렇지만 숲에서 뿜어져 나오는, 불가사의하고 신비스러운 분위기는 마치 꼭 정체불명의 동물이 튀어나와 나를 덮칠 것만 같은 느낌이었다.

35

여유롭게, 다자이후

2023년 11월 5일

후쿠오카~구루메 (51Km)

    전역 후 일주일 만에 자전거를 비행기에 싣고 일본의 최북단으로 날아왔던 9월 22일. 그리고 45일이 흐른 지금의 날짜는 11월 5일을 가리키고 있었다. 45일 동안 총 3,200킬로 정도의 거리를 달렸고 여기 후쿠오카에서부터 일본의 최남단까지 거리는 약 400킬로 남짓이었다.

    3,200킬로를 탔지만 400킬로는 여전히 너무 길어 보였다. 하루 평균 100킬로를 간다고 계산한다면 4일이면 최남단에 도착할 수 있었다. 하지만 정확히 100킬로씩 갈 수는 없다. 정확히 100킬로마다 도시가 세워져 있는 것이 아니기 때문이다. 지나가는 루트 중에 저렴한 숙소가 위치한 도시를 먼저 찾은 뒤 적절하게 어디에서 내가 머무를지 거리를 고려해 결정해야 한다.

    오늘은 구루메라는 도시에 머무르기로 결정했다. 내일도 비 예보가 있어 하루 라이딩을 쉬어야만 했다. 구루메까지의 거리는 50킬로밖에 되지 않지만 근처의 여러 소도시들을 내일 구경하고 싶어서 그곳으로 정했다.

    간만의 여유로움을 만끽하며 느긋하게 페달을 밟고 후쿠오카를 빠져나갔다. 혼슈에서 큐슈로 넘어오자 유달리 햇빛이 더 따가워진 느낌이었다. 11월인데도 마치 여름인 것처럼 햇빛이 살갗을 내리쬐었다. 남쪽이라서 그런가?

낮 최고 기온이 무려 27도여서 깜짝 놀랐다. 한국은 과장을 보태면 이제 패딩을 꺼내서 입고 다닐 텐데.

후쿠오카의 조금 아래로 내려가면 다자이후라는 도시가 있어 잠깐 구경하기로 했다. 역 근처의 자전거 공용 주차장에 자전거를 대충 아무 데나 세워두고는 항상 그랬듯 쫄쫄이 차림으로 당당하게 거리로 걸어 들어갔다. 이젠 쪽 팔림도 느껴지지 않는다.

주말이라 그런지 역시 다자이후의 거리는 인파로 가득했다. 다자이후에서 가장 유명한, 일본의 3대 신사 중 하나로 손꼽힌다는 천만궁으로 향했다. 거리의 사람들이 하나같이 빨간 아이스크림처럼 생긴 무언가를 들고 먹고 있었는데, '아마오우'라는 딸기로 만든 아이스바였다. 후쿠오카 현의 명물인 아마오우 딸기는 일본에서도 당도와 크기에 있어 고급으로 취급받는 유명한 딸기라고 한다. 500엔의 거금을 치르고 나도 다른 관광객들을 따라 하듯 아이스바를 하나 손에 쥐고선 먹었다. 음… 그냥 딸기가 들어간 젤리바 맛이었다.

천만궁의 입구에 도착하자 웬 사람들이 길게 늘어선 줄이 보였다. 정말 왜 서 있는지도 모른 채 줄 끝으로 가서 뒤따라 줄을 섰다. 누워 있는 한 황소 동상에서 사람들이 인증샷을 찍기 위해 줄을 선 것이었다. 바로 내 뒤에 섰던 두 일본인 여성에게 "저 황소가 대체 뭔가요?"라고 물었다. 황소가 뭔지도 모른 채 줄을 서 있는 내 모습이 바보 같아 보일 거라고만 생각했는데, 두 여성도 서로를 쳐다보며 당황하더니 "음, 뭐지? 뭐더라? 저희도 사실 잘 몰라요." 하고 웃음을 터뜨렸다. 한 여성이 이내 휴대폰으로 검색하고는,

"황소의 머리를 만지면 머리가 좋아지고 공부를 잘할 수 있대요."라고 친절하게 알려주었다. 아마도 수험생 부모님들이 시험 100일 전에 참 많이 올 것 같다는 생각이 들었다. 두 여성과 말을 튼 덕분에 자연스럽게 서로의 사진을

찍어주기도 했다. 사실 나는 준비하고 있는 시험도 없는데 굳이 왜 황소의 머리를 만지고 있는지는 모르겠지만. 내년 복학 후 학점을 딸 때까지 이 효력이 남아 있기를 빌면서.

천만궁은 신앙에서의 신이라는 존재가 아닌 일본의 한 학자를 받들기 위해 만들어진 곳이라고 한다(신을 모시는 곳을 신궁이라고 부른다). 그래서 천만궁은 다자이후뿐만이 아니라 일본 전역의 여러 곳곳에서 볼 수 있다. 학자를 받들어서인지 주로 학업, 시험에 대한 행운을 빌기 위해 이곳을 사람들이 방문한다고 하는데 그래서인지 이번 여행 동안 많은 신궁과 신사들을 돌아다녔지만 여기만큼은 조금은 특별한 분위기가 눈에 띄었다. 특히 다른 신사에서는 보지 못했던 하얗고 빨간 하카마의 무녀복을 입은 여성들이 자주 보였다.

수많은 인파가 경내를 가득 메우고 있었다. 뭔가 안에서 행사가 진행되고 있는 듯했다. 알고 보니 결혼식이었다. 신랑과 신부가 경내를 방문한 많은 사람들 사이로 지나가면서, 다 같이 한마음 한뜻으로 결혼을 축하하며 박수를 쳐주고 있었다. 얼마나 이곳에서 결혼식이 자주 열리는지는 모르겠지만 마침 다자이후에 왔던 이날 일본 사람들의 특별한 전통 혼례까지 볼 수 있어서 즐거웠다.

    천만궁의 특산품이라는 매실주를 하나 기념품으로 구입했다. 느긋하게 천만궁을 보고 왔음에도 불구하고, 워낙 가까워서인지 구루메에는 오후 2시 30분에 도착할 수 있었다. 너무 일찍 와버린 탓에 체크인 시간이 되지 않아서 호텔의 로비에서 죽치고 기다려야만 했다. 역시나 이곳도 오후 4시에 체크인이 가능하다고 점원이 딱 잘라 이야기했다. 마스크를 쓰고 있었음에도 마스크를 뚫고 점원의 입냄새가 전해져 왔다. 자전거를 주차할 공간이 있냐고 묻자, 주변 주차장을 알아서 찾으라는 점원의 말에 조금 기분이 상한 채로 앉아 있었다.
    칼같이 정확히 4시가 되자 점원이 체크인을 도왔다. 그때 갑자기 점원은 아까 내가 말했던 주차가 마음에 걸렸는지, "음, 혹시 자전거를 그럼 여기 두시겠어요?"라고 말을 걸더니, 비상용 계단 쪽의 공간 하나를 마련해 주었다.
    "비상용 계단이니 점원만 열 수 있어요. 자전거를 타고 나갈 때 점원에게 이야기만 해주면 돼요."
    아까까지 기분 상했던 거 죄송해요. 그의 말에 감사 인사와 함께 냉큼 자전거를 가지고 와서 계단 옆에 세웠다.
    싱글룸치고 왜 이렇게 가격이 저렴한가 했더니, 넷카페의 부스처럼 방의 천장 쪽이 훤히 뚫려 있었다. 문이라고 하기엔 지그재그 형태의 접이식 폴딩 도어였다. 방음이 잘 안 되는 것을 넘어서서 방음이 불가능한 방이었다. 이럴 거면 대체 방안에 TV는 왜 있는 걸까? TV를 켜면 층 공간 전체에 TV 소리가 울려 퍼질 것 같았다.

그래도 샤워도 여유롭게 하고 침대 위에서 저녁을 무얼 먹을지 고민하며 휴식을 만끽했다. 구루메는 사실 관광지가 아니다 보니 딱히 할 게 없었다. 누군가에게 관광지가 아닌 도시는 들를 가치가 없겠지만, 유명한 곳은 보고 가야만 직성이 풀리는 내게는 어떤 의미에서는 정신적 여유를 주는 편안한 휴식지가 되어 주었다.

반팔 차림에 슬리퍼를 질질 끌고 밖으로 나왔다. 푹푹 찌던 더위의 낮과 다르게 밤바람만큼은 지금은 11월이라고 거칠게 주장하듯 꽤나 쌀쌀했다. 숙소 근처에 있다는 돈코츠 라멘으로 유명한 '타이호라멘 본점'으로 향했다. 사실 규슈나 후쿠오카 하면 돈코츠 라멘을 많이 떠올리지만 정확히 돈코츠 라멘의 원조는 바로 이곳 구루메라고 한다.

하루에 평균 100킬로를 타는 자전거인에게 라멘 한 그릇으로 위장이 만족할 리가 없었다. 배가 차지 않아 돌아오는 길에 보이는 아무 야키니쿠 가게에 들어갔다. 일본답게 고깃집임에도 1인석이 마련되어 있어 그쪽으로 안내를 받았다. 나 말고 두 테이블에서 회식을 온 듯한 정장 셔츠 차림의 직장인 남성들이 목청을 돋우며 술을 마시고 있었다.

그러고 보니 일본에 와서 처음으로 야키니쿠를 먹었다. 우설과 호르몬도 주문했다. 라멘보다 더 맛있어서 밥까지 주문해서 함께 먹었다. 숙소에 돌아와 천만궁에서 구입한 매실주를 마시며 영화를 보았다. 잠이 솔솔 밀려온다. 이제 이런 여정 사이의 소박한 기쁨과 여유도 마지막이겠지.

36

이국의 하늘을 바라보며

 2023년 11월 7일
구루메~히토요시 (170Km)

　다행히도 어제 비로 흠뻑 젖었던 구루메의 거리는 밤사이에 메말라 있었다. 해도 뜨지 않은 새벽에 일어나 빠르게 어제 미리 사둔 샌드위치를 먹고 출발 준비를 했다.
　오늘도 장거리를 달릴 예정이었기에 새벽 6시에 만반의 준비를 끝내고 체크아웃을 마쳤다. 구루메에서 최남단 사타곶까지 남은 거리는 약 350킬로였다. 다음 목적지는 이곳에서 약 170킬로 떨어진 히토요시라는 도시로 결정했다. 200킬로를 가고 싶었지만 히토요시에서 30킬로 반경 내에 머물 만한 숙소가 전혀 보이지 않았기에 히토요시로 결정할 수밖에 없었다. 그렇다고 히토요시보다 더 가까운 도시에서 멈추자니 지금 남은 거리를 최대한 줄여야만 내일의, 그리고 모레의 내가 덜 고생할 수 있었다.
　11월이라 그런지 해가 일찍 뜨는 일본이라고 해도 새벽 6시의 거리는 어두컴컴했다. 어두운 새벽에 달린 적이 없었기에 꼭 야간 라이딩을 하는 것 같은 기분이었다. 다행히 저녁 하늘이 금방 어두워지는 것처럼 30분도 되지 않아 하늘이 환하게 밝아졌다. 긴 여정과 함께 상처투성이에 앙상해진 두 다리를 보자 내 몸에게 미안해질 정도였다. 딱 이틀만 참아줘….

구루메 시내를 벗어나 아리아케 해를 따라서 줄지어진 작은 도시들을 차례차례로 통과했다. 딱히 눈에 띄거나 기억에 남을 만한 풍경은 없었지만, 시모노세키 이후로 다시 오랜만에 해안선을 만났다. 한국 서해안에서 볼 수 있는 갯벌 해안이 펼쳐졌다. 이제는 너무나도 익숙해진 일본의 시골 풍경들을 유유히 스쳐 지나갔다. 구마모토 현에 들어서자 어딜 가든 귤밭이 보였다. 한국에서 귤 하면 제주도이듯 구마모토도 귤로 알아주는 지방 중 하나인 것 같았다.

이제 겨우 오후 1시인데도 벌써 120킬로가 찍혀 있는 기록을 보자 나 자신이 대견스러웠다. 점심을 먹은 뒤 해안선 쪽을 벗어나 다시 내륙으로 접어들었다. 내륙을 가로지르는 긴 강을 따라 지도에 편의점조차 보이지 않는 외진 산복도로를 자그마치 50킬로나 달려야만 했다. 나는 재난을 대비하듯 편의점에서 산 빵과 음료수로 가방을 가득 채우고 만반의 준비를 했다.

다행히 산복도로지만 신기하게도 대체로 오르막이 없는 평지여서 라이딩이 힘들지는 않았다. 도로를 따라 흐르는 강은 신기하리만큼 진한 에메랄드색이었다. 지반에 어떤 특별한 물질이 있어서 그런 걸까? 하지만 동시에 또 신기하리만큼 이 아름다운 강을 보러 찾아온 사람은 아무도 없었다. 지나다니는 차량은 대부분 공사를 위해 흙을 싣고 있던 화물차들이었다. 강변 곳곳에서 많은 공사를 하고 있어 구간구간에서 차량 통제가 이루어지고 있었다. 오늘도 차량들을 뒤따라서 가장 마지막으로 1차선을 통과하며, 반대편의 운전자들에게 신세를 지곤 했다.

햇볕은 아직도 따갑게 나를 내리쬐고 공기도 통하지 않을 정도로 땀에 절은 버프 사이로 숨을 겨우 내쉬면서 끝나지 않을 것 같은 라이딩을 계속했다. 공사하는 곳도 차량마저도 점점 사라지더니 더 이상 보이지 않았다. 몇 시간을 넘게 한 대의 차량도 지나다니지 않는 외진 도로를 외로이 달리고 있었다. 마치 시간이 정지해 있는 듯한 똑같은 풍경이 몇 시간이고 반복되었다. 노래

도 1시간 이상 들으면 마치 과식을 한 것처럼 귀가 힘들어진다. 미리 오프라인으로 저장해 두었던 30분 이상의 장편 유튜브를 라디오처럼 몇 편이나 들으면서 라이딩했는지 모르겠다. 유튜브가 없었던 세상에는 어떻게 종주를 할 수 있었을까? 이 책을 읽을 리 없겠지만 '왕십리에서 날아온 편지', 그리고 '별이 빛나는 밤에'를 제작해 준 유튜버 침착맨과 주호민, 그리고 유현준 교수님께 감사의 인사를 전하면서.

어느새 머리 위의 파란 간판이 히토요시까지 남은 거리가 14킬로라고 내게 말해주고 있었다. 14킬로… 평소 같았으면 '14킬로? 금방이네.'라고 생각했겠지만, 156킬로를 밟은 지금 14킬로는 '아직까지 14킬로나 남았다고?'라는 생각이 들게 하는 거리였다. 나는 '물이 반이나 남았네.' 같은 긍정적 생각은 할 수 없는 사람인 것 같다.

막상 히토요시 시내에 도착했을 때에는 꽤 체력이 남아 있는 상태였다. 시간은 오후 4시 반. 아직 해도 지지 않은 시간이었다. 이럴 거였으면 200킬로도 달릴 수 있었는데. 하지만 다음 마을은 60킬로나 더 가야 했기에 더 이상은 무리였다.

이제는 루틴이 되어버린 숙소에서 씻고 나와 오늘 저녁, 내일 아침을 사러 가는 슬리퍼 차림의 발걸음. 가라아게, 햇반과 에너지 드링크 등 이것저것을 샀다. 히토요시의 마트에서도 술을 사고 있던 50대 한국 관광객들이 보였다. 항상 한국인들은 어디서든 맥주를 비롯한 술을 왕창 사고 있다. 도대체 이 시골 도시에 어떤 연유로 관광을 왔을까?

루트를 짜는 것은 지겹고 힘들지만, 동시에 내일 지루한 라이딩을 견디기 위한 유튜브 영상들을 찾아보는 일은 나의 여정 중 조그마하고 유일한 낙이었다. 내일이면 최남단까지 D-1이라니…. 오늘 170킬로를 달렸으니 남은 거리는 180킬로였다. 마음 같아선 내일 최남단까지 180킬로라도 달려서 가고 싶었다. 하지만 밤에 최남단에 도착할 수도 없는 노릇이고 내일은 오르막이 많아 적당히 100킬로 거리 정도에 있던 저렴한 호텔에서 멈추기로 했다. 9시가 되자 잠이 태풍처럼 몰려온다. 역시 최고의 수면제는 혹사다.

큐슈 • 237

37

가고시마에서 만난 그

📅 2023년 11월 8일

📍 히토요시~다루미즈 (133Km)

아침 일찍 7시에 체크아웃을 하고 나왔다. 11월의 일본의 아침은 너무 추웠다. 최고기온은 22도인데 최저기온은 6도라니. 한국이라면 이제 거의 겨울 날씨가 찾아왔을 텐데 아직도 일본은 환절기인가 보다.

김승옥의 『무진기행』을 연상케 하는 히토요시의 아침은 정말 '밤사이에 진주해 온 적군들처럼' 안개가 자욱했다. 아마 어제까지 타고 올라왔던 강이 도시 한가운데를 지나가서 그런 것 같았다. 코앞 이외에는 아무것도 보이지 않을 정도였다. 하지만 이곳 주민들은, 심지어 유치원생까지도 대수롭지 않은 일인 듯 아무렇지 않게 걸어 다니고 있었다.

마을을 벗어나자 안개는 종적을 귀신같이 감추었다. 안개 대신 나를 기다리고 있는 것은 다시 첩첩산중으로 향하는 국도… 아파트 5층 높이는 될 법한 우뚝 솟은 삼나무들과 곳곳에 버

려져 있는 폐건물들. 하지만 큐슈엔 곰이 없다고 하니 다행히 이런 적막한 길에서도 마음 놓고 페달을 밟을 수 있었다.

   가는 도중 '소기 폭포'라는 곳으로 향했다. 어제 주변에 들를 만한 관광지를 지도에서 찾아보던 도중 우연히 본 장소였다. 어제 170킬로를 타는 동안 어디에도 들르지 않고 오로지 라이딩만 했기 때문에 오늘은 어제보다 여유롭게 큐슈 이곳저곳을 둘러보며 가고 싶었다.

   하염없이 페달을 밟다가도 넓은 주차장과 함께 안내소인 듯한 건물, 주변의 식당이 보이자 소기 폭포에 도착한 듯했다. 폭포가 보이지 않는데도 거대한 물소리가 마치 옛날 TV의 노이즈 화면을 최대 소리로 키워둔 것처럼 사방에 울려 퍼지고 있었다. 몇몇 사람들이 향하는 곳을 뒤따라 계단 아래로 폭포를 향해 천천히 걸어 내려갔다.

   얼굴에 미스트를 뿌려대듯 물보라가 공중을 떠다녔다. 드넓게 펼쳐진 검은 암석지대 위로 강물이 하얀 굉음을 내며 쏟아지고 있었다. 소기 폭포는 폭이 210미터로 일본에서 가로로 가장 긴 폭포이지만, 가로에 비해 상대적으로 세로는 다른 폭포에 비해 높지 않았다. 리뷰에서는 '일본의 나이아가라, 동양의 나이아가라'라는 수식어로 유명하다고 하는데 그런 리뷰를 읽고 기대하고 왔다가는 조금 실망스럽지 않을까…. 적당히 휴대폰에 폭포의 사진을 담고는 슬슬 돌아갈 채비를 했다.

   헬멧을 쓰고 자전거에 다시 올라타서 유유히 주차장을 빠져나가려는 찰나, 여행객인 듯한 한 남자가 이곳으로 걸어오고 있었다.

   '어라…?'

   같은 동양인이라 하더라도 중국인, 한국인, 일본인은 멀리서 봐도 확연히 분위기가 다르다는 것을 공감할 것이다. 나는 그를 보고는 단박에 한국인이라는 것을 느낌으로 알았다. 외진 곳이긴 해도 관광지였기에 충분히 한국인이 올 수 있는 곳이었다. 하지만 한국인치고는 낯이 익었다. 대체 왜 낯이 익은 거지? 이곳 큐슈 한가운데에서?

그는 작년 내가 군대에 있을 때, 내 상관인 소대장이었다.

"아니… 여기엔 왜 계십니까?"

"아니… 넌 대체 여기 왜 있는데?"

도쿄나 오사카 도심지면 모를까. 이런 외진 곳에서 아는 사람을 만나게 될 줄 누가 알았을까? 반가움보다는 어이가 없어서 둘 다 어안이 벙벙한 표정으로 서로를 바라보았다.

"저 얼마 전에 전역하고 일본 종주를 하고 있어서…."

나는 군대를 늦게 갔기 때문에 소대장이 나보다 오히려 4살이 어렸다. 전역을 했기에 사실 이미 남과 다름없었지만, 전역 이후로는 본 적이 없었기에 자연스럽게 군대 밖인데도 존댓말이 불쑥 튀어나왔다.

"와, 홋카이도에서부터 왔다고? 대단하네… 멋지다. 진짜."

ROTC 출신이었던 소대장 역시 전역 이후 여행을 다니던 도중 가고시마 여행을 왔다가 우연히 여기 들렀다고 했다. 한국의 최북단 끝 강원도 고성에서 만났던 인연을, 여기 일본 최남단 끝 부근에서 다시 만난 것이다.

우리는 그렇게 짧은 악수와 간단한 대화와 함께 작별인사를 하고 각자 갈 길로 헤어졌다. 사실 소대장과 나는 인연이 깊다면 깊다고 할 수 있었다. 좋지 않은 쪽으로. 서로에 대한 오해와 갈등이 있었고, 나는 다른 부대로 이동했다. 이렇게 만났는데 식사라도 함께하거나 잠시 앉아서 이야기를 나눌 수도 있었을 테지만, 그러한 일이 있었던 탓에 어색한 분위기 속에서 서로 특별한 말도 꺼내지 못한 채 발길을 돌렸다.

조금 더 용기를 내어 사진을 찍자고 할걸. 전역을 하면서 가장 신기했던 것은 그렇게 싫어하던 병사도 간부도, 그들을 향한 부정적인 감정이 전역을 하자 눈 녹듯이 사라졌다는 것이다. 왜 그렇게 사람을 미워하고 그들에게 가시를 세웠을까. 즐겁고 행복한 감정과 기억을 남기기에도 짧은 시간이었는데.

소기 폭포를 떠나면서 '너무 반가웠다, 이전엔 미안했었다.'라고 메시지를 보낼까 하는 고민이 머릿속에서 계속 맴돌았다. 메시지를 보내지 못했던 것은 순전한 나의 두려움 때문이었다. 또다시 상처받을지도 모른다는 두려움. 혹시나 방금의 만남에서도 웃고 있는 가면 뒤에서 나를 경멸하고 있었을까봐. 아직 상대방은 나에 대한 감정이 남아 있지 않을까 하는 두려움.

그렇게 페달을 밟고 가던 도중, 옆에 쌩하고 흰색 차량 한 대가 지나가면서 한 목소리가 들려왔다.

"잘 가! 파이팅!"

소대장의 목소리였다. 빠르게 멀어지는 차량을 향해 반갑게 손을 흔들며 화답했다. 물론 바보같이 그 뒤에도 망설이다가 메시지를 보내진 못했다. 이 글을 통해서라도 반가웠고, 미안했다는 말이 전해질 수 있을까.

가고시마 공항을 지나서 기리시마에 도착했다. 기리시마는 가고시마 북쪽에 위치한 도시로, 이제 이곳의 해안선을 따라 같은 길로 쭉 가기만 하면 최종 목적지인 일본의 최남단에 도착할 수 있었다.

해안선을 따라 펼쳐진 도로와 함께 바다 너머 사쿠라지마 화산이 우뚝 솟아 있었다. 문득 2개월 전 처음 일본에 도착해 종주를 시작했었던 그날이 떠올랐다. 그때도 정말 같은 구도로 리시리 산이 보이는 해안가를 따라 오로론 라인을 달리고 있었다. 출발점에서의 풍경과 종착점으로 향해가는 지금의 풍경이 마치 짜기라도 한 듯 수미상관으로 겹쳐 보였다.

해가 저물어 갈 때 최남단으로부터 70킬로 떨어진 지점의 한 호텔에서 오늘 라이딩을 마무리했다. 다루미즈라는 정말 작은 동네의 'HOTEL AZ'라는, 큐슈 여러 곳에서 저렴한 숙박비로 운영되는 체인 호텔이었다. 근처 편의점에서 저녁으로 먹을 도시락을 사 왔다. 샤워를 마치고 하얀 이불에 앉아 리모컨을 이리저리 눌러보다가 가고시마 도심에 멧돼지가 출현한다는 뉴스가 TV에서 흘러나왔다. 큐슈에 곰이 없다더니 이젠 다른 동물이 문제다. 자전거를 타다가 멧돼지를 만날 일도 있을까? 곰보다 어쩌면 확률이 높을지도 모르겠다. 어쨌든 한국보다 훨씬 값싼 현지의 발포 아사히 맥주와 함께, 돈카츠 도시락을 먹으며 오늘도 홀로 고된 라이딩을 자축했다.

물론 잠들기 전 아직 생각해야 할 문제가 남아 있었다. 이곳에서 최남단인 사타곶까지는 꽤나 먼 70킬로이므로 최남단에 도착해서도 다시 돌아오는 거리까지 고려해야만 했다. 최남단 근처는 정말 마을도 찾아보기 어려울 정도로 아무것도 없는 외진 곳이기 때문이었다.

'이제 이 긴 여정도 끝이구나, 정말 끝이구나.'라는 생각을 글자 자체로는 쓸 수 있었지만, 솟구쳐 오르는 감정이나 여운이라고는 딱히 없었다. 내가 감정이 메마른 사람이라기보다 그저 너무 지쳤기에 며칠간 몸을 뉜 채 아무것도 안 하고 쉬고 싶을 뿐이었다. 그러고 보니 집에는 또 어떻게 가지? 여기까지 오기 전에는 '다시 후쿠오카까지도 자전거로 돌아갈까?'라는 치기 어린 생각도 했지만, 지금은 무조건 신칸센을 타야겠다는 생각뿐이었다.

38

48일 만에 도착한 일본 최남단

 2023년 11월 9일

다루미즈~사타곶~가고시마 (110Km)

    드디어 일본 종주의 마지막 날이 밝았다. 새벽 5시에 알람을 맞춰두었지만 아니나 다를까 마지막 날에도 미적대다가 6시에 일어났다. 최남단까지 남은 거리는 약 70킬로였지만 돌아오는 거리도 고려해야 했고, 상승 고도로 보아 꽤 오르막이라는 난항이 마지막까지도 이어질 것으로 보였기 때문에 일찍 일어나야만 했다. 겨우 일어나자 장거리 라이딩으로 피로에 찌든 구석구석 신체 부위들이 중창단으로 비명을 질러댔다. 오늘만 참자고 달래보아도 도통 들을 생각을 않는다.

    호텔에서 아침 조식을 제공해 준다고 해서 먹으러 내려갔다. 호텔인데도 4,700엔의 숙박비에 조식까지 포함이라니 꽤 괜찮은 조건이었다. 무엇보다 뷔페의 무한 리필이야말로 많은 에너지를 필요로 하는 종주 라이딩에서 최고의 식사였다. 최후의 라이딩을 위해 오히려 몸이 무거워져서 더 힘든 것이 아닐까 싶을 정도로 밥이든 빵이든 배에 집어넣을 수 있을 만큼 최대한 집어넣었다.

    달린 지 얼마 지나지 않아 파란색 도로 표지판에는 'Cape Sata(사타곶)'라는 선명한 글씨가 보였다. 일본의 최남단이었다. 9월 22일에 출발하여 오늘인 11월 9일까지 48일 동안 이곳만을 바라보고 달려왔다. 저기만 가면 끝이라니. 감개무량하다기보다는 대체 저곳에 언제 도착할 수 있을까? 이미 3,700킬로를 달려왔지만 70킬로라는 거리조차도 내게는 아직도 멀어 보이기만 하는 거리였다.

이곳에서는 방방곳곳 지나가는 도로마다 사타곶 안내가 표지판에 적혀 있었다. 이 근방의 유일한 관광지다 보니 그럴 만도 하겠지만은, 한 표지판을 보자 어이없는 실소가 터져 나왔다. '사타곶까지 40킬로'라니. 40킬로 거리에서부터 사타곶을 안내하고 있다는 것 자체가 한국으로 따지면 수원에서 '광화문까지 40킬로'라고 쓰여 있는 격이니까. 뭐, 이 외진 곳까지 왔다면 일본 최남단으로 가는 것 말고는 다른 곳을 찾아가는 사람이 있을 리가 만무했다.

40킬로 이후 체감상 5킬로 단위로 사타곶까지 거리를 알려주는 친절한 안내문이 보였다. 친절하다기보다는 가뜩이나 힘들어 죽겠는데 '누굴 약 올리나….' 싶은 생각이 들 정도였다. 물론 그런 기분은 자동차가 아닌 자전거로서 고생해서 가는 나만 느끼는 거겠지만…. 사타곶에 가까워질수록 인적과 차량도 드물어지더니 지도에서 편의점이나 마을조차 사라지고야 말았다. 깊숙한 산 쪽으로 향하는 오르막길이 마치 사타곶을 지키는 문지기처럼 나를 반기고 있었다. 마치 그 오르막이 보스를 잡으러 가는 게임 속 마지막 던전의 입구처럼 느껴졌다.

최남단으로 가는 길은 여태껏 겪었던 모든 일본의 코스 중에서도 체감상 가장 힘들었고 고통스러웠다. 최남단이 코앞인데도(사실 코앞이라고 하기엔 10~20킬로나 남아 있었다) 라이딩을 그만두고 싶을 정도로 오르막이 나를 괴롭혔다. 상승 고도가 높지는 않았지만 오르락내리락이 심한 낙타등 코스였다. 군마의 해발 1,000미터가 선녀였다 싶을 정도다. 몸이 완전히 지쳐버려서인 걸까?

워낙 외져서인지 길에는 종주 내내 본 적 없던 로드킬을 당한 동물들이 자주 보였다. 고양이도 있었고, 떡하니 동물주의라는 표지판 바로 옆에 아이러니하게 죽어 있던 오소리도 보였다. 차도 없고 마을도 없어 마치 다른 이세계에 나 홀로 떨어진 것 같았다. 사방은 숲이라기엔 밀림에 가까웠다. 큐슈엔 곰이 살지 않는다. 그렇지만 숲에서 뿜어져 나오는, 불가사의하고 신비스러운 분위기는 마치 꼭 정체불명의 동물이 튀어나와 나를 덮칠 것만 같은 느낌이었다.

죽을 것 같은 고난의 오르막과 내리막을 몇 번이나 지났을까. 저 멀리 관광지 입구로 보이는 듯한 커다란 조형물이 보였다. '드디어, 드디어 끝났구나… 이제 저 입구로 들어가면 일본의 최남단이구나….' 평소 감흥을 잘 느끼지 못하는 나조차 여태까지 해왔던 개고생에 눈가가 시큰해지고 콧잔등이 찡해지는 것만 같았다.

조형물에는 반가운 '일본 본토 최남단 사타미사키'라는 한국어가 함께 쓰여 있었다. 그리고 그 옆에는… 8킬로라고 쓰여 있었다. 8킬로요? 꼭 주차장도 나오고 인포메이션 센터도 나오고 다 나올 것처럼 해놓았더니, 아직도 8킬로라고? 발끝에서 머리끝까지 스트레스가 치솟다 못해 화산처럼 폭발할 것 같았다. 이해가 쉽게 다시 한국으로 비유하자면 홍대에서 경복궁까지가 8킬로 정도니까 홍대에 '어서

오세요 경복궁에'라고 쓰여 있는 격이었다.

그 8킬로조차도 평평한 도로도 아닌 오르막이 끝나지 않고 내리 이어졌다. 죽고 싶었다. 힘들어서 죽는다기보단 고혈압으로. 오르막 뒤 나타나는 내리막조차 기분이 나아지는 데에 전혀 도움이 되지 않았다. 조금 있다가 다시 이 길을 되돌아와야 하기 때문에.

출발할 때 하늘을 드리우고 있던 먹구름이 걷히며, 마치 드라마처럼 푸른 하늘이 점차 모습을 드러내기 시작했다. 유난히 사타곶으로 가는 도로에는 나비가 많이 날아다녔다. 꼭 사람을 두려워하지 않는 작은 요정처럼 내 주변을 빙빙 맴돌았다. 11월임에도 숲에서 매미소리가 들려오기에 두 귀를 의심했다. 11월의 매미소리라니.

오르막길이 나올 때마다 간절히 기도하며 죽을 둥 살 둥 페달을 밟았다. 이번엔 정말 마지막이겠지? 정말 이것만 넘으면 되겠지? 시야 저 멀리에 낯이 익은 조형물 하나가 보이기 시작한다. 처음 온 곳의 조형물이 대체 왜 내 눈에 익숙한 걸까? 1년 전 군대에서, 일본 종주를 꿈에 그리며 수많은 사람의 여행기를 검색해서 읽을 때부터, 구글 지도를 들여다보며 종주를 준비할 때부터. 사진으로 수도 없이 이 조형물을 봤었기 때문이다. 그렇다. 일본 최남단 사타곶에 도달했음을 알려주는 사타곶에 위치한 북위 31도 기념비였다.

기념비에 인적이 없어 의아했는데 알고 보니 이곳에서 조금 더 들어가야만 진정한 사타곶에 도착할 수 있었다. 정말 거기서 몇 킬로를 더 가야 한다고 했으면 자전거를 집어던질 뻔했지만… 다행히도 얼마 가지 않아서 '일본 본토 최남단 사타미사키'라는 안내문과 함께 인포메이션 센터, 많은 차량과 바이크가 주차되어 있는 주차장이 보였다. 여긴 0킬로가 남은 곳이 아니였다.

"끝났네….."

바다 건너 곶의 끝에는 말 그대로 최남단을 상징하는 듯한 하얀 등대 하나가 보였다. 자전거를 끌고 등대까지는 갈 수 없었기에 이곳 전망대에서 눈으로만 그 모습을 담았다. 드라마처럼 맑게 갠 날씨와 끝이 보이지 않는 일본의 태평양. 하지만 감격스러움은 이미 아까 8킬로 전에 미리 느껴버렸던 것 같다. 벤치에 앉아 영혼이 나간 사람처럼 멍하니 바다를 바라보며 카페에서 샀던 아이스크림을 쪽쪽 빨아 먹었다. 끝났다는 홀가분함과 기쁨보다는 여기까지 오면서 지나왔던 고갯길을 다시 되돌아가야만 했기에 고생길에 대한 걱정만 태산 같았다. 그로 인해 발길이 좀처럼 떨어지지 않았지만, 북위 31도 기념비와 함께 사진을 찍는 것을 마지막으로 다시 돌아갈 채비를 했다.

돌아가는 길에는 '또 오십시오.'라는 으레 관광객에게 건네는 전형적인 인사문이 적혀 있었다. 다른 곳에서라면 아무 감흥도 느껴지지 않았겠지만 그 어느 관광지를 갔을 때보다 그 문구가 와닿는 순간이었다. 여길 또 오라고? 절대 안 와. 아니, 못 와.

시간은 오후 1시이고 돌아가는 길은 30킬로. 다행히 아무리 늦어도 마지막 배 시간인 4시 반까지는 도착할 수 있었다. 맑게 갠 날씨와 함께 바다는 열대 휴양지처럼 에메랄드색으로 아름답게 빛나고 있었다. 하지만 내가 돌아가야 할 길은 결코 아름답지 않았다. 사타곶 구경을 마치고 돌아가는 일본인 누군가가, 안간힘을 쓰며 페달질을 하고 있는 내 모습을 불쌍히 여기고는 차창을 내린 뒤 "어디까지 가?"라고 말을 걸어주기만을 간절히 바랐다.

결론적으로 그런 일은 당연히 일어나지도 않았지만, 왜 그런지 모르겠지만 신기하게도 돌아갈 때는 올 때만큼 힘들지 않았다. 올 때 오르막이 조금 더 급경사였던 걸까? 어쨌든 오르락내리락 왔던 길을 되돌아서 어느새 다시 평탄한 해안선을 따라 269번 국도를 달리고 있었다. 오전보다 새파래진 하늘에는 비행기가 지나다녔는지 흐트러진 비행운이 찍찍 낙서처럼 그려져 있었다.

정확히 오후 3시 반에 페리 터미널에 도착했다. 배가 오기 전까지 터미널에는 사실상 나를 제외하고는 단 한 사람도 보이지 않았다. 뭐, 이런 외진 곳에 나 말고 과연 누가 배를 타고 왔다 갔다 할지 싶긴 하다.

불편하면 잠을 못 자는 성격임에도 배를 타고 이부스키로 가는 내내 앉아서 피곤함에 곯아떨어졌다. 정확히는 이부스키의 옆인 야마카와라는 곳에 도착했다. 배에서 내린 뒤 가고시마로 돌아가는 전철을 타기 위해 야마카와 역으로 향했다. 낑낑대며 캐링백에 넣은 무거운 자전거를 전철에 실었다. 아무도 찾지 않는 곳인지 전철역은 기다리는 사람도 없고 적막함만 흐르고 있었다. 내가 탔던 칸에는 나와 중년 남성 단둘만이 탑승했다.

"Are you traveling to Japan?"

갑자기 그는 내게 대뜸 영어로 말을 걸었다. 알고 보니 그도 현재 일을 은퇴하고 일본 전국을 아내와 여행하며 돌아다니고 있다며, 일본 각지에서 찍은 여러 사진을 태블릿으로 보여주었다. 그는 외국인인 나를 배려해서인지 내가 일본어로 대답해도 자꾸 영어로 내게 말을 했다. 저는 영어보다 일본어가 편한데….

얼마 안 되어 그는 두 정거장 후 전철에서 내렸다. 그가 내리자 정말 단 한 명의 사람도 전철에 보이지 않았다. 배에서 자서 졸리진 않았지만, 지쳐서 휴대폰을 만지지도 않고 멍하니 전철에 앉아 있었다. 가고시마에 가까워질수록 탑승객이 늘어나더니 어느새 서 있는 사람도 많을 정도로 꽤 많은 사람이 탑승했다. 특히 자전거 옆에 서 있던 두 여학생이 자전거 뒤에 쓰여 있는 '일본 종주'를 보고 쑥덕쑥덕 이야기를 나누는 것 같아서 좀 부끄러웠다.

가고시마중앙 역에 도착하여 자전거를 들고나왔다. 며칠 뒤에 집으로 돌아갈지는 모르겠지만, 가고시마에 얼마간 머무르기로 하고 정말 저렴한 2,000엔의 최저가 게스트하우스를 예약했다. 어두운 카운터 옆에는 바도 함께 겸

하고 있는지 주방과 테이블 등이 보였지만 으레 있을 여행객이라든지 카운터에도 사람이 보이질 않았고 적막한 기운만이 감돌았다. 뭐야. 벨도 없고 체크인은 도대체 어떻게 하라는 거지. 알고 보니 카운터에 있던 노트북에서 비밀번호를 확인하여 셀프 체크인을 하는 형식이었다.

공용 주방 앞에는 '즐거운 교류의 장소'라는 푯말이 보였다. 하지만 주방에는 꼭 살인사건이라도 벌어질 것 같은 음산한 기운이 감돌았다. 이런 숙소의 특징은 지나다니는 숙박객의 표정마저 어둡고 음침하다. 가난한 여행객은 여행의 행복마저 살 수 없는 것인가. 하지만 오롯이 돈을 아끼고자 호텔 대신 이곳을 택했던 내가 견디고 감당해야 할 몫이었다. 종주가 끝났지만 돈 문제는 계속된다. 아니, 앞으로 내 인생 내내 계속될 것이다….

그렇게 해서 이제 기나길던 최북단에서 최남단까지의 여정을 마치고 집에 돌아갈 일만 남았다고 생각했다. 하지만 지도를 내리자 여정 동안 내가 거의 일본 전역을 돌았음에도 아직 내가 일본에서 가보지 못한 유일한 한 곳이 있었다.

바로 오키나와였다.

오키나와

오키나와를 가장 비효율적으로 여행하는 방법

오키나와 북부 도로에는 야생 새들의 흐릿한 울음소리와 적막함만이 감돌았다. 드문드문 나무 사이로 보이는 바다에조차 단 한 명의 사람도 보이지 않았다. 고적한 해변가에 바위에 부딪히는 파도소리만이 화이트 노이즈처럼 도로에 깔려 있을 뿐이었다.

39

딱 400킬로만 더

 2023년 11월 11일, 12일
 가고시마~오키나와 (0Km)

얌전히 가고시마에서 신칸센을 타고 후쿠오카로 가 집으로 돌아갔어야 했는데. 가고시마의 게스트하우스의 침대 위에 너덜너덜해진 다리를 뉘인 채, 나는 '300킬로만 타면 딱 4,000킬로인데….'라는 생각을 하고 있었다.

일본 전역을 누볐지만 아직 일본에서 가보지 않았던 곳. 바로 가고시마에서 아래로 지도를 내리면 보이던 섬 오키나와였다. 마침 정확히 오키나와 한 바퀴가 400킬로였다. 제주도는 둥근 반면 오키나와는 세로로 길어 면적은 비슷해도 일주 거리는 두 배였다.

가고시마에서는 배를 타고 오키나와로 갈 수 있기 때문에 자전거 포장을 할 필요가 없었다. 누가 후쿠오카로 신칸센을 타고 돌아간다고 그랬던가. 행동력 하나로 곧장 다음 날 페리 터미널로 향해 오키나와로 가는 티켓을 덥썩 구입했다. 거리가 거리인 만큼 가고시마에서 오키나와까지는 배로도 꼬박 하루가 걸렸기에, 출항 전 마트에 들러 배에서 먹을 삼시 세끼를 잔뜩 사 왔다.

출항이 가까워지자 한적했던 터미널이 점점 북적이기 시작했다. 터미널의 유리창 너머로 사쿠라지마 화산이 한 폭의 그림처럼 저녁노을에 불그스름하게 물들어가고 있었다. 출항 시간에 맞춰 낑낑대며 캐링백에 넣은 자전거를 든 채 배를 타러 향했다. 사람들과 함께 줄을 선 탓에 무겁다고 쉴 수도 없어 땀을 뻘뻘 흘리며 무거운 캐링백을 들고 올라타야만 했다.

하코다테나 히로시마에서 탔던 배들보다 훨씬 큰 크기에 깜짝 놀랐다. 난생 이렇게 큰 배는 처음 타 보는 것 같았다. 2층으로 된 배에는 간이 자판기가 아닌 매점과 식당도 있었다. 내가 예약한 좌석은 가장 저렴한 2등석이었는데, 한 방에 쪼르르 일렬로 늘어져 있는 매트 위에서 이불을 덮고 자야 하는 구조였다. 꼭 훈련소 같았다. 불편해 보였지만 다행히 인원이 적어 다닥다닥 붙어서 잘 필요 없이 띄엄띄엄 자리가 배정되어 있었다. 오키나와에는 한국처럼 주일미군이 있어서 그런지 일반 승객 외에도 군복을 입은 일본 군인이 많이 보였다. 배의 주차칸으로 내려가자 군용 차량들이 줄을 지어 주차되어 있었다. 불과 몇 달 전만 해도 나도 저런 차량 뒷칸에서 군모를 쓰고 총을 들고 있었는데.

배가 크면 덜 흔들릴 거라 생각한 건 배만큼이나 큰 착각이었다. 다음 날 하루 종일 멀미에 시달렸다. 핑핑 도는 머리와 함께 메슥거리는 속을 붙잡은 채 그저 내내 누워 있거나 잠을 청해 멀미를 잊어버리는 수밖에 없었다.

가끔씩 바람이라도 쐬려고 바깥으로 나갔다. 끝없는 태평양은 아름답다기보다는 깊이를 알 수 없는 미지의 공포에 가까웠다. 난간 아래를 쳐다보다가 자칫 사고로 떨어져서 빠른 물살에 떠내려갈 것만 같아 무서워서 이내 방으로 돌아왔다.

배는 오키나와로 바로 가지 않고 중간중간 오키나와 제도의 여러 섬들에 잠시 정박했다. 그 때문에 시간이 지체되어 꼬박 하루가 걸리는 것 같았다. 저녁이 되자 어두워진 바다 위로 형형색색 별처럼 빛나는 건물들이 멀리 보이기 시작했다. 오키나와에 이제 곧 도착할 시간이었다.

캐링백을 낑낑대며 겨우 들고 배에서 내려와 처음으로 오키나와 땅을 밟았다. 늦은 시간 가게들은 이미 문을 닫은 페리 터미널 안에서 바퀴를 조립하던 도중, 누군가 나에게 말을 걸었다.

"자전거를 오키나와에 가져오신 거예요?"

반가운 한국어였다. 알고 보니 오키나와 제도를 여행 중이라는 여자 1명, 남자 2명의 한국인 관광객이었다. 생각해 보니 처음으로 일본에서 한국인에게 응원을 받았다. 첫 고국의 말로 듣는 응원은 이제껏 들어오던 이국의 언어보다도 더욱 가슴에 살갑게 와닿았다.

터미널에서 숙소까지는 코앞이었다. 카운터에서 체크인을 하고 도미토리의 패스워드를 안내받은 후 배정받은 침대로 향했다. 배에서 내렸는데도 뱃멀미가 가시지 않았다. 샤워를 하는 동안에도 마치 샤워실이 바다 위에서 출렁이고 있는 것 같아 메슥거려 토할 것만 같았다. 다시는 배를 타고 싶지 않다….

이미 지칠 대로 지쳤지만 4일만 버티면 된다고 생각했다. 오키나와엔 어떤 풍경이 나를 기다리고 있을까? 오키나와라면 흔히 떠올리는, 투명할 정도로 에메랄드색으로 넘실대는 바다와 하얀 모래사장을 바라보며 페달을 밟고 있는 내 모습을 상상했다. 고생으로 얼룩져 있는 고된 수기의 마지막 장에서만큼은, 아름다운 휴양지에서의 힐링 라이딩으로 마침표를 찍고 싶었다. 물론 이후 그 상상은 정말 상상뿐이었음을 알게 되었지만….

40

집에 돌아갈 걸 그랬어

 2023년 11월 13일

 나하~세소코 (100Km)

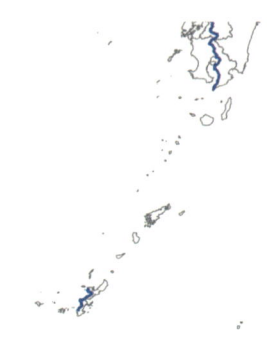

　필리핀이나 세부 같은 열대 휴양지를 기대했는데, 생각보다 오키나와의 도심은 일본의 본토와 크게 다르지 않았다. 특유의 무채색 건물들과 가지런한 도로들이 즐비한 익숙한 풍경. 출근하는 직장인, 등교하는 교복을 입은 학생들마저 완벽하게 여느 평범한 일본 도심 풍경이었다.

　나는 바닷길만 따라서 쭉 오키나와의 해안선을 GPS로 그리며 한 바퀴를 돌 작정이었다. 비는 오지 않았지만 흐린 날씨였다. 맞바람이 강하게 내 얼굴을 강타했다. 내가 가는 방향과 정확히 반대인 북풍이 초속 9미터로 불고 있었다. 쉽게 말해서 지난번 시즈오카 때와 같은 라이더 입에서 욕이 나올 수준의 바람이다. '왜 내가 갈 때마다 항상 역풍으로만 불까?'라고만 생각하다가 사실 돌이켜 보면 단 한 번도 순풍이 분다고 감사해 본 적이 없었다. 아마 그저 자전거가 잘 나갈 때에는 컨디션이 좋은 날로만 여겼을 것이다. 잘 나가지 않으면 바람 탓, 잘 나가면 내 체력 덕분. 새삼 고마워하기는 어렵고 탓하기는 쉬운 법인 것이다.

　정오에 가까워질 때쯤 회색 구름 틈새 사이로 새파란 하늘이 빼꼼 고개를 내밀었다. 점심을 먹기 위해 한 가게를 찾아 들렀다. 오키나와에 가면 반드시 먹어보아야 한다는 오키나와 소바. 리뷰도 많고 가게 벽면에는 여느 맛집처럼 연예인이 휘갈긴 사인들이 도배되어 있었다.

오키나와 소바는 푹 고아낸 듯한 두툼한 갈빗살과 두꺼운 밀가루면이 특징이었다. '소바'라고 하면 통상적으로 메밀면을 뜻하지만 이곳 오키나와에서는 국수 그 자체를 '소바'라고 부른다고 한다. 국물부터 한 숟갈 떠먹어본다. 응? 뭔가 낯설지 않은 맛이다. 두껍고 꼬불꼬불한 곡선의 밀가루면도 뭔가 익숙한 식감이다. 무슨 맛이었더라? 아, 이 맛은 튀김우동 컵라면이다…. 정확히 내가 PC방에서 게임을 하며 자주 먹던 튀김우동 맛이었다.

뭔가 튀김우동을 500엔 주고 사 먹은 듯한 기분이 들어 썩 만족스럽진 않았다. 나와서 다시 자전거를 몰고 북쪽을 향해 나아갔다. 도로가 바다에서 내륙으로 이어졌다. 영어를 읽지 못하는 사람도 '관계자 외 출입금지'라고 단숨에 알 것 같은 문구와 함께 펜스가 도로를 따라 길게 이어졌다. 알고 보니 모두 오키나와에 주둔해 있는 미군의 비행장 혹은 미군 막사였다. 양식장으로 이용되고 있는 듯한 아무도 없는 썰렁한 해안가, 호텔 숙박객들이 이용할 것 같은 푸른 해안가를 만나기도 했다. 오키나와 곳곳에는 꼭 휴양지 같은 모습이 아닌 다양한 풍경들이 자리 잡고 있었다.

만좌모라는 곳에 들렀다. 만좌모라는 이름은 '만 명의 사람이 앉을 수 있는 넓은 들판'이라는 뜻에서 붙여졌다고 하는데 꼭 제주도의 섭지코지를 연상케 하는 곳이었다. 만좌모는 절벽에 있는 코끼리 바위가 유명하다. 정말 단순하게 코끼리를 닮았다고 하여 코끼리 바위다.

흐린 날씨 탓인지 거센 바람에 하얀 파도가 절벽에 깨지고 있었다. 코끼리 바위마저 집어삼킬 기세의, 빠졌다가는 사람 하나는 쉽게 골로 갈 것 같았던 맹렬한 파도였다. 구글 지도에서 본 것은 잔잔한 열대 바다 위의 바위였는데. 매번 흐린 날씨를 탓해오다가 덕분에 더욱 특별한 코끼리 바위의 모습을 보아서 오히려 흐린 날씨에게 감사해야 할 것 같은 날이었다.

오키나와에는 건축에 관심이 없는 사람도 눈길을 끌 만큼 독특한 건물들이 많았다. 꼭 100년 이상 전에 지어진 듯한 정말 낡아 보이는 건물들도 모두 학교라든지 시청, 군청과 같은 공공건물로 멀쩡하게 쓰이고 있었다. 아마도 섬이라는 점과 아열대 기후 특성상 이러한 건축 양식이 발달했으리라.

오늘도 정확히 어두워지기 직전에 타이밍에 맞춰 세소코 섬 근처에 있는 게스트하우스에 도착했다. '난데야넨(Nandeyanen)'이라는, 오키나와에서 뜬금없이 오사카 사투리로 이름이 지어진 특이한 게스트하우스였다. 사실 알고 보니 주인이 유쾌한 오사카 출신이었다.

로비에서는 50대로 보이는 듯한 두 명의 숙박객과 주인이 모여 잡담을 나누고 있었다. 방음이 잘 되지 않아 그들의 떠드는 소리가 벽에서 울리고 있었다. 아, 일찍 자야 하는데. 하지만 잠시 화장실에 갔다 나왔을 때 어느샌가 나도 그 자리에 동석하여 그들과 이야기를 나누고 있었다. 그들은 로비를 가로지르는 모든 게스트하우스의 숙박객들에게 살갑게 대화를 걸며 유혹해서 이 자리에 끼우려는 듯해 보였다.

이윽고 한 명의 서양인도 함께 동석을 했는데, 꽤 일본어가 유창했다. 그는 나와 비슷하게 바이크로 일본 일주를 마치고 오키나와를 일주하고 있는 중이라고 말했다. 일주 중에 곰을 봤다고 이야기했다. 바이크야 곰을 따돌릴 수 있겠지만 내가 곰을 만났더라면, 정말 상상만 해도 오금이 저린다. 그래도 내심 부러웠다. 나도 한국에 돌아가 '일본 종주 중 곰을 봤다.'라고 자랑하고 싶었는데.

"한국은 위험하지 않아?"

"왜요?"

"그야 지금 북한과 아직 전쟁 중인 상태니까 말이야."

"내가 한국에 몇 년 전에 갔을 때, 전철에서 누가 총알을 이만큼 소지하고 있더라고."

"에이, 그거 아마 가짜일 거예요. 한국에서는 실탄 소지하면 불법이에요. 저도 얼마 전에 전역했는데 실탄을 들고 다녔어요. 북한 앞에서 근무해서." 하며 으레 한국 남자들이 그렇듯 내가 근무했던 GOP에서의 이야기를 허세를 곁들여 자랑스럽게 이야기했다.

"내일 북부로 가는 거면, 오키나와에서는 뱀을 조심해야 해."

"뱀이요?"

"응. 오키나와에는 뱀이 많이 살아."

2시간 정도를 내리 떠들었을까, 슬슬 자야겠다 싶어 먼저 그들에게 인사를 하고선 방으로 돌아왔다. 마트에서 산 구마모토산 귤을 까먹으며 침대에 누워 내일의 경로를 살폈다. 뱀이 나올 만큼 오키나와 북부는 정말 아무것도 없는 곳이다. 외진 정도를 판단하는 방법은 바로 지도에서 편의점을 검색해 보는 것인데, 몇십 킬로 동안 편의점이 도로에 보이지 않는다면 그곳은 정말 사람이 가지 않는 오지임을 방증했다. 마지막 편의점 위치를 체크해서 그곳에서 잔뜩 먹을 걸 사야만 했다. 정말 내일도 달려야 한다는 것은, 쉬지도 못하고 고통스러운 일이다. 첫날부터 가고시마에서 그냥 얌전하게 집에 돌아갈 걸 그랬다는 생각이 든다.

41

아무도 오지 않는 쓸쓸한 땅

 2023년 11월 14일

 세소코~아다 (97Km)

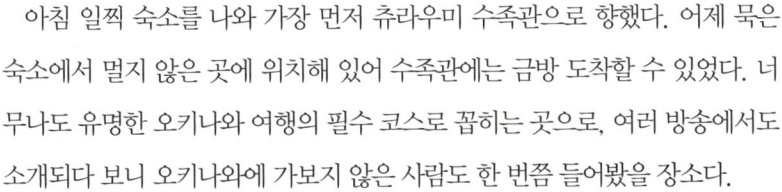

    아침 일찍 숙소를 나와 가장 먼저 츄라우미 수족관으로 향했다. 어제 묵은 숙소에서 멀지 않은 곳에 위치해 있어 수족관에는 금방 도착할 수 있었다. 너무나도 유명한 오키나와 여행의 필수 코스로 꼽히는 곳으로, 여러 방송에서도 소개되다 보니 오키나와에 가보지 않은 사람도 한 번쯤 들어봤을 장소다.

    오사카에서 쉬면서 유명한 가이유칸 수족관에도 들렀었다. 가이유칸의 관람객들은 아이들을 데리고 온 가족 단위의 손님이 대부분이었다. 아이들이 신나게 뛰어다니며 물고기들을 구경하는 사이, 벤치에 앉아 쉬고 있는 아버지의 심정을 나 역시 이해할 것 같았다. 어른이 된 내겐 수족관은 이제 유치하게만 느껴졌다. 더 이상 수족관을 즐길 수 없는 것, 이전에 즐겨 봤던 애니메이션을 다시 돌려봐도 재미가 없는 건 내가 어른이 되었다는 증거일까?

    개관 전 도착해 주변을 둘러보다가 8시 30분이 되자마자 입장했다. 시간에 쫓겨 유리창 너머 유영하는 물고기들을 대충 눈으로 훑어보며 빠른 걸음으로 수족관을 통과했다. 가이유칸보다 어종 자체는 다양하지 않은 것 같았다. 거의 15분 만에 이곳의 하이라이트라고 할 수 있는 고래상어 코너에 도착했다. 이전까지 보고 온 수족관도 오로지 이 한 코너만을 위해서 만들어진 애피타

이저 같았다.

  영화관을 콘셉트로 한, 마치 대형 스크린 위에 상영되는 영화처럼 압도적인 스케일을 자랑하는 고래상어 수족관은 그 웅장함 하나만으로도 다양성의 부족함을 상쇄하기에 충분했다. 수족관을 청소하던 잠수부와 비교해도, 성인 10명은 합쳐야 할 엄청난 거구를 자랑하는 고래상어가 빙글빙글 수족관 내부를 돌고 있었다. 수족관은 어린이들을 위한 장소라는 내 편견을 깨부술 만큼 아름답고 멋진 모습이었다.

조금 지나자 교복을 입은 학생이 우르르 몰려왔다. 수학여행으로 온 일본 중고등학생들이었다. 우리에게도 아름다운 제주도가 있지만 이런 수족관을 수학여행으로 올 수 있다는 게 내심 일본 학생들이 부럽다는 생각이 들었다. 이곳을 본 이상 웬만한 수족관으로는 만족할 수 없는 뇌가 된 기분이었다. 일본 종주의 단점이라고 하면, 지나오면서 너무 많은 명소들을 보게 된다는 점이다. 마치 이 세상 수백 종류의 맛있는 음식을 아껴가며 먹지 않고 단 한 번에 먹어치운 것과 같다. 성취감은 좋지만 이제 웬만한 풍경에도 감흥이 없어져버리게 되는 것이다.

수족관을 빠져나와 본격적인 오늘의 라이딩을 시작했다. 오늘도 어제처럼 먹구름이 뒤덮인 을씨년스러운 하늘이 날 반겼다. 오키나와까지 와서 이틀째 에메랄드 바다도 보이지 않는 흐린 날씨라니. 운도 지지리도 없다고 생각했다.
츄라우미 수족관 위로 오키나와의 북부에 오는 여행객은 거의 아무도 없을 것이다. 해안선을 따라가다 보니 바다는 원 없이 볼 수 있었지만 전혀 오키나와의 바다 같다는 인상을 느끼지 못했다. 북부에 오는 사람이 없어서일까, 아니면 날씨 때문일까. 아마 둘 다일 것이다. 가는 내내 아무도 없는 바닷가에서 쓸쓸한 파도소리만 내 라이딩의 단짝이 되어주었다. 어제 게스트하우스 주인이 충고해 준 것처럼 인적이 드문 도로에는 차에 짜부라진 뱀 시체들이 군데군데 보였다.
오후 2시쯤 오키나와의 최북단인 헤도곶에 도착했다. 최북단을 상징하는 커다란 비석이 보였다. 헤도곶에는 많은 관광객이 아닌, 수많은 오키나와의 명소 중에서도 하필 이곳에 흥미를 느껴 찾아온 몇몇 특이한 관광객만이 드문드문 걸어 다니고 있을 뿐이었다. 그들의 표정에서도 '와! 여기가 최북단이야!'라는 인상보다는 '음, 최북단이군.'이라고 말하는 듯한 감흥 없는 인상만

이 느껴졌다.

헤도곶 주차장에 앉아 메론빵과 음료를 먹었다. 마지막 편의점 이후로 이제 100킬로 동안 편의점이 없을 예정이었다. 얀바루 국립공원으로 대표되는 이곳 오키나와 북부는 세계자연유산으로 선정되어 있지만 동시에 대부분의 관광객이 잘 찾아오지 않는 오지이다. 나 역시 오키나와를 한 바퀴 일주해야 한다는 사명감 따위가 없었더라면 아마 평생 오지도 않았을 곳일지도 모른다.

헤도곶 이후로 차량들은 거의 30분에 한 대 간격으로 도로를 지나갔다. 도로를 통째로 전세내고 나 혼자 쓰는 기분이었다. 도로에는 야생 새들의 흐릿한 울음소리와 적막함만이 감돌았다. 드문드문 나무 사이로 보이는 바다에조차 단 한 명의 사람도 보이지 않았다. 고적한 해변가에 바위에 부딪히는 파도소리만이 화이트 노이즈처럼 도로에 깔려 있을 뿐이었다. 흐린 날씨 탓에 무거운 공기가 나를 짓누르고 있는 기분이었다. 곰이 오키나와에 살지 않아서 다행이지, 일본 본토였더라면 두려움에 떨면서 라이딩을 했을 것이다.

도로에는 '얀바루쿠이나(흰눈썹뜸부기)'라고 불리는, 이곳 오키나와에서만 서식한다는 일본 천연기념물 주의문이 많았다. 거의 100미터 간격마다 얀바루쿠이나를 조심하라는 주의문이 설치되어 있었다. 불행하게도 도로를 달리는 내내 주의문 개수와는 별개로 얀바루쿠이나는 단 한 마리도 보지 못했다. 얀바루쿠이나는 그렇게 한국의 고라니만큼 자주 무단횡단을 하지 않는 듯했다.

외진 산길을 오르락내리락 넘어서 오

후 4시쯤 아다라는 오키나와 북부의 정말 작은 마을에 도착했다. 이런 오지에서는 라이딩을 하다가 오후 늦게 조금이라도 어두워졌다가는 불빛도 없는 공포의 라이딩을 해야 할지도 모르기 때문에 저녁이 되기 전 라이딩을 멈추었다.

숙소는 숙박 앱에서도 나오지 않았다. 현지인에게 사정사정 부탁해서 전화로 숙소를 예약할 수 있었다. 숙박비는 석식과 조식 포함 6,000엔이었는데, 밥은 먹지 않겠다 하니 숙박비가 3,600엔으로 꽤 저렴해졌다.

석식 대신 대충 마을의 마트에 가서 저렴하게 끼니를 해결하려고 했다. 하지만 하필 이날 마을의 유일한 마트가 휴무라는 것이었다…. 마지막 편의점에서 산 군것질거리들은 이미 바닥난 상태였다. 자판기에서 음료수로라도 배를 채울 각오를 하고 숙소로 갔다.

주인인 듯한 아주머니 한 분께서 나와서 방과 샤워실, 세탁기 등을 안내해 주셨다. 내가 묵을 곳은 작은 컨테이너 박스 안의 다다미로 된 방이었다.

"밥은 먹을 거야?"

"네? 저 전화드렸을 때 밥 예약을 안 했는데….."

"그럼 밥은 어떻게 할 거야?"

"아… 그러고 보니 오늘 마트가 하필 휴무더라고요."

"그러니까 물어본 거야. 그냥 돈 안 받아도 되니까, 저녁 먹고 싶으면 해 줄게. 아무 요리나 상관없지?"

나는 극구 손사래를 치며 사양했지만 아주머니는 쿨하게 주방으로 홀연히 들어가 버렸다. 쫄쫄이를 입은 내 차림새가 꽤 배 곯은 듯한 인상을 팍팍 풍겼나 보다. 이윽고 정성스러운 반찬들과 함께 쇼가야키 정식이 나왔다.

고개 숙여 마음 깊이 감사하다는 인사를 했다. 식사를 하지 못했다면 내일 편의점이 나올 때까지 자판기 음료수로 연명해야 했을 것이다. 고생한 것을 떠나서 아주머니가 차려주신 쇼가야키는 정말 밥이 술술 들어갈 만큼 너무 맛있었다. 아니, 내가 한국인인 것을 알았던 건지 김치까지 있었다. 남기는 건 예의가 아니겠다 싶어 싹싹 긁어서 알레르기가 있는 사과까지 먹어치웠다.

오키나와의 시골 밖을 잠시 걸어보고 싶었지만 깜깜해지면 아무것도 보이지 않을까 봐 무서워서 숙소로 돌아왔다. 저녁 6시가 되자 "학생 여러분, 집에 돌아갈 시간입니다. 지역 주민 여러분, 항상 아이들을 지켜봐 주셔서 감사합니다."라는 방송이 마을 확성기를 통해 울려 퍼졌다. 마치 옛날 시골에서 마을 이장님이 하는 방송처럼, 일본의 시골 마을은 대체로 어딜 가나 그런 방송이 나온다. 한국도 아직 시골 마을에서 그런진 모르겠지만.

오키나와는 11월에도 숙소에 모기가 날아다녔다. 이불 속에 파묻혀서 〈남극의 셰프〉라는 영화를 보면서 잠에 들었다. 예전에 봤던 영화였지만 다시 봐도 질리지 않는 일본 영화 특유의 푸근하고 따뜻한 느낌이, 마치 오키나와 사람들의 인심만 같았다.

42

오키나와 동쪽을 달려서

 2023년 11월 15일
 아다~요나바루 (132Km)

아침을 먹으러 마트로 향했다. 마트라고 검색해서 왔지만 실제로는 시골 구멍가게에 가까웠다. 아침으로 먹을 컵라면과 라이딩 중 먹을 간식과 음료를 구입했다. 라면에 물을 받고 기다리고 있던 도중 젊은 남자 둘이 가게에 들어왔다. 물건을 골라서 계산을 하나 싶더니 갑자기 내가 앉은 테이블 반대편에 앉아 대뜸 말을 걸어왔다.

"자전거로 어디까지 가고 있어요?"

왠지 젊은 남자가 주는 가벼운 이미지에 나는 조금 경계심을 느꼈다.

"지금 일본 종주를 하고 와서 오키나와 일주를 하고 있어요."

"네? 진짜요? 와, 대단하시네요."

마침 계산대에 있던 중년 남성도 뒤에서 나타났다.

"이 사람, 일본 종주하고 있는데 홋카이도에서 왔대요."

조그마한 동네다 보니 다들 잘 아는 사이인 것 같은 분위기였다. 일본어로 왁자지껄 떠드는 분위기에 모든 말을 알아듣지는 못했지만, 남자 둘은 바이크로 오키나와 곳곳을 여행 중이라고 했다.

"기념으로 사진이나 한번 찍는 게 어때?"

얼떨결에 슈퍼에서 컵라면을 먹던 도중 모르는 사람 넷과 함께 사진을 찍었다. 생각해 보니 길고 긴 종주 기간 동안 누군가와 함께 사진을 찍은 적이 없었다. 여행기를 읽다 보면 현지인들의 응원을 받으며 함께 찍은 사진들이 참 많이 보였는데 왜 나는 그런 일이 없는 걸까? 내 성격이 그만큼 남에게 먼저 다가가지 않기 때문이 아닐까라는 생각을 하기도 했다.

낯선 사람이 다가오는 것을 경계했지만 오키나와 특유의 정을 가진 따뜻한 사람들이었다. 슈퍼를 떠나는 마지막까지 그들은 내게 아낌없는 응원을 보내 주었다. 어젯밤 식사를 대접해 주셨던 숙소 주인분도, 아침에 슈퍼에서 만난 이들도. 일본에서 내가 만난 사람들 중 정이 가장 많은 사람들은 바로 오키나와 사람들이었다.

한국으로 따지면 리 정도의 정말 작은 마을들 외에는 지도가 온통 초록색이었다. 어제부터 이어지는 북부의 외진 산길을 따라 라이딩을 이어갔다. 차도 사람도 거의 보이지 않았다. 그래도 그 덕분에 부끄럼 없이 목청을 높여 사우시 도그의 〈Cinderella Boy〉를 꽥꽥 불러대며 페달을 밟곤 했다.

오르막을 오르자 눈앞에 바다처럼 드넓은 짙은 산림이 펼쳐졌다. 아열대라는 기운을 팍팍 뿜어내는 오키나와의 숲은, 한국과 일본 본토에서 보던 일반적인 숲과는 분위기가 사뭇 달랐다. 따지자면 '밀림'이라는 단어가 어울릴 것만 같은 얀바루 국립공원은 약간은 무섭기도 불가사의하기도 하면서 숲속에는 어떤 동물이 살고 있을까 하는 궁금증을 자아내게 했다.

이후 거의 100킬로 만이었을까, 드디어 반가운 바다가 눈앞에 펼쳐졌다. 어제부터 산길을 달려 쭉 고지대에만 있다가 드디어 하루 만에 해수면 높이까지 내려온 것이었다. 도로변에 카페 하나가 눈에 띄었다. 간판에는 'COFFEE FARM'이라고 쓰여 있었다. 커피 농장? 오키나와에서도 커피를

재배할 수 있다고?

　입구로 들어가자 다른 한쪽 출구로 커피콩을 재배하는 듯한 농장이 보였다. 이곳에서 직접 재배한 오키나와 커피는 무려 한 잔에 2,000엔이었다. 가난한 대학생이기에 망설임 없이 오키나와 커피를 포기하고 대신 젠자이를 주문했다. 젠자이는 일본의 단팥죽을 의미하는데 오키나와에서는 젠자이가 빙수라는 뜻인지 빙수가 나왔다(비슷하게 소바는 보통 메밀면을 뜻하지만, 오키나와에서는 밀가루 면이라고 한다).

　빙수로 얼얼해진 속과 함께 다시 도로를 달렸다. 도로 곳곳에 아직 치우지 않은 '뚜르 드 오키나와' 대회의 남은 거리를 안내하는 표지판들이 보였다. 내가 도착했던 3일 전 2023 뚜르 드 오키나와 대회가 열렸다. 하루만 더 일찍 오키나와에 왔더라면 대회에 참가할 수 있었을까? 하지만 이미 3,700킬로를 밟고 녹초가 된 몸으로 과연 대회를 참가할 수 있었을까, 딱히 미련은 없었다.

　남쪽으로 내려갈수록 마을도 점점 많아지고 곳곳의 건물들도 시야에서 늘어나기 시작했다. 100킬로 만에 보는 첫 편의점. 드디어 오키나와 북부를 빠져나와 도심지에 도착한 것이다. 3일 전 출발했던 장소인 나하가 표지판에 다시 보였다. 지금 당장 마음먹고 서쪽으로 섬을 가로질러가면 오늘이라도 나하에 도착할 수 있었다. 아이러니하게도 지도상 바로 옆에 목적지를 두고도 단지 GPS로 오키나와 섬을 한 붓으로 그리기 위해 빙빙 되돌아서 나하로 가고 있는 것이었다.

　우루마라는 곳을 통과하고 있었다. 바이크를 타고 있던 한 남자가 내 앞을 앞지르더니 멈춰 서서는 뒤돌아 헬멧을 벗었다.

　"오랜만이네!"

　알고 보니 그는 이틀 전 게스트하우스에서 바이크로 일본 일주를 하고 있다는 남자였다. 딱 하룻밤만 함께했지만, 우리는 정말 오랜 친구처럼 손을 꽉 쥐고 반갑게 인사를 나누었다. 고난의 여정은 사람 사이를 10년은 동고동락한 것처럼 가깝게 만들어준다. 나 같은 내향인조차도.

저녁 6시가 되어서 예약해 둔 게스트하우스에 도착했다. 로비에 있던 피아노도 그렇고 아이들의 문제집이 너저분하게 책상 위에 굴러다니고 있던 모습이 마치 시골 가정집 같은 분위기였다. 실제 주인이 이곳에서 가족과 함께 살고 있는 것 같았다. 도미토리로 예약했음에도 불구하고 개인 싱글룸을 안내받았다. 딱히 손님이 없어서 업그레이드를 해준 것 같아 감사했다.

한숨을 돌리고 오리온 맥주 한 캔을 뜯고는 고기를 주방에서 구워 먹었다. 드디어 내일이면 오키나와 일주, 아니, 기나길었던 일본 종주가 완전히 끝난다. '눈 딱 감고 50킬로만 달리자. 천천히 가도 쉬어도 돼.' 학창 시절부터 운동을 지지리도 못했던 내가 자전거를 좋아하기 시작한 이유이기도 했다. 힘들더라도 길바닥에 퍼질러 앉아서 잠시 쉬다가 다시 타면 되니까.

43

종주 마지막 날의
대참사

 2023년 11월 16일

 요나바루~나하 (55Km)

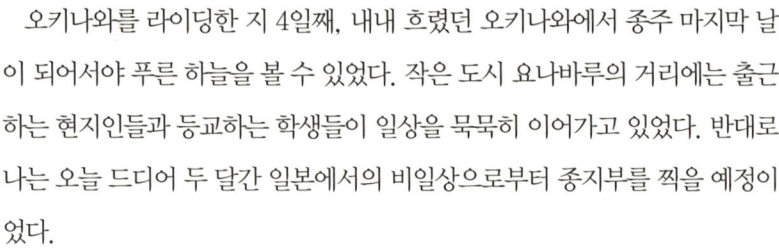

    오키나와를 라이딩한 지 4일째, 내내 흐렸던 오키나와에서 종주 마지막 날이 되어서야 푸른 하늘을 볼 수 있었다. 작은 도시 요나바루의 거리에는 출근하는 현지인들과 등교하는 학생들이 일상을 묵묵히 이어가고 있었다. 반대로 나는 오늘 드디어 두 달간 일본에서의 비일상으로부터 종지부를 찍을 예정이었다.

    지나가던 길의 한 가게에서 도시락을 아침으로 구입했다. 먹을 곳이 마땅치 않아 바로 옆 편의점에서 음료를 산 뒤 주차장 아스팔트 바닥에 철퍼덕 앉아 도시락을 먹었다. 편의점에서 나온 누군가가 갑자기 힘내라며 무기차 음료를 건네주었다. 아마 '일본 종주'라는 문구를 보고 건넨 것이겠지만, 주차장에 앉아 도시락을 먹는 모습이 내가 봐도 뭐라도 건네주고 싶을 정도로 안쓰러울 것만 같았다.

    멀리 푸른 바닷가와 모래사장이 보이는 오키나와의 남부를 바라보자 그제야 내가 휴양지에 왔다는 것을 절절히 체감했다. 오키나와를 달린 지 4일째에야 내가 상상했던 오키나와 풍경을 보았던 것이다. 어쨌든 돌이켜보면 자전거를 타기에는 오키나와보다 제주도가 훨씬 재미있는 편이다. 제주도는 동부, 남부, 북부, 서부마다 각각의 특색이 있어 지루하지 않고 라이딩하기 즐겁지만 대체로 서부에 볼거리가 몰려있는 오키나와는 한 바퀴를 도는 일주를 절대 추천하지 않는다. 오키나와를 가장 비효율적으로 여행하는 방법이 있다고 하면 바로 오키나와를 한 바퀴 돌아 일주하는 여행일 것이다.

나하에 도착하기 직전 마지막으로 향한 곳은 '도요사키 해변공원'이라는 해수욕장이었다. 11월의 비수기라 해변가에는 수영을 하는 사람은커녕 놀고 있는 사람도 찾아보기 어려웠지만, 야자수 아래 에메랄드빛의 바다가 눈앞에 펼쳐진 바닷바람을 맞으며 달리는 바라오던 완벽한 라이딩을 하고 있었다. 맞아, 내가 꿈꾸던 오키나와 라이딩은 바로 이런 것이었다.

마지막 종착지인 나하까지는 단 5킬로. 라이딩만으로 거의 40일이 걸렸던 여행이, 마지막 15분만 달리면 끝이 난다. 대장정을 마무리할 생각에 싱글벙글해진 나는 기분 좋게 페달을 밟으며 해변공원을 통과했다.

종주가 끝나기 15분 전, 나는 해변공원을 빠져나오는 길에서 종주 중 두 번째 낙차를 경험했다. 길이 이어지지 않아 잠시 잔디밭으로 핸들을 돌렸다가 잔디밭을 내려가는 도중 자전거가 옆으로 기울었다. 순식간에 콰당 하고 옆으로 넘어진 게 아니라 서서히 내려가며 넘어지면서, 관성으로 인해 몸이 앞으로 날아갔다. 그 순간 눈앞에 도로 경계석이 보였다. 반사적으로 바닥을 손으로 짚었지만 이마와 코를 도로 경계석에 그대로 찍어버리고 말았다.

정신이 멍했다. 입에서 흘러나오는 신음소리와 함께 정신을 차리고 겨우 몸을 일으켜 세웠다. 뒤를 돌아보자 자전거는 맥없이 도로에 나뒹굴어져 있었다. 땅을 짚었던 손가락 끝은 시뻘겋게 살갗이 벗겨져 있었고, 오른쪽 무릎은 아키타에서 다친 지 30일 만에 또다시 갈렸다. 항상 오른쪽만 다치는 건 왜일까.

휴대폰 카메라를 켜서 얼굴을 보자 미간과 코에 피가 송골송골 맺혀 있었다. 어쩌면 얼굴에 평생 흉터가 남을지도 몰랐다. 어떻게 39일의 라이딩 중 마지막 15분을 남기고 다칠 수가 있을까? 그것도 얼굴을? 운명의 장난이라면 장난이 너무 심한 것 아닌가. 그렇게 신사에서 동전을 던지며 종주하는 동안에는 다치지 않기를 빌며 참배를 했는데. 미신을 믿는 성격은 아니지만 참배는 아무런 효과도 없다는 것을 몸소 증명했다.

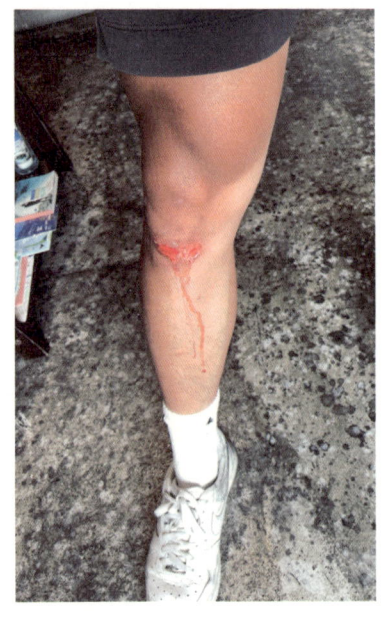

일단 급한 대로 근처 편의점으로 향해 작은 밴드를 구입해서 얼굴에 붙였다. 다리의 상처는 작은 밴드로는 해결이 안 될 것 같아 일단 라이딩을 마치기 위해 달렸다. 피가 줄줄 흐르는 다리를 움직이며 정신없이 남은 15분의 라이딩을 끝마쳤다. 4일 전 출발했던 장소에, 400킬로를 되돌아오자 뫼비우스의 띠를 걸어온 것처럼 똑같은 풍경이 펼쳐졌다. 종주가 끝나서 기쁘다는 생각은 없었다. 부랴부랴 근처 드러그스토어를 찾아 응급처치할 밴드를 구입했다.

체크인 전이었지만 피를 씻어내기 위해 샤워만이라도 할 수 있냐고 카운터에 사정사정해서 게스트하우스 안으로 들어갔다. 거울로 상처를 자세히 보자, 천만다행으로 얼굴을 경계석에 '갈은' 것이 아니라 '찍은' 것이어서 흉터가 생길 만큼 피부가 벗겨지진 않았다. 약을 바르고 코와 이마, 그리고 다리에 밴드를 붙였다. 꼭 소년 만화 캐릭터에서나 볼 법한 코에 밴드를 붙인 모습이 중2병 같았다. 나는 진짜 다쳐서 붙인 거지만.

오키나와에 온 지 4일째가 되어서야 관광지인 국제 거리에 걸어 나왔다. 정신은 지치고 몸은 다쳐서 그런지 영혼이 빠진 사람처럼 터벅터벅 거리를 걸었다. 국제 거리에는 오키나와로 수학여행을 온 듯한 교복을 입은 학생들이 정말 많았다. 밀리터리 샵에 들어가 아직 전역하지 않은 군대 후임에게 선물로 줄 유니크한 미군 티셔츠를 샀다.

오키나와에서 총 달린 거리는 390킬로, 일본 종주 총거리는 정확히 4,134킬로였다. 기나긴 두 달간의 대장정이 끝났다. 이제 2개월 만에 한국으로 돌아간다. 종주가 끝난 성취감과 행복한 마음보다는 그저 집으로 돌아가고 싶은 마음뿐이었다. 하지만 집으로 돌아가기 전에, 내게는 또 한 가지 일본에서 해결해야만 할 커다란 과제가 남아 있었다.

44

자전거를 비행기로
보내는 방법

📅 2023년 11월 17일
📍 나하~서울

    내게 남은 마지막 과제는 바로 '자전거를 집으로 보내는 일'이었다. 그것은 흔한 농담 중 하나인 '코끼리를 냉장고에 넣는 법'처럼, '박스를 연다, 자전거를 넣는다, 박스를 닫는다.'로 해결될 간단한 문제가 아니었다. 한국에서 일본으로 올 때는 공항에 있던 포장업체에 맡겨 박스만 비행기에 실으면 그만이었다. 하지만 일본에 그런 업체가 공항에 없기에 내 손으로 직접 자전거를 포장해 비행기에 실어야만 했다.

    먼저 자전거를 넣을 박스를 구해야 했다. 어디서 구하지? 물론 시내에 자전거 가게야 많아서 그곳에서 박스를 구할 수 있을 거라고 생각한다면, 자전거 가게마다 박스를 항상 보유하고 있는 것은 아니었다. 어제도 한 가게에 들러 박스가 있냐고 물어보았지만 없다는 대답이 돌아왔다. 사실 시내에서 박스를 구입할 수 있다고 해도 이곳에서 포장을 하면 그 무겁고 큰 자전거 박스를 어떻게 들고 공항까지 가냐는 것이었다. 공항까지 전철도 없어서 택시 같은 차량을 빌려야만 했다. 하지만 5킬로 거리 때문에 악명 높은 일본 택시 요금을 감수하고 타기가 꺼려졌다.

    일단 가장 공항과 가까운 2~3킬로 정도의 자전거 가게 두 군데를 찾았다.

나의 계획은 자전거를 타고 먼저 공항으로 간 뒤 자전거를 공항에 세워두고 박스만 가게에서 구해와서 공항에서 직접 포장하자는 것이었다.

공항으로 향하던 중 우연히 한 자전거 가게가 눈에 들어왔다. 미리 알아봐 둔 가게도 아니었다. 물어보지 않아도 가게 앞에 바로 내가 찾던 자전거 박스들이 있었다. 이런 행운이!

"혹시 가게 앞에 있는 자전거 박스도 파나요?"

나는 곧장 가게에 들어가 점원에게 물었다. 박스를 1,000엔에 판다는 대답과 함께 나중에 사러 오겠다고 한 뒤 가게를 나왔다. 다른 가게까지 찾아가기보다는 확실하게 이 가게로 오기로 하고 다시 공항으로 향했다.

이제 자전거를 보호할 에어캡을 구해야 했다. 공항 내부에 있던 야마토 택배에서 에어캡을 팔고 있을 거라고 생각하고 그곳으로 향했다. 에어캡을 일본어로 몰라 점원에게 "혹시 그 포장할 때 쓰는 공기… 봉지 같은 것을 파나요?"라고 물었다. 점원은 조금 당황한 표정으로 "그건 팔지는 않고, 택배 서비스를 이용하시면 쓸 수 있어요."라고 대답했다. 아, 망했다. 구입도 안된다니. 공항에서 나와 100엔 숍을 찾아가야겠다고 생각하던 찰나,

"혹시 뭐에 쓰시려고 필요하신 거예요?"

"아, 사실 자전거를 포장해야 해서요. 그래서 에어캡이 좀 많이 필요한데… 팔지는 않는다고 하니 다른 데에서 구해야겠네요."

나는 울상을 지으며 대답했다.

"음… 그러면 그냥 드릴게요. 필요한 만큼 잘라가시면 될 것 같아요. 얼마만큼 필요하세요? 나중에 오셔도 되는데, 오후 3시부터 저는 퇴근하고 다른 점원이 오는데, 그 점원은 아마 안 빌려줄 거예요…. 그러니까 오후 3시 이전에 오시면 제가 드릴 수 있어요."

"감사합니다! 꼭 오후 3시 이전에 오겠습니다. 정말 너무 감사합니다…."

왜 이렇게 오키나와 사람들은 정이 많고 착한 걸까? 연신 고개를 숙여 인사한 뒤 빠르게 박스를 구하러 공항을 뛰쳐나왔다. 버스를 타고 3.5킬로 정도 떨어져 있는 아까 들른 자전거 가게로 다시 찾아갔다. 자전거 박스를 구입한 뒤 끙끙대며 박스를 들고 공항으로 돌아왔다. 버스 기사는 처음엔 들고 타면 안 된다고 제지했지만 "공항까지면 봐줄게요."라고 선심을 써 주었다. 글 하나로는 간단해 보이지만 버스를 기다린 시간을 포함해 박스를 구하는 데만 1시간은 넘게 걸렸다.

더 이상 자전거 뒤에 설치했던 짐받이도 필요 없었다. 바퀴도, 안장도, 자전거를 상자에 넣기 위해 뗄 수 있는 건 모두 분리했다. 그렇게 자전거를 박스 안으로 넣는데… 문제는 그때였다. 바퀴를 분리하면 가로로는 들어갔지만 페달 때문에, 세로 폭이 좁아 박스에 자전거가 들어가지 않았다. 억지로 박스를 벌려서 넣어보거나 조금 방향을 틀어서 넣어보려고 했지만 전부 불가능했다.

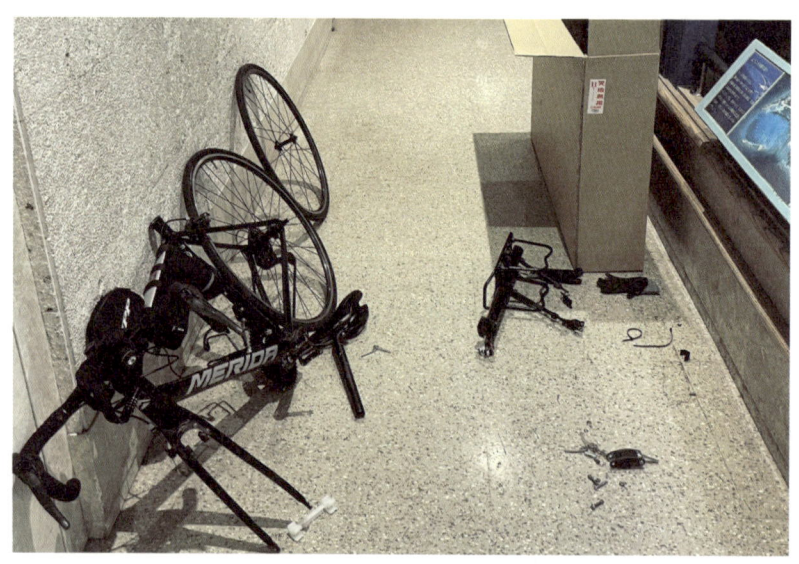

결국 자전거를 넣으려면 페달을 분리해야만 했다. 하지만 페달을 분해해 본 적도 없고 내가 가지고 있던 공구로도 페달을 분리하는 것은 불가능했다.

사실 아까 박스를 사 온 자전거 가게는 아동용 자전거를 파는 곳이었다. 물론 그 사실을 알고 있음에도 박스를 구입했다. 가게 앞에는 꽤 큰 로드 자전거들도 많이 전시되어 있었고, 박스도 내가 봤을 때는 이 정도 크기라면 자전거가 들어갈 것이라고 지레짐작했다. 물론 이러니저러니 해도 결국 명확한 사이즈를 모른 채 도박을 감행한 내 잘못이었다.

박스를 새로 구해야 하나? 그렇다면 새로운 가게를 찾아야 하는데, 하지만 구글 지도로 검색해서 향한 가게에 갔다가 어제처럼 자전거 박스가 있다는 보장도, 자전거 박스를 판다는 보장도 없었다.

스트레스가 머리끝까지 극한으로 치닫는 기분이었다. 심지어 '자전거를 버릴까?'라는 생각까지 들었다. 그러면 커다란 쓰레기를 버리고 가는 거잖아. 아니, 묶어두지만 않는다면 누군가가 알아서 주워서 타지 않을까?

'아까 그 가게로 돌아가 페달 분해를 부탁하자…'

자전거를 들고 가게로 가야 했다. 자전거를 타야 해서 이전까지 분해한 일이 모두 헛수고가 되어버리고 말았다. 풀이 죽은 채 분해된 자전거를 다시 조립했다.

가게로 다시 갔을 때에는 오전과 다른 점원이 있었다. 낮에 이곳에서 박스를 샀는데 자전거가 들어가질 않는다고 설명하며, 혹시 페달 분해만 부탁할 수 없겠냐고 부탁했다.

"지금 일이 많아서 바빠서 안 돼요. 나중에 와요."

나는 물러설 곳이 없었다. 더 이상 또 불안한 마음으로 다른 가게를 찾아가고 싶지도 않았다. 그냥 다른 방법을 생각할 의지력과 에너지, 그리고 인내심이 밑바닥을 드러낸 것만 같았다.

"제발 부탁드립니다. 오늘 비행기를 무조건 타야 해서요… 돈은 얼마든 드릴 테니 잠깐만 시간 내서 분리만 어떻게 좀….”

점원은 그런 내가 불쌍해 보였는지, 약간은 귀찮은 기색을 얼굴에 비치면서도 들어와 보라며 가게 안으로 손짓했다. 그는 말없이 공구들을 꺼내더니, "페달 말고 핸들바는요?"라며 무뚝뚝한 말투와 함께 핸들바를 가리켰다. 핸들바는 분해할 생각이 없었다. 아니, 또 핸들바 때문에 안 들어갈 수도 있잖아. 나는 가능한 모든 것을 분해해 달라고 부탁했다. 분해가 끝난 뒤 공임비 700엔을 그에게 건네고 고개 숙여 감사인사를 했다.

가게를 나가려던 그때 잠시 그는 기다려보라더니 이것도 필요하지 않겠냐며 가위 하나와 포장재들을 건넸다. 생각해 보니 가위도 생각한 적이 없다. 포장업체에서 가위를 빌려준다는 말은 없었고, 만약 가위를 빌려주지 않는다면 편의점에서 직접 구입해야 할 수도 있었다. 무뚝뚝한 그였지만 하고 있던 일까지 제치고선 물심양면 신경 써서 나를 도와준 것이었다.

자전거를 끌고 공항으로 터덜터덜 걸어갔다. 핸들바도 분리되었기에 잡을 곳이 안장밖에 없었다. 모든 것이 분해된 자전거를 들고 가는 3.5킬로의 걸음이 마치 영겁의 시간처럼 느껴졌다. '이제 다 끝났잖아. 이제 돌아가서 자전거만 박스에 넣으면 돼.'라는 일념으로 썩은 동아줄을 붙잡듯 정신줄을 놓지 않고 버티고 있었다.

공항에 도착 후 바퀴를 마저 분해했다. 그때 한 공항 직원이 다가오더니 공항 내부에서 하지 말고 밖으로 나가라는 이야기를 들었다. 몇 번이나 왔다 갔다 하며 해체된 부품들과 짐을 밖으로 옮겨야 했다.

다행히 점원이 바뀌기 전에 도착해 에어캡을 받을 수 있었다. 한국에서 일본으로 올 때 업체 직원이 포장을 하던 것을 떠올려 얼추 비슷하게 포장을 했다. 드레일러나 크랭크 등 휘면 안 되는 부분이나 충격에 약한 부분들만 에어 캡으로 감쌌다. 물론 몇천만 원짜리 애지중지하는 자전거라면 이야기가 다를지도 모른다. 내 자전거는 중고로 산 막 굴리는 자전거니까 이 정도로 포장을 끝낼 수 있었다.

포장이 끝나고 자전거를 수하물로 부치고 나서야 맥이 풀리는 것만 같았다. 공항 곳곳에는 수학여행을 온 교복을 입은 학생들이 줄지어 모여 있었다. 학생들은 이제 도쿄의 하네다 공항으로, 오사카의 간사이 공항으로, 혹은 다른 공항을 향해 저마다의 가족의 품으로, 집과 학교로 돌아갈 것이다.

나도 이제 이 기나긴 꿈같은 시간에서 벗어날 때가 왔다. 비행기 창밖에 멀어지는 오키나와의 불빛들. 여정의 감상에 젖어 있기보다는 전형적인 이 시대의 사람처럼 시간을 때울 요량으로 넷플릭스를 보았다. 밤늦게 공항에 도착하자 2개월 전 떠났던 그날처럼 아버지가 마중을 나와 있었다. 집에 도착하면 감개무량한 기분과 함께 가족의 시끌벅적한 환대가 있을 거라고 상상했지만, 늦은 시간이라 가족들은 조용히 잠을 자고 있었다. 방으로 들어가 짐을 풀고 2개월 만에 보는 내 침대에 털썩 드러누웠다.

미끄러질 위험도, 잘 곳을 찾지 못할 걱정도, 야생 곰을 만날 공포도 없는 일상으로 돌아왔다. 하지만 곰이 없는 대신 복학 준비도, 나아가 취업 준비도 해야만 하는 일상. 군에서 모았던 적금 통장은 종주를 다녀오자 텅텅 비어 있었다. 매일 숙박비에 스트레스받으며 우려했던 일이 현실로 다가왔다. 예상보다 경비가 너무 많이 깨졌다. 종주는 해냈지만 남은 것은 통장 내역을 볼 때의 자괴감이었다. 복학하려면 이제 서울에 살기 위한 보증금도, 월세도 필요한데… 정말이지 그저 앞뒤도 없이 무모하게 여행을 떠났던 것이었다.

하지만 그 무모함이 없었더라면 이 모든 기억도 없었을 것이다. 지금도 지도 앱을 켜고는 새로운 자전거 여행을 상상 속에 그려본다. 언제 다시 떠날 수 있을까? 생활비를 벌고 있고 취업 준비를 해야 하는 지금 돌이켜보면 전역 직후야말로 내가 떠날 수 있었던 유일한 순간이었다.

　나는 그때를 지금도 그리워한다. 추위로 텐트 안에서 벌벌 떨며 잠을 억지로 청했던 홋카이도에서의 나날들. 피를 흘리고 가시를 뽑으며 페달을 밟았던 아키타에서의 나날들. 그런 고통스러운 나날들을 그리워하는 이유는, 지금 내가 서 있는 현실이 그때보다 더 고통스럽다는 것을 깨달았기 때문일지도 모른다.

에필로그

지난 2022년 일본 종주를 다녀와서 사진을 담아서 썼던 종주기가 연이어 커뮤니티 사이트의 베스트 게시글로 올라갔다. 그 당시 '루로우'라는 닉네임으로 글을 올렸었는데, 어쩌다 보니 필명이 되어 지금까지 블로그나 브런치에서 사용하고 있는 이름이 되었다. 루로우는 일본어로 '유랑(流浪)'이라는 뜻이다.

정말 수많은 사람들이 응원의 댓글을 남겨주었다. 신기하게도 일본에 살면서 한국 커뮤니티 사이트를 이용하고 있는 사람이 꽤 많았다. 도쿄, 오사카, 일본 북부 등 각지에서 나에게 밥이라도 대접하겠다며 선심을 베풀었던, 모든 사람들에게 다시 한번 감사하다는 이야기를 전하고 싶었다.

많은 댓글에서 가장 많이 언급된 단어는 바로 '낭만'이었다. 내 여행에 어떤 부분이 낭만이라는 것일까? 글에서도 언급했지만 단순히 내가 좋아서, 내 돈으로 여행을 떠난 것뿐인데 왜 사람들은 나를 응원해 주고 이 여행이 낭만적이라고 말하는 걸까.

김풍 작가는 낭만을 '낭비'라고 정의하면서 누군가가 보았을 때에 '그걸 도대체 왜 해?'라는 생각이 드는 일이야말로, 효율과 가장 극단에 서 있는 것이야말로 바로 낭만이라고 이야기했다. 젊을 때에 할 수 있는 가장 사치스러운 행동이 바로 낭만이라는 것이다.

   그 이야기를 들었을 때, 그리고 일상으로 돌아와 학교를 복학하고 아르바이트로 생활비를 벌어가며 살아가고 있는 지금 다시 어딘가로 종주를 떠난다는 것은 상상조차 하기 어려울 때, 사람들이 낭만이라고 말하던 이유를 그제야 깨달았다.

   낭만은 꼭 젊을 때에만 존재하는 것은 아니었다. 응원을 하기도 하지만 내게 댓글이나 쪽지를 남기며 자기도 일본 종주를 준비하고 있다며 궁금한 것을 물어보던 사람들은 20대에서부터 60대까지 천차만별의 나이에서 각자의 낭만을 안고 꿈을 준비하고 있었다.

   2022년 3월 내가 화천의 훈련소에 있을 때, 친구가 재밌다고 읽어보라며 한 일본 자전거 여행기를 보내주었다. 그 여행기를 읽고, 1년 6개월 후의 일본 종주를 버킷리스트에 적었다. 얼마나 심심할 때마다 다시 그 링크로 들어가서 여행기를 읽었는지, 여행기에서 머물렀던 위치들을 구글 지도에 저장하면서 시간을 보냈는지 모른다. 그 여행기를 보내주었던 친구 지훈, 그리고 내가 몇 번을 읽고 떠날 결심을 한 '집까지 1900킬로 일본 자전거 여행기'를 써주신 닉네임 '교수'님에게, 내게 낭만을 꿈꾸게 해 주었던 이 사람들이 없었더라면 이 책은 탄생하지 않았을 거라고 꼭 말하고 싶다.

   낭만이라는 이름으로 낭비가 가득한, 일본 최북단에서 최남단으로 가는 길목의 수많은 넷카페와 호텔, 게스트하우스, 혹은 텐트 속에서 일기를 쓰며 남겼던 기록들과 감정들이, 어떤 이들에게는 나와 같이 일본 종주를 준비하면서 도움이, 누군가에게는 꿈과 버킷리스트가 되었으면 좋겠다. 그리고 꼭 어떤 형태로든 기록으로 남겨주길 바란다. 누군가도 그 글을 읽고, 나처럼 "당신의 여행기를 읽고 떠났어요."라고 이야기할 테니까.

일본 종주,
당신도 도전할 수 있다

01

일본 종주 준비
필수 체크리스트

자전거 여행에서는 무게를 최소화하는 것이 관건이므로, 웬만해서 현지에서 구입할 수 있는 소모품이라면 그때그때 구입해서 사용하는 것을 추천한다. 100그램도 가벼워 보이지만 들고 몇천 킬로를 달린다고 하면 이야기가 다르다. 아래의 체크리스트도 사람에 따라 필수가 아닐 수도 있겠지만, 필자가 준비했던 용품들을 간략히 정리해 보았다.

자전거 용품	빕숏, 져지, 고글, 팔토시, 장갑, 버프, 헬멧,타이어 튜브 2개, 에어펌프, 공구소켓, 캐링백, 타이어 주걱, 물통
평상복	속옷, 양말, 수건, 평상복, 슬리퍼
세면도구 등	세면도구(치약, 칫솔, 샴푸, 바디워시, 클렌징폼), 선크림
캠핑 용품	에어매트, 침낭, 텐트, 캠핑용 베개, 캠핑용 간이 조명
기타	우비/우산, 상비약, 충전기, 110V 돼지코, 트레블월렛 카드, 여권사본, 보조배터리(20,000mA), 귀마개, 케이블타이

* 넷카페를 자주 이용할 계획이라면 귀마개를 사서 가는 것을 권장한다.
* 웬만해서 일본은 호텔을 제외하고 게스트하우스, 넷카페, 목욕탕에서 수건을 무료로 제공하지 않기 때문에 개인 수건을 챙겨가는 것을 추천한다.
* 케이블타이는 정말 많은 난처한 상황에서 도움이 된다. 다이소에서 분리가 가능한, 되도록 긴 케이블타이를 사서 가는 것을 추천.

02

일본 종주
꿀팁 & 노하우

1) 자전거를 어떻게 포장해서 비행기로 부치나요?

한국 > 일본 : 한국에서 자전거 포장은 어렵지 않다. 김해공항에는 '짐캐리 김해공항점'에서 비행기에 수하물로 자전거를 실을 수 있도록 박스에 포장을 도와준다. 가격은 40,000원(2023년 9월 기준). 바로 가서 부탁할 수도 있지만 일이 밀려있을 수도 있으니 미리 며칠 전에 전화를 해두길 바람. 참고로 로드 바이크 기준으로 앞바퀴와 뒷바퀴, 안장까지 직접 분해해야 하며(공구는 마련되어 있음) 짐받이를 장착할 예정이라면 어차피 분해해야 하므로 미리 조립은 해두지 않는 것을 추천한다. 인천공항에서는 한진택배에서 자전거 포장을 도와준다. 가격은 35,000원(2024년 10월 기준). 자전거를 비행기에 싣게 되면 특수수하물 비용이 추가되는데, 보통 10,000~15,000원 정도이니 크게 걱정할 필요는 없다.

일본 > 한국 : 일본에서 한국으로 돌아올 때에는 직접 포장을 해야만 한다. 공항 근방에는 자전거 가게가 없을 확률이 높으므로 미리 도심지에서 박스를 꼭 구하는 것을 추천한다. 참고로 자전거 가게에는 대부분 박스를 상시

비치하지 않기 때문에 꼭 전날 혹은 이틀 전부터 착실하게 찾아보는 것을 추천한다. 누군가가 올린 경험담, 구글 리뷰를 믿고 그 가게에 갔다가는 막상 갔을 때 박스가 없어서 난처한 상황에 빠질 수 있다.

대형 매장일수록 박스가 있을 확률이 높기 때문에, 전국에 있는 'Cycle Base Asahi'라는 체인 자전거 매장을 추천한다. 한국에서 공항에 있는 포장 업체를 통해 포장한다면 수하물 제한에 걸릴 일이 없겠지만, 일본에서는 직접 구한 자전거 박스가 혹시라도 수하물 규정을 초과할 수도 있으니 항공사 기준을 잘 알아보아야 한다.

필자는 기본적으로 파손되거나 충격으로 휘면 절대 안 되는 위험한 부분들을(크랭크, 드레일러 등) 에어캡으로 감싸서 포장했다. 참고로 바퀴에 바람도 빼야 한다. 한국에서는 보통 잡지 않는데, 일본에서는 비행기에 실을 때 바퀴에 바람을 뺐는지 물어보며 박스를 열어 확인한다.

2) 휴대폰과 배터리 충전은 어디서 하나요?

일본에서는 한국처럼 휴대폰을 충전하는 등 콘센트 사용을 암묵적으로 허용하는 분위기가 아니다. 음식점이나 상업 시설의 콘센트를 허락받지 않고 사용할 경우 '전기 절도(電気窃盗)'로 엄연한 절도죄에 해당되기에 주의해야 한다. 하지만 일본 전역의 맥도날드, 스타벅스나 일부 편의점의 좌석 등의 프랜차이즈 매장에서는 콘센트를 자유롭게 사용할 수 있는 곳이 많으니 큰 걱정할 필요는 없다. 그래도 염려가 된다면 점원에게 직접 물어보고 사용하도록 하자.

3) 가다가 화장실을 가고 싶을 때는 어떻게 하나요?

일본 여행을 가 본 사람은 알겠지만 모든 일본 편의점에는 손님이 자유롭게 사용할 수 화장실이 있다. 다만 화장실만 이용하고 나오는 것을 좋게 보진 않으며, 이용 후 물건을 사는 것이 암묵적인 예의이기에 간단한 음료수나 간식이라도 사서 나오자.

4) 자전거는 어디에 주차하면 되나요?

한국에서는 자전거를 적당히 아무 데나 대놓은 경우가 많은데, 일본에서는 자전거를 아무 곳에나 주차하면 불법으로 간주된다.

대신 곳곳에 자전거 주차장이 정말 많다. 특히 일본의 모든 역에는 출퇴근하는 사람들을 위한 자전거 주차장이 존재한다. 무료 주차장과 유료 주차장이 있는데, 유료의 경우 주차장에 따라 최소 4시간에서 12시간 정도까지는 무료, 그 이후 하루마다 100엔 정도의 요금이 청구되는 경우가 많다. 유료 주차장 이용도 자전거를 끼워넣기만 하면 자동 잠금이 이루어지고, 이후 자전거를 꺼낼 때 요금 정산기에서 계산만 하면 되므로 어렵지 않게 이용할 수 있다.

게스트하우스나 호텔이 항상 자전거 주차를 고려해주지 않으므로, 만에 하나 주차 공간이 없을 시에는 공용 주차장 등을 이용해야 할 수도 있다. 대형 마트, 편의점, 쇼핑몰에도 보통 생활 자전거를 위한 주차 공간이 마련되어 있지만 유료인 경우가 존재한다. 그러므로 주차 공간이 없는 식당의 경우에는, 식당에 직접 물어보거나 근처 주차 공간을 찾아서 주차해 두는 것을 추천한다.

5) 일본에서의 캠핑은 불법인가요?

장기간 여행이니만큼 숙박비를 아끼기 위해 캠핑을 고려하고 있는 사람이 많을 것이다. 많은 여행기에서 인적이 드문 공원 혹은 휴게소(미치노에키) 등에 어두워질 때 텐트를 치고, 아침에 해가 뜨기 전에 철수하는 경우가 나온다. 나도 첫 캠핑을 그런 식으로 했다. 하지만 이는 어찌 보면 불법이 될 수 있고, 만일의 상황에는 관리인에게 쫓겨날 리스크를 감수해야 한다.

① 일본 도시공원법 제6조에서는 '도시공원에 공원 시설 이외의 공작물 그 외의 물건 또는 시설을 마련해 도시공원을 점용하려고 할 때는, 공원 관리자의 허가를 받아야 한다.'라고 나와 있다. 즉, 공원 관리자의 허가를 받지 않은 캠핑은 사실상 '노숙'이라고 생각하면 된다. 쫓겨나지 않는 이유는 굳이 노숙자를 일일이 잡지 않는 것과 비슷하다.

② 정식 캠핑장을 이용하고 싶다면, 구글 지도에 'キャンプ場(캠핑장)' 혹은 'Camping Ground'를 검색하면 많은 캠핑장이 나온다. 하지만 대부분 외진 산지에 있거나 국도에서 한참 동떨어져 있는 경우가 많다. 유료 캠핑장, 무료 캠핑장이 있는데 유료 캠핑장의 경우 이용료, 구역료 등을 따로 받으면 넷카페 요금이나 값싼 게스트하우스의 숙박비를 훌쩍 뛰어넘을 때가 많다. 게다가 캠프장이 데이캠프장일 경우 숙박이 불가능하기 때문에 리뷰를 잘 살펴보아야 한다.

③ 정식 캠핑장의 경우 무료와 유료를 떠나 예약제가 많다. 주로 전화 예약이라 번거로우며, 컨디션과 날씨에 따라서 계획을 세우기가 어려운 종주의 경우 미리 예약을 하기에도 까다롭다. 당일 예약은 거의 불가능이라고 보면 된다.

④ 무료 캠핑장의 경우 샤워 시설은 절대로 존재하지 않는다고 보면 된다. 그러므로 굳이 무료 캠핑장에 가겠다면 샤워를 포기하거나, 근처의 공중목욕탕(錢湯), 혹은 온천(溫泉)을 검색해서 미리 알아보고 가는 것을 추천한다.

⑤ 참고 사이트 : https://www.hatinosu.net
일본 전국의 무료/유료 캠핑장이 정리되어 있다고 하니 참고하길 바람.

03

**일본 종주
GPX 파일 링크**